BERTRAND RUSSELL

Philosophische und politische Aufsätze

HERAUSGEGEBEN VON
ULRICH STEINVORTH

PHILIPP RECLAM JUN. STUTTGART

Universal-Bibliothek Nr. 7970 [3]

Gesetzt in Petit Garamond-Antiqua. Printed in Germany 1980
Satz: B. Baumgarten, Esslingen a. N. Druck: Reclam Stuttgart
ISBN 3-15-007970-5

Über das Kennzeichnen

(1905)

Unter einer ›Kennzeichnung‹ *[denoting phrase]* verstehe ich einen Ausdruck [phrase] wie einen der folgenden: ein Mensch, irgendein Mensch, jeder Mensch, alle Menschen, der gegenwärtige König von England, der gegenwärtige König von Frankreich, der Massenmittelpunkt des Sonnensystems im ersten Augenblick des 20. Jahrhunderts, die Umdrehung der Erde um die Sonne, die Umdrehung der Sonne um die Erde. Ein Ausdruck ist also nur kraft seiner *Form* eine Kennzeichnung. Wir können drei Fälle unterscheiden: (1) Ein Ausdruck kann eine Kennzeichnung sein, ohne etwas zu kennzeichnen; z. B. ›der gegenwärtige König von Frankreich‹. (2) Ein Ausdruck kann einen bestimmten Gegenstand kennzeichnen; z. B. kennzeichnet ›der gegenwärtige König von England‹ einen bestimmten Mann. (3) Ein Ausdruck kann unbestimmt kennzeichnen; z. B. kennzeichnet ›ein Mensch‹ nicht viele Menschen, sondern einen unbestimmten Menschen. Die Interpretation solcher Ausdrücke macht beträchtliche Schwierigkeiten; es ist sehr schwer, eine Theorie aufzustellen, die nicht formal widerlegt werden kann. Die Theorie, die ich nun entwickeln will, beseitigt, soweit ich sehe, alle mir bekannten Schwierigkeiten.

Das Thema des Kennzeichnens [denoting] ist von außerordentlicher Wichtigkeit nicht nur für Logik und Mathematik, sondern auch für die Erkenntnistheorie. Wir wissen zum Beispiel, daß der Massenmittelpunkt des Sonnensystems zu einer bestimmten Zeit ein bestimmter Punkt ist, und können darüber eine Reihe von Aussagen machen; aber wir haben mit diesem Punkt keine unmittelbare *Bekanntschaft [acquaintance]*, sondern kennen ihn nur durch Beschreibung. Die Unterscheidung zwischen *Bekanntschaft mit* und *Kenntnis von [knowledge about]* ist die Unterscheidung zwischen den Dingen, von denen wir Vorstellungen haben, und den Dingen, die wir nur durch Kennzeichnungen erreichen. Wir wissen oft, daß ein Ausdruck etwas Bestimmtes kennzeichnet, obgleich wir damit keine Bekanntschaft haben; so eben im Fall des Massenmittelpunktes. In der Wahrnehmung haben wir Bekanntschaft mit den Gegenständen der Wahrnehmung, beim Denken mit Gegenständen abstrakteren logischen Charakters; aber wir haben nicht unbedingt Bekanntschaft mit Gegenständen, die von Ausdrücken gekennzeichnet werden, die zusammengesetzt sind aus Wörtern, mit deren Bedeutungen wir bekannt sind. Um ein sehr wichtiges Beispiel zu nehmen: es scheint keinen Grund für die Annahme zu geben, daß wir jemals mit den geistigen und seelischen Zuständen und Ereignissen anderer Leute bekannt werden, da diese offensichtlich nicht direkt wahrgenommen werden; was wir also von ihnen kennen, erhalten wir durch das Kennzeichnen. Alles Denken muß mit Bekanntschaft anfangen, aber es kann sich auf vieles beziehen, womit wir keine Bekanntschaft haben.

Meine Abhandlung nimmt folgenden Lauf: zuerst gebe ich die Theorie an, die ich verfechten will;[1] dann erörtere ich die Theorien von Frege und Meinong und zeige, warum mich keine befriedigt; dann trage ich die Gründe für meine Theorie vor, und schließlich deute ich die philosophischen Konsequenzen meiner Theorie an.

Meine Theorie ist mit wenigen Worten diese: Ich nehme den Begriff der *Variablen* als Grundbegriff; für eine Aussage[2], in der x vorkommt, verwende ich ›C (x)‹[3], wobei es wesentlich ist, daß x, die Variable, völlig unbestimmt ist. Wir können nun die zwei Begriffe betrachten: ›C (x) ist immer wahr‹ und ›C (x) ist manchmal wahr‹[4]. Die einfachsten Kennzeichnun-

1. Ich habe dies Thema in *Principles of Mathematics,* Kap. V und § 476 behandelt. Die dort vertretene Theorie ist fast dieselbe wie die Freges und von der hier vertretenen ganz verschieden.

2. [proposition; auch als »Aussageinhalt« übersetzbar.] Genauer: für eine Aussagefunktion [propositional function].

3. Die Stellung der Anführungszeichen entspricht genau der in der englischen Ausgabe (Anm. des Übers.].

4. Der zweite Begriff kann durch den ersten definiert werden, wenn wir ihn als äquivalent betrachten mit: ›Es ist nicht wahr, daß »C (x) ist falsch« immer falsch ist‹.

gen, nämlich *alles*, *nichts* und *etwas*, können dann wie folgt interpretiert werden:

C (alles) bedeutet ›C (x) ist immer wahr‹;
C (nichts) bedeutet ›»C (x) ist falsch« ist immer wahr‹;
C (etwas) bedeutet ›Es ist falsch, daß »C (x) ist falsch« immer wahr ist‹.[5]

Der Begriff ›C (x) ist immer wahr‹ wird hier als elementar und undefinierbar betrachtet; die andern sind durch ihn definiert. Von *alles*, *nichts* und *etwas* wird nicht angenommen, daß sie für sich genommen eine Bedeutung haben, sondern eine Bedeutung wird jeder Aussage zugeordnet, in der sie vorkommen. Das ist das Prinzip der Theorie des Kennzeichnens, die ich vertreten will: Kennzeichnungen haben für sich nie eine Bedeutung, aber jede Aussage, in deren verbalem Ausdruck sie vorkommen, hat eine Bedeutung. Die Schwierigkeiten beim Verständnis des Kennzeichnens sind, wie ich glaube, alle das Ergebnis einer falschen Analyse von Aussagen, deren verbaler Ausdruck Kennzeichnungen enthält. Wenn ich mich nicht irre, kann die richtige Analyse wie folgt fortgesetzt werden:
Angenommen, wir wollen die Aussage ›Ich traf einen Menschen‹ interpretieren. Wenn sie wahr ist, traf ich einen bestimmten Menschen, aber das will ich nicht behaupten. Was ich behaupte, ist nach meiner Theorie:

›»Ich traf x, und x ist menschlich« ist nicht immer falsch‹.

Definiert man die Klasse der Menschen als die Klasse der Gegenstände, die das Prädikat *menschlich* haben, so können wir allgemein sagen:

›C (ein Mensch)‹ bedeutet ›»C (x) und x ist menschlich« ist nicht immer falsch.‹

5. Statt dieses komplizierten Ausdrucks werde ich manchmal die Ausdrücke gebrauchen: ›C (x) ist nicht immer falsch‹ oder ›C (x) ist manchmal wahr‹, die jedoch als gleichbedeutend mit dem komplizierten Ausdruck definiert sein sollen.

Das läßt ›ein Mensch‹ ganz ohne Bedeutung, wenn es allein steht, gibt aber jeder Aussage eine Bedeutung, in deren verbalem Ausdruck ›ein Mensch‹ vorkommt.
Betrachten wir nun die Aussage ›Alle Menschen sind sterblich‹. Dies ist in Wahrheit eine hypothetische Aussage[6], die besagt, daß wenn etwas ein Mensch ist, es sterblich ist. Sie besagt also, daß wenn x ein Mensch ist, x sterblich ist, was x auch immer ist. Setzen wir daher ›x ist menschlich‹ ein für ›x ist ein Mensch‹, dann kommen wir zum Ergebnis: ›Alle Menschen sind sterblich‹ bedeutet ›»Wenn x menschlich ist, ist x sterblich« ist immer wahr‹.
Das wird in symbolischer Logik so ausgedrückt: ›Alle Menschen sind sterblich‹ bedeutet › »x ist menschlich« impliziert »x ist sterblich« für alle Werte von x‹. Allgemeiner:

›C (alle Menschen)‹ bedeutet ›»Wenn x menschlich ist, dann ist C (x) wahr« ist immer wahr‹.
Entsprechend bedeutet
›C (kein Mensch)‹: › »Wenn x menschlich ist, dann ist C (x) falsch« ist immer wahr‹.
›C (einige Menschen)‹ bedeutet dasselbe wie ›C (ein Mensch)‹ [7] und
›C (ein Mensch)‹ bedeutet ›Es ist falsch, daß »C (x) und x ist menschlich« immer falsch ist‹.
›C (jeder Mensch)‹ bedeutet dasselbe wie ›C (alle Menschen)‹.

Schließlich sind noch Ausdrücke zu interpretieren, die den bestimmten Artikel enthalten. Dies sind mit Abstand die interessantesten und schwierigsten Kennzeichnungen. Nehmen wir als Beispiel ›Der Vater Karls II. wurde hingerichtet‹. Damit wird behauptet, daß es ein x gab, das der Vater

6. Wie Bradley in seiner *Logic*, Buch I, Kap. II überzeugend gezeigt hat.
7. Psychologisch betrachtet deutet ›C (ein Mensch)‹ nur *einen*, und ›C (einige Menschen)‹ *mehr als einen* Menschen an, aber wir können diese Andeutungen in einer vorläufigen Skizze vernachlässigen.

Karls II. war und hingerichtet wurde. Nun impliziert *der*, wenn es korrekt gebraucht wird, Einzigkeit. Zwar sprechen wir von *dem* Sohn des So-und-so, auch wenn So-und-so mehrere Söhne hat, aber es wäre genauer zu sagen ›ein Sohn des So-und-so‹. Deshalb soll für unsere Zwecke gelten, daß *der* Einzigkeit impliziert. Wenn wir sagen ›x war *der* Vater Karls II.‹, behaupten wir nicht nur, daß x eine gewisse Beziehung zu Karl II. hatte, sondern auch, daß nichts andres diese Beziehung hatte. Die fragliche Beziehung wird, ohne die Annahme der Einzigkeit und ohne jegliche Kennzeichnung, ausgedrückt durch ›x zeugte Karl II.‹. Um ein Äquivalent zu ›x war der Vater Karls II.‹ zu erhalten, müssen wir hinzufügen: ›Wenn y verschieden von x ist, zeugte y nicht Karl II.‹, oder, was damit äquivalent ist: ›Wenn y Karl II. zeugte, ist y identisch mit x‹. Aus ›x ist der Vater Karls II.‹ wird dann: ›x zeugte Karl II., und »wenn y Karl II. zeugte, ist y identisch mit x« ist immer wahr von y‹.
Aus ›Der Vater Karls II. wurde hingerichtet‹ wird deshalb:

> ›Es ist nicht immer falsch von x, daß x Karl II. zeugte und daß x hingerichtet wurde und daß »wenn y Karl II. zeugte, ist y identisch mit x« immer wahr von y ist‹.

Diese Interpretation mag kaum glaublich erscheinen, aber ich gebe jetzt keine Gründe, ich gebe nur die Theorie an.
Um ›C (der Vater Karls II.)‹ zu interpretieren, wobei C für eine beliebige Aussage über ihn steht, brauchen wir nur C (x) für ›x wurde hingerichtet‹ oben einzusetzen. Man beachte, daß nach der vorgetragenen Interpretation ›C (der Vater Karls II.)‹, welche Aussage C auch immer ist, impliziert:

> ›Es ist nicht immer falsch von x, daß »wenn y Karl II. zeugte, ist y identisch mit x« immer wahr von y ist‹,

was in gewöhnlicher Sprache ausgedrückt wird durch ›Karl II. hatte einen Vater und nicht mehr‹. Folglich ist *jede* Aussage der Form ›C (der Vater Karls II.)‹ falsch, wenn diese Bedingung nicht erfüllt ist. So ist z. B. jede Aussage der Form

›C (der gegenwärtige König von Frankreich)‹ falsch. Das ist ein großer Vorteil der Theorie. Ich werde später zeigen, daß sie damit nicht das Gesetz vom Widerspruch verletzt, wie zuerst angenommen werden könnte.

Mit dieser Theorie habe ich eine Zurückführung aller Aussagen, in denen Kennzeichnungen vorkommen, auf Formen gegeben, in denen solche Ausdrücke nicht vorkommen. Warum eine solche Zurückführung notwendig ist, soll die folgende Diskussion zeigen.

Die Argumente für die Theorie ergeben sich aus den Schwierigkeiten, die unvermeidlich scheinen, wenn wir Kennzeichnungen als Zeichen für echte Bestandteile der Aussagen oder Gedanken betrachten, in deren verbalem Ausdruck sie vorkommen. Die einfachste der möglichen Theorien, nach denen sie solche Bestandteile sind, ist die von Meinong.[8] Nach dieser Theorie vertritt jede grammatisch richtige Kennzeichnung einen *Gegenstand*. So werden ›der gegenwärtige König von Frankreich‹, ›das runde Quadrat‹ usw. für echte Gegenstände gehalten. Zwar wird ihnen keine *Subsistenz* zugebilligt, aber dennoch sollen sie Gegenstände sein. Das ist selbst schon eine schwierige Auffassung; der Haupteinwand aber ist, daß, wie zugegeben wird, solche Gegenstände das Gesetz vom Widerspruch zu verletzen drohen. Man behauptet zum Beispiel, daß der existierende gegenwärtige König von Frankreich existiert und auch nicht existiert, daß das runde Quadrat rund ist und auch nicht rund, usw. Das aber ist unerträglich, und wenn eine Theorie zu finden ist, die dieses Ergebnis vermeidet, ist sie gewiß vorzuziehen.

Diesen Verstoß gegen das Gesetz vom Widerspruch vermeidet die Theorie von Frege. Er unterscheidet bei einer Kennzeichnung zwei Elemente, die er *Sinn* und *Bedeutung* nennt.[9] So ist ›der Massenmittelpunkt des Sonnensystems zu

8. Siehe die ersten drei Artikel in: *Untersuchungen zur Gegenstandstheorie und Psychologie* (Leipzig 1904) von Meinong, Ameseder und Mally.

9. *Über Sinn und Bedeutung.* In: Zeitschrift für Phil. und Phil. Kritik,

Beginn des 20. Jahrhunderts‹ seinem *Sinn* nach zusammengesetzt, aber seine *Bedeutung* ist ein bestimmter Punkt, der einfach ist. Das Sonnensystem, das 20. Jahrhundert usw. sind Bestandteile des *Sinns*, aber die *Bedeutung* hat keinerlei Bestandteile.[10] Ein Vorteil dieser Unterscheidung ist, daß sie zeigt, warum es oft sinnvoll ist, eine Identität zu behaupten. Wenn wir sagen ›Scott ist der Autor von *Waverley*‹, behaupten wir eine Identität der Bedeutung bei einem Unterschied des Sinnes. Ich werde jedoch nicht die Gründe wiederholen, die für diese Theorie sprechen, da ich sie an andrer Stelle verteidigt habe (loc. cit.) und sie nun anfechten will.

Eine der ersten Schwierigkeiten in der Auffassung, daß Kennzeichnungen einen Sinn *ausdrücken* und eine Bedeutung *bedeuten*[11], betrifft die Fälle, in denen die Bedeutung zu fehlen scheint. Sagen wir ›Der König von England hat eine Glatze‹, so scheinen wir nicht eine Aussage über den zusammengesetzten Sinn zu haben, sondern über den wirklichen Mann, der vom Sinn bedeutet wird. Aber betrachten wir ›Der König von Frankreich hat eine Glatze‹. Nach der Gleichheit der Form sollte dies auch eine Aussage über die Bedeutung des Ausdrucks ›der König von Frankreich‹ sein. Obgleich jedoch dieser Ausdruck einen *Sinn* hat, wenn auch ›der König von England‹ einen Sinn hat, hat er doch gewiß keine Bedeutung, wenigstens ist sie nicht zu sehen. Also müßte man annehmen, ›der König von Frankreich hat eine

Bd. 100. (Jetzt auch in: G. Frege, *Funktion, Begriff, Bedeutung*. Göttingen 1962. – Anm. des Übers.)

10. Frege unterscheidet Sinn und Bedeutung nicht nur bei zusammengesetzten Kennzeichnungen, sondern bei allen Zeichen. Nicht die *Bedeutung*, sondern der *Sinn* der Bestandteile einer zusammengesetzten Kennzeichnung geht in deren *Sinn* ein. In der Aussage ›Der Montblanc ist über 1000 m hoch‹ ist nach Frege der *Sinn* von ›Montblanc‹ und nicht der tatsächliche Berg ein Bestandteil des *Sinns* der Aussage.

11. Bei dieser Theorie werden wir sagen, daß die Kennzeichnung einen Sinn *ausdrückt* [*expresses* a meaning] und daß sowohl der Ausdruck als auch der Sinn eine Bedeutung *bedeutet* [*denote* a denotation]. In der von mir vertretenen Theorie dagegen gibt es keinen *Sinn [meaning]* und nur manchmal eine *Bedeutung [denotation]*.

Glatze‹ sei Unsinn; aber es ist kein Unsinn, da es offensichtlich falsch ist. Oder nehmen wir eine Aussage wie die: ›Wenn u eine Klasse mit nur einem Element ist, dann ist dies eine Element ein Element von u‹ oder wie wir auch sagen können: ›Wenn u eine Einerklasse ist, ist *das* u ein u‹. Diese Aussage sollte *immer* wahr sein, da die Folgerung immer wahr ist, wenn die Voraussetzung wahr ist. Aber ›das u‹ ist eine Kennzeichnung, und nicht vom Sinn, sondern von der Bedeutung wird behauptet, daß sie ein u sei. Ist nun u *keine* Einerklasse, so scheint ›das u‹ nichts zu bedeuten; also müßte unsere Aussage offenbar Unsinn werden, sobald u keine Einerklasse ist.

Es ist aber klar, daß solche Aussagen *kein* Unsinn werden, bloß weil ihre Vordersätze falsch sind. Der König im *Sturm* kann sagen: ›Wenn Ferdinand nicht ertrunken ist, ist Ferdinand mein einziger Sohn‹. Nun ist ›mein einziger Sohn‹ eine Kennzeichnung, die offensichtlich eine Bedeutung dann und nur dann hat, wenn ich genau einen Sohn habe. Trotzdem würde die Aussage des Königs wahr bleiben, auch wenn Ferdinand tatsächlich ertrunken wäre. Also müssen wir entweder in den Fällen eine Bedeutung einführen, in denen sie auf den ersten Blick fehlt, oder wir müssen die Auffassung aufgeben, daß es in Aussagen mit Kennzeichnungen um die Bedeutung geht. Den zweiten Weg werde ich einschlagen. Den ersten Weg kann man wie Meinong damit gehen, daß man Gegenstände annimmt, die nicht subsistieren, und leugnet, daß sie dem Gesetz vom Widerspruch folgen; das ist jedoch wenn möglich zu vermeiden. Eine andre Möglichkeit, denselben Weg zu gehen (was unsere Alternative angeht), ergreift Frege, der durch Definition eine rein konventionelle Bedeutung für die Fälle einführt, in denen es sonst keine gäbe. So soll ›der König von Frankreich‹ die Nullklasse bedeuten, ›der einzige Sohn Herrn So-und-sos‹ (der eine zehnköpfige Familie hat) die Klasse aller seiner Söhne, usw. Aber führt dieses Verfahren auch nicht zu logischem Irrtum, so ist es doch offensichtlich künstlich und gibt keine genaue Analyse der Sache.

Lassen wir also Kennzeichnungen allgemein die zwei Seiten von Sinn und Bedeutung haben, dann bereiten die Fälle, in denen es keine Bedeutung zu geben scheint, Schwierigkeiten sowohl bei der Annahme, daß es tatsächlich eine Bedeutung gibt, als auch bei der Annahme, daß es tatsächlich keine gibt.

Eine logische Theorie kann durch ihr Vermögen, knifflige Fragen zu behandeln, getestet werden. Denkt man über die Logik nach, sollte man sich möglichst viele solcher verwirrenden Fragen vergegenwärtigen, da diese ungefähr demselben Zweck dienen wie Experimente in der Naturwissenschaft. Ich führe deshalb drei solcher Probleme an, die eine Theorie der Beschreibung lösen können sollte, und ich werde später zeigen, daß meine Theorie sie löst.

(1) Ist a identisch mit b, so ist alles, was vom einen wahr ist, auch vom andern wahr, und beide können füreinander in jeder Aussage ersetzt werden, ohne die Wahrheit oder Falschheit der Aussage zu verändern. Nun wollte George IV. wissen, ob Scott der Autor von *Waverley* ist, und Scott *war* wirklich der Autor von *Waverley*. Also können wir *Scott* für *der Autor von ›Waverley‹* ersetzen und damit beweisen, daß George IV. wissen wollte, ob Scott Scott war. Doch kann ein Interesse für das Gesetz von der Identität Europas erstem Gentleman kaum nachgesagt werden.

(2) Nach dem Gesetz vom ausgeschlossenen Dritten muß entweder ›A ist B‹ oder ›A ist nicht B‹ wahr sein. Also muß entweder ›Der gegenwärtige König von Frankreich hat eine Glatze‹ oder ›Der gegenwärtige König von Frankreich hat keine Glatze‹ wahr sein. Gingen wir aber die Dinge durch, die eine Glatze haben, und dann die Dinge, die keine Glatze haben, würden wir den gegenwärtigen König von Frankreich nicht unter ihnen finden. Hegelianer, die eine Synthesis lieben, werden wohl folgern, daß er eine Perücke trägt.

(3) Nehmen wir die Aussage ›A ist verschieden von B‹. Ist sie wahr, dann gibt es einen Unterschied zwischen A und B, was durch den Satz ausgedrückt werden kann ›Der Unterschied zwischen A und B subsistiert‹. Ist es aber falsch, daß

A von B verschieden ist, dann gibt es keinen Unterschied zwischen A und B, was durch den Satz ausgedrückt werden kann ›Der Unterschied zwischen A und B subsistiert nicht‹. Wie kann aber eine Nicht-Entität das Subjekt einer Aussage sein? ›Ich bin das Subjekt einer Aussage, also bin ich‹ ist nicht weniger evident als ›Ich denke, also bin ich‹, vorausgesetzt, mit ›ich bin‹ soll Subsistenz oder Sein [12], nicht Existenz behauptet werden. Also muß es, wie es scheint, immer ein Widerspruch sein, das Sein von irgend etwas zu verneinen; wir haben aber, im Zusammenhang mit der Theorie von Meinong, gesehen, daß es manchmal auch zu Widersprüchen führt, das Sein zuzulassen. Wenn also A und B nicht verschieden sind, scheint es ebenso unmöglich anzunehmen, daß es so einen Gegenstand wie ›den Unterschied zwischen A und B‹ gibt, wie anzunehmen, daß es ihn nicht gibt.

Die Beziehung zwischen Sinn und Bedeutung bringt einige merkwürdige Schwierigkeiten mit sich, die selbst schon hinreichend zu beweisen scheinen, daß die zu solchen Schwierigkeiten führende Theorie falsch sein muß.

Wenn wir über den *Sinn* einer Kennzeichnung im Gegensatz zu seiner Bedeutung sprechen wollen, ist die natürliche Art, das zu tun, die Verwendung von Anführungszeichen. So sagen wir:

> Der Massenmittelpunkt des Sonnensystems ist ein Punkt, kein kennzeichnender Komplex;
> ›Der Massenmittelpunkt des Sonnensystems‹ ist ein kennzeichnender Komplex, kein Punkt.

Oder desgleichen:

> Die erste Zeile der Elegie von Gray macht eine Aussage.
> ›Die erste Zeile der Elegie von Gray‹ macht keine Aussage.

Anhand einer beliebigen Kennzeichnung, etwa C, wollen wir also die Beziehung zwischen C und ›C‹ untersuchen, die sich

12. Ich verwende diese Wörter als Synonyme.

in der Weise der beiden angeführten Beispiele voneinander unterscheiden.
Wir sagen zunächst, daß wir von der Bedeutung reden, wenn C vorkommt, und vom *Sinn*, wenn ›C‹ vorkommt. Die Beziehung zwischen Sinn und Bedeutung ist aber nicht nur eine linguistische, die durch den Ausdruck zustande kommt, sondern es muß auch eine logische Beziehung impliziert sein, die wir ausdrücken, wenn wir sagen, der Sinn bedeute die Bedeutung. Die Schwierigkeit, der wir gegenüberstehen, ist jedoch, daß wir nicht *sowohl* die Verbindung zwischen Sinn und Bedeutung erhalten *als auch* verhindern können, daß sie ein und dasselbe sind; außerdem, daß der Sinn nur durch Kennzeichnungen erreicht werden kann. Das kommt so zustande:
Der eine Ausdruck C sollte sowohl Sinn als auch Bedeutung haben. Sprechen wir aber von ›dem Sinn von C‹, erhalten wir damit (wenn überhaupt) den Sinn der Bedeutung. ›Der Sinn der ersten Zeile der Elegie von Gray‹ ist dasselbe wie ›Der Sinn von »The curfew tolls the knell of parting day«‹, nicht wie ›Der Sinn von »die erste Zeile der Elegie von Gray«‹. Um also den Sinn zu erhalten, den wir haben wollen, dürfen wir nicht von ›dem Sinn von C‹ sprechen, sondern nur von ›dem Sinn von »C«‹, was dasselbe ist wie ›C‹ für sich allein. Ähnlich haben wir mit ›die Bedeutung von C‹ nicht die Bedeutung, die wir haben wollen, sondern etwas, was das bedeutet, was durch die Bedeutung, die wir haben wollen, bedeutet wird, wenn es überhaupt etwas bedeutet. Es sei zum Beispiel ›C‹: ›der beschreibende Komplex, der im zweiten der beiden obigen Beispiele vorkommt‹. Dann ist

C = ›die erste Zeile der Elegie von Gray‹, und

die Bedeutung von C = The curfew tolls the knell of parting day. Was wir aber als Bedeutung haben *wollten*, war ›die erste Zeile der Elegie von Gray‹. Also haben wir nicht erreicht, was wir wollten.
Die Schwierigkeit, vom Sinn eines beschreibenden Komplexes

zu sprechen, kann so formuliert werden: Sobald der Komplex in einer Aussage vorkommt, handelt die Aussage von der Bedeutung, und wenn wir eine Aussage mit ›der Sinn von C‹ als Subjekt machen, dann ist das Subjekt (wenn überhaupt) der Sinn der Bedeutung, was nicht gewünscht war. Das führt uns zur Folgerung, daß wir es beim Unterscheiden zwischen Sinn und Bedeutung mit dem Sinn zu tun haben müssen: der Sinn hat Bedeutung und ist ein Komplex, und es gibt nichts anderes als den Sinn, wovon gesagt werden könnte, daß es ein Komplex oder zusammengesetzt ist und sowohl Sinn als auch Bedeutung *hat*. Die richtige Formulierung wäre nach dieser Auffassung, daß einige Sinne Bedeutungen haben.

Aber das macht unsere Schwierigkeit, vom Sinn zu sprechen, nur deutlicher. Denn angenommen, unser Komplex ist C; dann müßten wir sagen, daß C der Sinn des Komplexes *ist*. Immer aber, wenn C ohne Anführungszeichen vorkommt, ist das Gesagte nicht wahr vom Sinn, sondern nur von der Bedeutung, wie wenn wir sagen: Der Massenmittelpunkt des Sonnensystems ist ein Punkt. Um also von C selbst zu sprechen, d. h. um eine Aussage über den Sinn zu machen, muß unser Subjekt nicht C, sondern etwas sein, wodurch C bedeutet wird. ›C‹ also, das wir verwenden, wenn wir vom Sinn sprechen wollen, darf nicht der Sinn, sondern muß etwas sein, was den Sinn bedeutet. Und C darf kein Bestandteil dieses Komplexes sein (wie es Bestandteil ist von ›der Sinn von C‹); denn wenn C im Komplex vorkommt, kommt es als Bedeutung, nicht als Sinn vor, und es gibt keinen Weg zurück von der Bedeutung zum Sinn, weil jeder Gegenstand durch eine unendliche Anzahl verschiedener beschreibender Ausdrücke bedeutet werden kann.

Also scheint es, als seien ›C‹ und C verschiedene Entitäten, der Art, daß ›C‹ C bedeutet; das aber kann keine Erklärung sein, weil die Beziehung von ›C‹ zu C völlig dunkel bleibt, und wo sollen wir den Komplex ›C‹ finden, der C bedeuten soll? Außerdem kommt nicht nur die Bedeutung vor, wenn

C in einer Aussage vorkommt (wie wir im nächsten Absatz sehen werden); nach der jetzt behandelten Auffassung aber ist es nur die Bedeutung, da der Sinn gänzlich ›C‹ zugewiesen wird. Dies Knäuel von Widersprüchen, in die wir geraten sind, scheint zu beweisen, daß die ganze Unterscheidung von Sinn und Bedeutung falsch ist.

Daß der Sinn relevant ist, wenn eine Kennzeichnung in einer Aussage vorkommt, dafür liefert das Problem mit dem Autor von *Waverley* einen formalen Beweis. Die Aussage ›Scott war der Autor von *Waverley*‹ besitzt eine Eigenschaft, die ›Scott war Scott‹ nicht hat, nämlich daß George IV. wissen wollte, ob sie wahr sei. Also sind es keine identischen Aussagen; also muß der Sinn von ›der Autor von *Waverley*‹ so relevant sein wie seine Bedeutung, wenn wir auf dem Standpunkt bleiben, auf dem diese Unterscheidung gemacht wird. Wie wir aber gerade gesehen haben, sind wir bei diesem Standpunkt gezwungen, nur die Bedeutung als relevant anzuerkennen. Also müssen wir diesen Standpunkt verlassen.

Es bleibt zu zeigen, wie alle betrachteten Schwierigkeiten von der Theorie gelöst werden, die wir zu Beginn dieses Aufsatzes erklärt haben.

Nach der Auffassung, die ich vertrete, ist es für eine Kennzeichnung wesentlich, *Teil* eines Satzes zu sein, ohne wie die meisten einzelnen Wörter für sich irgend einen Sinn oder eine Bedeutung zu haben. Wenn ich sage ›Scott war ein Mensch‹, ist das eine Aussage der Form ›x war ein Mensch‹, die ›Scott‹ zum Subjekt hat. Sage ich dagegen ›der Autor von *Waverley* war ein Mensch‹, ist das keine Aussage der Form ›x war ein Mensch‹, und ›der Autor von *Waverley*‹ ist nicht ihr Subjekt. Wenn wir die Aussage zu Beginn dieses Aufsatzes abkürzen, können wir statt ›der Autor von *Waverley*‹ folgendes sagen: ›Eine und nur eine Entität schrieb *Waverley*, und diese war ein Mensch‹. (Das ist nicht so genau das, was gemeint wird, wie es in der ersten Formulierung ausgedrückt wurde, aber es ist leichter zu behalten.) Wenn wir verallgemeinernd sagen wollen, der Autor von *Waverley* hatte die Eigenschaft φ, so ist das, was wir sagen wollen, äquivalent mit ›Eine und nur eine Entität schrieb *Waverley*, und die hatte die Eigenschaft φ‹.

Die Erklärung der *Bedeutung* ist folgende: Da jede Aussage, in der ›der Autor von *Waverley*‹ vorkommt, wie oben angegeben erklärt wird, wird aus der Aussage ›Scott war der Autor von *Waverley*‹ (d. h. ›Scott war identisch mit dem Autor von *Waverley*‹): ›Eine und nur eine Entität schrieb *Waverley*, und Scott war mit ihr identisch‹, oder ganz explizit: ›Es ist nicht immer falsch von x, daß x *Waverley* schrieb, daß es immer wahr von y ist, daß wenn y *Waverley* schrieb, y mit x identisch ist, und daß Scott mit x identisch ist‹. Wenn ›C‹ also eine Kennzeichnung ist, kann es sein, daß es eine Entität x gibt (mehr als eine kann es nicht geben), für die die Aussage ›x ist identisch mit C‹ wahr ist, wobei diese Aussage wie eben interpretiert wird. Wir können dann sagen, daß x die Bedeutung des Ausdrucks ›C‹ ist. So ist Scott die Bedeutung von ›der Autor von *Waverley*‹. Das ›C‹ mit Anführungszeichen ist nur der *Ausdruck*, nichts, was *Sinn* genannt werden könnte. Der Ausdruck für sich hat keinen Sinn, weil er in jeder Aussage, in der er vorkommt, nach ihrer vollständigen Analyse nicht mehr enthalten, sondern aufgelöst ist.

Das Problem mit Georges IV. Neugier findet nun eine sehr einfache Lösung. Die Aussage ›Scott war der Autor von *Waverley*‹, die in nicht abgekürzter Form im vorangegangenen Absatz ausgeschrieben wurde, enthält mit ›der Autor von *Waverley*‹ keinen Bestandteil, für den man ›Scott‹ einsetzen könnte. Das beeinträchtigt nicht die Wahrheit von Ableitungen, die sich ergeben, wenn man für ›der Autor von *Waverley*‹ etwas einsetzt, was *verbal* eine Ersetzung von ›Scott‹ ist, solange nur ›der Autor von *Waverley*‹ *primär* (wie ich es nennen will) gebraucht wird. Der Unterschied zwischen primärem und sekundärem Gebrauch von Kennzeichnungen ist folgender:

Sagen wir: ›George IV. wollte wissen, ob so-und-so‹ oder:

›So-und-so ist überraschend‹ oder ›So-und-so ist wahr‹ usw., dann muß das ›So-und-so‹ eine Aussage sein. Nehmen wir nun an, ›so-und-so‹ enthält eine Kennzeichnung. Dann können wir diese Kennzeichnung entweder aus der untergeordneten Aussage ›so-und-so‹ oder aus der ganzen Aussage eliminieren, von der ›so-und-so‹ nur ein Bestandteil ist. Wir erhalten verschiedene Aussagen, je nachdem, was wir tun. Ein empfindlicher Jachtbesitzer soll einmal einem Gast, der zum erstenmal die Jacht sah und sagte: ›Ich dachte, Ihre Jacht ist größer, als sie ist‹, geantwortet haben: ›Nein, meine Jacht ist nicht größer, als sie ist.‹ Was der Gast meinte, war: ›Der Umfang, den, wie ich dachte, Ihre Jacht hat, ist größer als der Umfang, den Ihre Jacht hat‹; unterstellt wurde ihm: ›Ich dachte, der Umfang Ihrer Jacht sei größer als der Umfang Ihrer Jacht‹. Um auf George IV. und *Waverley* zurückzukommen: wenn wir sagen: ›George IV. wollte wissen, ob Scott der Autor von *Waverley* ist‹, meinen wir gewöhnlich ›Georg IV. wollte wissen, ob ein und nur ein Mensch *Waverley* schrieb und Scott dieser Mensch war‹; wir *können* aber auch meinen: ›Ein und nur ein Mensch schrieb *Waverley*, und George IV. wollte wissen, ob Scott dieser Mensch war‹. Im ersten Fall wird ›der Autor von *Waverley*‹ *sekundär* gebraucht, im zweiten Fall *primär*. Im zweiten Fall könnte man auch sagen: ›George IV. wollte in bezug auf den Mann, der tatsächlich *Waverley* schrieb, wissen, ob er Scott war‹. Das wäre zum Beispiel wahr, wenn George IV. Scott von weitem gesehen und gefragt hätte: ›Ist das Scott?‹ Ein *sekundärer* Gebrauch einer Kennzeichnung kann als ein Gebrauch definiert werden, bei dem der Ausdruck in einer Aussage p vorkommt, die nur ein Bestandteil der gerade untersuchten Aussage ist, und die Ersetzung der Kennzeichnung in p geschieht, nicht in der vollständigen Aussage. Die Ungewißheit, ob primärer oder sekundärer Gebrauch vorliegt, ist in der Sprache kaum zu vermeiden, was ohne Nachteil bleibt, wenn wir aufpassen. In der symbolischen Logik ist sie natürlich leicht zu vermeiden.

Die Unterscheidung zwischen primärem und sekundärem Gebrauch befähigt uns auch, die Frage zu behandeln, ob der gegenwärtige König von Frankreich eine Glatze hat oder nicht, und allgemein den logischen Status von Kennzeichnungen, die nichts kennzeichnen. Wenn ›C‹ eine Kennzeichnung ist, etwa ›der Begriff mit der Eigenschaft F‹, dann bedeutet ›C hat die Eigenschaft φ‹:

›ein und nur ein Begriff hat die Eigenschaft F, und der hat die Eigenschaft φ‹.[13]

Gehört nun die Eigenschaft F zu keinem Begriff, oder zu mehreren, so folgt, daß ›C hat die Eigenschaft φ‹ für *alle* Werte von φ falsch ist. So ist ›Der gegenwärtige König von Frankreich hat eine Glatze‹ sicher falsch, und ›Der gegenwärtige König von Frankreich hat keine Glatze‹ ist falsch, wenn es bedeutet

›Es gibt eine Entität, die jetzt König von Frankreich ist und keine Glatze hat‹,

aber es ist wahr, wenn es bedeutet

›Es ist falsch, daß es eine Entität gibt, die jetzt König von Frankreich ist und eine Glatze hat‹.

Das heißt, ›Der König von Frankreich hat keine Glatze‹ ist falsch, wenn ›der König von Frankreich‹ *primär*, und wahr, wenn dieser Ausdruck *sekundär* gebraucht wird. Also sind alle Aussagen, in denen ›der König von Frankreich‹ primär gebraucht wird, falsch, und die Negationen solcher Aussagen sind wahr, aber in ihnen wird ›der König von Frankreich‹ sekundär gebraucht. So entgehen wir dem Schluß, daß der König von Frankreich eine Perücke hat.
Wir verstehen nun auch, wie man verneinen kann, daß es einen derartigen Gegenstand gibt wie den Unterschied zwischen A und B, wenn A und B nicht verschieden sind. Wenn A und B verschieden sind, dann gibt es eine und nur eine

13. Das ist nicht die genaue, sondern die abgekürzte Interpretation.

Entität x derart, daß ›x ist der Unterschied zwischen A und B‹ eine wahre Aussage ist; wenn A und B nicht verschieden sind, gibt es keine derartige Entität x. Nach dem oben erklärten Sinn einer Bedeutung hat also ›der Unterschied zwischen A und B‹ eine Bedeutung, wenn A und B verschieden sind, sonst dagegen nicht. Dieser Unterschied trifft allgemein auf wahre und falsche Aussagen zu. Wenn ›a R b‹ ›a hat die Relation R zu b‹ heißen soll, dann gibt es eine derartige Entität wie die Relation R zwischen a und b, wenn a R b wahr ist, und keine derartige Entität, wenn a R b falsch ist. So können wir aus jeder Aussage eine Kennzeichnung machen, die eine Entität kennzeichnet, wenn die Aussage wahr ist, aber nicht, wenn sie falsch ist. Z. B. ist es wahr (wir wollen es jedenfalls unterstellen), daß sich die Erde um die Sonne dreht, und falsch, daß sich die Sonne um die Erde dreht; also kennzeichnet ›die Umdrehung der Erde um die Sonne‹ eine Entität, ›die Umdrehung der Sonne um die Erde‹ dagegen nicht.[14]

Der ganze Bereich von Nicht-Entitäten wie ›das runde Quadrat‹, ›die gerade Primzahl ungleich zwei‹, ›Apoll‹, ›Hamlet‹ usw. kann nun zu unsrer Zufriedenheit behandelt werden. Es sind alles Kennzeichnungen, die nichts kennzeichnen. Eine Aussage über Apoll besagt etwas, was wir durch Einsetzung dessen erhalten, was in einem Lexikon der Antike unter ›Apoll‹ eingetragen ist, etwa ›der Sonnengott‹. Alle Aussagen, in denen Apoll vorkommt, sind nach den obigen Regeln für Kennzeichnungen zu interpretieren. Wenn ›Apoll‹ primär gebraucht wird, ist die Aussage falsch; wenn sekundär, kann sie wahr sein. Entsprechend bedeutet ›Das runde Quadrat ist rund‹ ›Es gibt eine und nur eine Entität x, die rund und quadratisch ist, und diese Entität ist rund‹, was eine falsche Aussage ist und nicht, wie Meinong behauptet, eine wahre. Aus ›Das vollkommene Sein hat alle Vollkom-

14. Die Aussagen, aus denen solche Entitäten abgeleitet sind, sind weder mit diesen Entitäten noch mit den Aussagen identisch, daß diese Entitäten Sein haben.

menheiten; Existenz ist eine Vollkommenheit; also existiert das vollkommene Sein‹ wird:
›Es gibt eine und nur eine Entität x, die vollkommen ist; diese hat alle Vollkommenheiten; Existenz ist eine Vollkommenheit; also existiert diese Entität‹. Mangels eines Beweises der Prämisse ›Es gibt eine und nur eine Entität x, die vollkommen ist‹ ist das kein Beweis.[15]
MacColl (in: *Mind*, N.S. Nr. 54 und Nr. 55, S. 401) unterscheidet zwei Arten von Individuen, wirkliche und unwirkliche, und definiert die Null-Klasse als Klasse aller unwirklichen Individuen. Damit nimmt er an, daß Ausdrücke wie ›der gegenwärtige König von Frankreich‹, die kein wirkliches Individuum kennzeichnen, doch ein Individuum kennzeichnen, aber ein unwirkliches. Das ist im wesentlichen die Theorie Meinongs, die wir mit guten Gründen verworfen haben, weil sie mit dem Gesetz vom Widerspruch unverträglich ist. Mit unserer Theorie des Kennzeichnens können wir annehmen, daß es keine unwirklichen Individuen gibt, so daß die Null-Klasse die Klasse ist, die keine Elemente hat, nicht die Klasse, die als Elemente alle unwirklichen Individuen hat.
Es ist wichtig, die Konsequenz unserer Theorie für die Interpretation von Definitionen zu sehen, die Kennzeichnungen gebrauchen. Hierzu gehören die meisten mathematischen Definitionen, zum Beispiel ›m – n bedeutet die Zahl, deren Addition zu n m ergibt‹. Auf diese Weise wird m – n definiert als etwas, das dasselbe bedeutet wie eine bestimmte Kennzeichnung. Wir haben aber gesehen, daß Kennzeichnungen isoliert keine Bedeutung haben. Deshalb sollte die Definition eigentlich lauten: ›Jede Aussage, die m – n enthält, soll den Sinn der Aussage haben, die sich aus der Einsetzung von

15. Mit diesem Argument kann man beweisen, daß alle Elemente der Klasse der vollkommenen Seienden existieren; man kann damit auch formal beweisen, daß diese Klasse nicht *mehr* als ein Element haben kann; wenn man aber die Definition der Vollkommenheit als Besitz aller positiven Prädikate gebraucht, kann man fast ebenso formal beweisen, daß die Klasse nicht einmal ein einziges Element hat.

»die Zahl, deren Addition zu n m ergibt« für »m – n« ergibt‹. Die sich ergebende Aussage wird nach den schon angegebenen Regeln für die Interpretation von Aussagen interpretiert, deren verbaler Ausdruck eine Kennzeichnung enthält. Wenn m und n derart sind, daß es eine und nur eine Zahl x gibt, deren Addition zu n m ergibt, dann gibt es eine Zahl x, die in jeder Aussage mit m – n für m – n eingesetzt werden kann, ohne die Wahrheit oder Falschheit der Aussage zu verändern. Sonst aber sind alle Aussagen, in denen ›m – n‹ primär gebraucht wird, falsch.

Die obige Theorie erklärt, warum die Identität ein nützlicher Begriff ist. Niemand möchte außerhalb eines Logikbuches sagen, x sei x, und doch behauptet man oft eine Identität in Aussagen der Form ›Scott war der Autor von *Waverley*‹ oder ›Du bist der Mann‹. Die Bedeutung solcher Aussagen kann nicht ohne den Begriff der Identität festgestellt werden, obgleich sie nicht einfach Aussagen sind, daß Scott mit einem andern Term, dem Autor von *Waverley*, identisch ist, oder daß du mit einem andern Term identisch bist, dem Mann. Die kürzeste Erklärung für ›Scott ist der Autor von *Waverley*‹ scheint die zu sein: ›Scott schrieb *Waverley*; und es ist immer wahr von y, daß y mit Scott identisch ist, wenn y *Waverley* schrieb.‹ Auf diese Weise gelangt der Begriff der Identität in die Aussage ›Scott ist der Autor von *Waverley*‹, und wegen solcher Verwendungen hat es Sinn, eine Identität zu behaupten.

Ein interessantes Ergebnis unserer Theorie ist dies: Wenn uns etwas vorliegt, womit wir keine unmittelbare Bekanntschaft, sondern wovon wir nur eine Definition mit Kennzeichnungen haben, dann enthalten die Aussagen, die dieses Ding mittels einer Kennzeichnung einführen, es nicht wirklich als Bestandteil, sondern statt dessen die Bestandteile, die durch die verschiedenen Wörter der Kennzeichnung ausgedrückt werden. Also sind in jeder Aussage, die wir erfassen können (d. h. nicht nur in denen, über deren Wahrheit oder Falschheit wir entscheiden, sondern in allen, über die wir nachdenken können), alle Bestandteile tatsächlich Entitäten, mit denen wir unmittelbare Bekanntschaft haben. Nun sind solche Dinge wie die Materie (in dem Sinn, in dem man in der Physik von Materie spricht) und die seelischen und geistigen Zustände und Ereignisse anderer Menschen uns nur durch Kennzeichnungen bekannt, d. h. wir haben mit ihnen keine *Bekanntschaft*, sondern kennen sie als etwas, was die und die Eigenschaften hat. Obgleich wir also Aussagefunktionen C (x) bilden können, die für das und das Materieteilchen oder So-und-sos Geist gelten müssen, sind wir dennoch nicht mit den entsprechenden Aussagen bekannt (die, wie wir wissen, wahr sein müssen), weil wir mit den wirklichen Entitäten, die die Aussagen betreffen, nicht in Berührung kommen können. Was wir wissen, ist: ›So-und-sos Geist hat die und die Eigenschaften‹, aber wir wissen nicht: ›A hat die und die Eigenschaften‹, wobei A der betreffende Geist *ist.* In solchen Fällen kennen wir die Eigenschaften eines Dings, ohne mit dem Ding selbst bekannt zu sein und folglich ohne eine einzige Aussage zu kennen, von der das Ding selbst ein Bestandteil ist.

Über die vielen andern Konsequenzen der von mir vertretenen Auffassung will ich nichts sagen. Ich möchte den Leser nur bitten, sie nicht zu verwerfen – wie er wegen ihrer scheinbar übertriebenen Kompliziertheit zu tun geneigt sein könnte –, ehe er selbst eine Theorie des Kennzeichnens aufzustellen versucht hat. Dieser Versuch wird ihn, glaube ich, davon überzeugen, daß eine solche Theorie, welche auch immer die wahre ist, nicht so einfach sein kann, wie man vorher erwartet haben könnte.

Der logische Atomismus

(1924)

Die Philosophie, die ich vertrete, wird allgemein als eine Art des Realismus betrachtet und wegen der Elemente in ihr, die dieser Lehre entgegengesetzt scheinen, der Inkonsistenz geziehen. Ich selbst betrachte den Streit zwischen den Realisten und ihren Gegnern nicht als grundlegend; ich könnte meine Ansicht über diesen Punkt ändern, ohne auch nur in einer der Lehren andrer Meinung zu werden, auf die ich Gewicht legen möchte. Ich bin der Auffassung, daß in der Philosophie die Logik grundlegend ist und daß Schulen nach ihrer Logik und nicht ihrer Metaphysik unterschieden werden sollten. Meine eigene Logik ist atomistisch, und auf diesen Aspekt möchte ich Gewicht legen. Deshalb nenne ich meine Philosophie lieber ›logischen Atomismus‹ als ›Realismus‹, sei es mit oder ohne vorangestelltes Adjektiv.

Einige Worte über meine Entwicklung könnten als Einleitung nützlich sein. Ich kam durch die Mathematik zur Philosophie, oder besser durch den Wunsch, einen Grund für den Glauben an die Wahrheit der Mathematik zu finden. Von früher Jugend an hatte ich ein brennendes Verlangen zu glauben, es könne so etwas wie Erkenntnis geben, und zugleich bei vielem, was als Erkenntnis durchgeht, große Mühe, es anzunehmen. Es schien klar, daß die größte Chance, unbezweifelbare Wahrheit zu finden, in der reinen Mathematik liegen würde, aber einige der Axiome Euklids waren offensichtlich zweifelhaft, und der Infinitesimalkalkül war, so wie ich ihn lernen sollte, ein Haufen von Sophismen, den ich jedenfalls als nichts andres zu sehen vermochte. Ich sah keinen Grund, an der Wahrheit der Arithmetik zu zweifeln, wußte aber damals nicht, daß man die ganze traditionelle reine Mathematik in der Arithmetik enthalten sein lassen kann. Mit achtzehn Jahren las ich Mills *Logic*, war aber äußerst unzufrieden mit seinen Gründen für die Annahme von Arithmetik und Geometrie. Ich hatte Hume nicht gelesen, aber mir schien, daß der reine Empirismus (den ich bereit war anzunehmen) eher zum Skeptizismus führen müsse als zu Mills Verteidigung der anerkannten wissenschaftlichen Lehren. In Cambridge las ich Kant und Hegel, ebenso wie Bradleys *Logic*, die einen starken Einfluß auf mich ausübte. Einige Jahre war ich Bradleys Schüler, aber um 1898 änderte ich meine Auffassungen, größtenteils infolge von Diskussionen mit G. E. Moore. Ich konnte nicht mehr glauben, daß die Erkenntnis das Erkannte verändert. Ich fand mich auch zum Pluralismus hingetrieben. Die Analyse mathematischer Sätze überzeugte mich davon, daß sie nicht einmal als teilweise Wahrheiten erklärt werden konnten, wenn man nicht den Pluralismus und die Wirklichkeit von Relationen zugab. Ein Zufall brachte mich zu dieser Zeit zum Studium von Leibniz, und ich kam zum Schluß (der danach von Couturats meisterhaften Forschungen bestätigt wurde), daß viele seiner charakteristischsten Auffassungen von der rein logischen Lehre herrühren, daß jeder Satz ein Subjekt und ein Prädikat hat. Diese Lehre hat Leibniz mit Spinoza, Hegel und Bradley gemein; ihre Verwerfung schien mir die ganze Grundlage für die Metaphysik all dieser Philosophen zu vernichten. Ich kehrte deshalb zum Problem zurück, das mich ursprünglich zur Philosophie gebracht hatte, nämlich den Grundlagen der Mathematik, und wandte darauf eine neue, größtenteils von Peano und Frege abgeleitete Logik an, die sich (wenigstens wie ich glaube) weit fruchtbarer erwiesen hat als die der traditionellen Philosophie.

Vor allem stellte ich fest, daß viele der stereotypen philosophischen Behauptungen über die Mathematik (die hauptsächlich von Kant herrühren) mittlerweile durch den Fortschritt der Mathematik ungültig geworden waren. Die nichteuklidische Geometrie hatte die Argumentation der transzendentalen Ästhetik untergraben. Weierstraß hatte gezeigt, daß der Differential- und Integralkalkül ohne den Begriff des Infinitesimalen auskommen und daß deshalb alles, was von Philosophen über Themen wie die Kontinuität von Raum und Zeit und der Bewegung gesagt worden ist, als reiner Irrtum anzusehen ist. Cantor reinigte den Begriff der infiniten Zahl von Widersprüchen und erledigte damit Kants Antinomien ebenso wie viele der Antinomien Hegels. Schließlich zeigte Frege im Detail, wie die Arithmetik aus der reinen Logik abgeleitet werden kann, ohne daß es eines neuen Begriffs oder Axioms bedarf, und widerlegte so Kants Behauptung, daß ›7 + 5 = 12‹ synthetisch sei – jedenfalls wenn man die Behauptung nach ihrer einleuchtendsten Interpretation versteht. Da alle diese Ergebnisse durch keine heroische Methode, sondern durch geduldiges, detailliertes Argumentieren erzielt wurden, begann ich es für wahrscheinlich zu halten, daß die Philosophie mit der Annahme heroischer Heilmittel für intellektuelle Schwierigkeiten im Irrtum gewesen war und Lösungen nur durch größere Sorgfalt und Genauigkeit zu finden seien. Von dieser Auffassung bin ich mit der Zeit immer mehr überzeugt worden, und sie hat mich zweifeln lassen, ob die Philosophie als ein von der Wissenschaft verschiedenes Studium mit einer eigenen Methode überhaupt mehr ist als eine unglückliche Erbschaft der Theologie.

Freges Werk war nicht abgeschlossen, erstens weil es nur der Arithmetik galt, nicht andern Zweigen der Mathematik; zweitens weil seine Prämissen gewisse Widersprüche nicht ausschlossen, denen, wie sich zeigte, alle vergangenen Systeme formaler Logik ausgesetzt waren. Dr. Whitehead und ich versuchten in Zusammenarbeit, diesen zwei Mängeln in den *Principia Mathematica* abzuhelfen, die jedoch in einigen grundlegenden Punkten (vor allem dem Reduzibilitätsaxiom) keine Abgeschlossenheit erreicht haben. Aber trotz dieser Mängel glaube ich, daß niemand, der dieses Buch liest, seine wichtigste Behauptung bestreiten wird, daß nämlich aus gewissen Begriffen und Axiomen der formalen Logik mit Hilfe der Relationenlogik ohne irgendeinen neuen undefinierten Begriff oder einen unbewiesenen Satz die ganze reine Mathematik abgeleitet werden kann. Die technischen Methoden der mathematischen Logik, wie sie in diesem Buch entwickelt sind, scheinen mir sehr wirksam und fähig, ein neues Instrument für die Diskussion vieler Probleme zu liefern, die bisher in philosophischem Nebel geblieben waren. Dr. Whiteheads *Concept of Nature* und *Principles of Natural Knowledge* mögen als Veranschaulichung des Gemeinten dienen.

Wenn die reine Mathematik als ein deduktives System dargestellt wird – d. h. als die Menge all der Sätze, die aus einer festgesetzten Menge von Prämissen abgeleitet werden kann –, dann wird deutlich, daß wir nicht allein deshalb an die Wahrheit der reinen Mathematik glauben können, weil wir an die Wahrheit der Menge der Prämissen glauben. Einige der Prämissen sind viel weniger evident als einige ihrer Folgesätze und werden hauptsächlich wegen ihrer Folgesätze geglaubt. Man wird finden, daß es immer so ist, wenn eine Wissenschaft als deduktives System angeordnet wird. Es sind nicht die logisch einfachsten Sätze des Systems, die am meisten einleuchten oder den größten Teil unsrer Gründe dafür liefern, das System für wahr zu halten. Bei den empirischen Wissenschaften ist das offensichtlich. Die Elektrodynamik zum Beispiel kann in die Maxwellschen Gleichungen zusammengezogen werden, diese Gleichungen aber werden wegen der beobachteten Wahrheit gewisser logischer Folgerungen aus ihnen für wahr gehalten. Genau dasselbe geschieht im reinen Reich der Logik; die logisch ersten Prinzipien der Logik sollen – wenigstens einige von ihnen – nicht um ihrer selbst willen, sondern wegen ihrer Folgesätze geglaubt werden. Die epistemologische Frage: ›Warum soll ich diese Klasse von Aussagen glauben?‹ ist ganz verschieden von der logischen Frage: ›Was ist die kleinste und logisch einfachste Menge von Aussagen, aus der diese Klasse von Aussagen abgeleitet werden kann?‹ Unsere Gründe, Logik und reine Mathematik für wahr zu halten, sind zum Teil nur Induktions- und Wahrscheinlichkeitsgründe, obgleich ihre Sätze in ihrer *logischen* Ordnung aus den Prämissen der Logik durch reine Deduktion folgen. Ich halte diesen Punkt für wichtig, weil Irrtümer leicht daraus entstehen, daß man die logische der epistemologischen Ordnung und umgekehrt die epistemologische der logischen angleicht. Man kann durch Arbeit in mathematischer Logik nur dadurch Licht auf die Wahrheit oder Falschheit der Mathematik werfen, daß man die angeblichen Antinomien widerlegt. Das zeigt, daß die Mathematik wahr sein *kann*. Aber daß sie wahr *ist*, das zu zeigen würde andre Methoden und andre Untersuchungen erfordern.

Eine sehr wichtige heuristische Maxime, die, wie Dr. Whitehead und ich durch Erfahrung fanden, in der mathematischen Logik anwendbar ist und die wir seitdem auf verschiedenen andern Gebieten angewandt haben, ist eine Form von Ockhams ›Rasiermesser‹[1]. Wenn eine Klasse angenommener Entitäten saubere logische Eigenschaften hat, zeigt sich, daß in sehr vielen Fällen die angenommenen Entitäten durch rein logische Strukturen ersetzt werden können, die aus Entitäten ohne solche sauberen Eigenschaften zusammengesetzt sind. In solchen Fällen können wir bei der Interpretation einer Menge von Aussagen, die wir bisher für Aussagen über die angenommenen Entitäten hielten, die logischen Strukturen einsetzen, ohne ein Detail an der fraglichen Aussagenmenge zu ändern. Das ist ökonomisch, weil Entitäten mit sauberen logischen Eigenschaften immer erschlossen sind und der Grund für den Schluß auf sie fortfällt und unsere Aussagenmenge gegen die Notwendigkeit eines zweifelhaften Schrittes abgesichert ist, wenn die Aussagen, in denen die angenommenen Entitäten vorkommen, interpretiert werden können, ohne daß man diesen Schluß macht. Das Prinzip kann so formuliert werden: ›Ersetze Schlüsse auf unbekannte Entitäten durch Konstruktionen aus bekannten Entitäten, wo immer es möglich ist.‹

Die Verwendungen dieses Prinzips sind mannigfaltig, aber im Detail nur verständlich, wenn man die mathematische Logik kennt. Das erste Beispiel, auf das ich stieß, war das,

1. Gemeint ist die Maxime: ›Entia non sunt multiplicanda sine necessitate‹ [Anm. des Übers.].

was ich ›das Prinzip der Abstraktion‹ [›the principle of abstraction‹] genannt habe oder ›das Prinzip, das Abstraktionen entbehrlich macht‹ [›the principle which dispenses with abstraction‹].[2] Dies Prinzip ist bei jeder symmetrischen und transitiven Relation, wie der Gleichheit, anwendbar. Wir neigen zum Schluß, daß solche Relationen aus dem Besitz einer gemeinsamen Eigenschaft hervorgehen. Das mag wahr sein oder auch nicht; wahrscheinlich ist es in einigen Fällen wahr und in andern nicht. Aber alle formalen Zwecke, die eine gemeinsame Eigenschaft erfüllen soll, können durch die Zugehörigkeit zur Klasse der Terme erfüllt werden, die die besagte Relation zu einem gegebenen Term haben. Nehmen wir als Beispiel die Größe. Angenommen, wir haben eine Klasse gleich langer Stäbe. Man kann leicht annehmen, es gebe eine gewisse Eigenschaft, ihre Länge genannt, die sie alle gemeinsam haben. Aber alle Aussagen, in denen diese angenommene Eigenschaft vorkommt, werden ihren Wahrheitswert unverändert behalten, wenn wir statt ›Länge des Stabs x‹ einsetzen ›Zugehörigkeit zur Klasse aller Stäbe, die so lang sind wie x‹. In verschiedenen besonderen Fällen – z. B. der Definition der reellen Zahlen – ist eine einfachere Konstruktion möglich.

Ein sehr wichtiges Beispiel des Prinzips ist Freges Definition der Kardinalzahl einer gegebenen Klasse von Termen als die Klasse aller Klassen, die einer gegebenen Klasse ›gleichzahlig‹ sind – wobei zwei Klassen ›gleichzahlig‹ sind, wenn eine beiderseits eindeutige Relation besteht, deren Bereich die eine Klasse und deren konverser Bereich die andre Klasse ist. So ist eine Kardinalzahl die Klasse aller Klassen, die einer gegebenen Klasse gleichzahlig sind. Diese Definition läßt den Wahrheitswert aller Aussagen unverändert, in denen Kardinalzahlen vorkommen, und vermeidet den Schluß auf eine Klasse ›Kardinalzahlen‹ genannter Entitäten, die zu keinem andern Zweck gebraucht wurden, als die

2. *Our Knowledge of the External World*. London 1914, S. 42.

Arithmetik verständlich zu machen, und nun dafür nicht mehr gebraucht werden.

Vielleicht noch wichtiger ist die Tatsache, daß Klassen selbst mit ähnlichen Methoden entbehrlich gemacht werden können. Die Mathematik ist voll von Sätzen, die es notwendig zu machen scheinen, daß eine Klasse oder Menge in gewissem Sinn eine einzelne Entität sei – wie zum Beispiel der Satz ›Die Zahl der Kombinationen jedes von n Elementen mit jedem ist 2^n‹. Da 2^n immer größer als n ist, führt dieser Satz zu Schwierigkeiten, wenn Klassen als Entitäten zugelassen sind, weil die Zahl der Klassen von Entitäten im Universum größer ist als die Zahl von Entitäten im Universum, was paradox wäre, wenn unter den Entitäten auch Klassen wären. Glücklicherweise können alle Sätze, in denen Klassen erwähnt zu werden scheinen, ohne die Annahme, es gebe Klassen, interpretiert werden. Das ist vielleicht die wichtigste Anwendung unseres Prinzips. (Siehe *Principia Mathematica*, *20.)

Ein andres wichtiges Beispiel betrifft das, was ich ›bestimmte Beschreibungen‹ nenne, d. h. Ausdrücke wie ›die gerade Primzahl‹, ›der gegenwärtige König von England‹, ›der gegenwärtige König von Frankreich‹. Die Interpretation von Aussagen wie ›Der gegenwärtige König von Frankreich existiert nicht‹ hat immer Schwierigkeiten gemacht. Sie ergaben sich aus der Annahme, ›der gegenwärtige König von Frankreich‹ sei das Subjekt des Satzes, was zur Annahme zwang, daß er subsistiert obgleich nicht existiert. Aber es ist schwer, auch nur Subsistenz ›dem runden Quadrat‹ oder ›der geraden Primzahl größer als zwei‹ zuzuschreiben. Tatsächlich ist ›Das runde Quadrat subsistiert nicht‹ genau so wahr wie ›Der gegenwärtige König von Frankreich existiert nicht‹. Also hilft uns die Unterscheidung zwischen Existenz und Subsistenz nicht weiter. Tatsächlich gibt es, wenn die Wörter ›der So-und-so‹ in einer Aussage vorkommen, keinen korrespondierenden einzelnen Bestandteil der Aussage, und wenn die Aussage vollständig analysiert ist, sind die Wörter ›der So-

und-so‹ verschwunden. Eine wichtige Konsequenz der Theorie der Beschreibungen ist, daß es sinnlos ist zu sagen ›A existiert‹, wenn nicht ›A‹ ein Ausdruck der Form ›der So-und-so‹ ist (oder ihn vertritt). Wenn der So-und-so existiert und x der So-und-so ist, dann ist es Unsinn zu sagen, ›x existiert‹. So wird die Existenz, in dem Sinn, in dem sie einzelnen Entitäten zugeschrieben wird, gänzlich von der Liste der Grundbegriffe gestrichen. Der ontologische Beweis und die meisten seiner Widerlegungen erweisen sich als bedingt durch schlechte Grammatik. (Siehe *Principia Mathematica*, *14.)

Es gibt in der reinen Mathematik noch viele andre Beispiele für die Ersetzung von Erschlossenem durch eine Konstruktion, etwa Reihen, Ordinal- und reelle Zahlen. Aber ich will zu den Beispielen in der Physik übergehen.

Punkte und Augenblicke sind gut verständliche Beispiele: Dr. Whitehead hat gezeigt, wie sie aus Klassen von Ereignissen zu konstruieren sind, von denen alle eine endliche Ausdehnung und eine endliche Dauer haben. In der Relativitätstheorie brauchen wir an erster Stelle nicht Punkte oder Augenblicke, sondern Ereignis-Partikeln, die dem entsprechen, was man in herkömmlicher Sprache als Punkt in einem Augenblick oder augenblicklichen Punkt beschreiben könnte. (Früher dauerte ein Raumpunkt durch alle Zeit, und ein Zeitpunkt erfüllte den ganzen Raum. Jetzt hat die Einheit, die die mathematische Physik braucht, weder räumliche noch zeitliche Ausdehnung.) Ereignis-Partikeln werden nach genau demselben logischen Verfahren konstruiert, nach dem Punkte und Augenblicke konstruiert wurden. Mit solchen Konstruktionen bewegen wir uns jedoch auf einer andern Ebene als mit Konstruktionen in der reinen Mathematik. Die Möglichkeit der Konstruktion von Ereignis-Partikeln hängt ab von der Existenz von Klassen von Ereignissen mit gewissen Eigenschaften; ob die erforderlichen Ereignisse existieren, kann nur empirisch erkannt werden, wenn es überhaupt erkannt werden kann. Es gibt deshalb keinen Grund a priori, Kontinuität (im mathematischen Sinn) zu erwarten oder sicher zu sein, daß Ereignis-Partikeln konstruiert werden können. Wenn die Quantentheorie eine diskontinuierliche Raum-Zeit zu erfordern scheint, kann unsre Logik ihre Erfordernisse genausogut erfüllen wie die der traditionellen Physik, die Kontinuität verlangt. Die Frage ist rein empirisch und unsre Logik beiden Möglichkeiten gleich angemessen (wie es auch sein sollte).

Ähnliche Überlegungen gelten für eine Materiepartikel oder ein Stück Materie endlicher Größe. Traditionell hat die Materie zwei jener ›sauberen‹ Eigenschaften, die das Kennzeichen einer logischen Konstruktion sind; erstens die, daß zwei Materieteilchen nicht zur selben Zeit am selben Ort sein können; zweitens die, daß ein Materieteilchen nicht zur selben Zeit an zwei Orten sein kann. Erfahrung in der Ersetzung von Erschlossenem durch eine Konstruktion macht einen gegen alles mißtrauisch, was so ordentlich und exakt ist. Man kann nicht umhin zu fühlen, daß Undurchdringlichkeit keine empirische, aus der Beobachtung von Billardkugeln abgeleitete Tatsache, sondern etwas logisch Notwendiges ist. Dieses Gefühl ist völlig berechtigt, könnte es aber nicht sein, wenn die Materie keine logische Konstruktion wäre. Eine unermeßliche Anzahl von Vorgängen koexistiert in jedem kleinen Abschnitt der Raum-Zeit; wenn wir von dem sprechen, was keine logische Konstruktion ist, finden wir keine solche Eigenschaft wie Undurchdringlichkeit, sondern daß sich im Gegenteil die Ereignisse in einem noch so kleinen Teil der Raum-Zeit endlos überschneiden. Der Grund dafür, daß die Materie undurchdringlich ist, liegt darin, daß unsere Definitionen sie dazu machen. Grob gesprochen und nur, um eine Vorstellung davon zu geben, wie das geschieht, ist ein Materieteilchen alles, was in einem gewissen Gang der Raum-Zeit geschieht, und konstruieren wir die Materieteilchen genannten Spuren derart, daß sie einander nicht überschneiden. Die Materie ist undurchdringlich, weil wir die Gesetze der Physik leichter formulieren können, wenn wir unsere Konstruktionen so einrichten, daß Undurchdringlichkeit gesichert ist. Undurchdringlichkeit ist ein logisch notwendiges Ergebnis der Definition, obgleich der Umstand, daß eine solche Definition geeignet ist, empirisch ist. Materieteilchen gehören nicht zu den Bausteinen, aus denen die Welt gebaut ist. Die Bausteine sind Ereignisse, und Materieteilchen sind Teile der Struktur, der besondere Aufmerksamkeit zu widmen wir für passend halten.

Auch in der Philosophie geistiger Vorgänge gibt es Gelegenheiten, unser Prinzip: Konstruktion statt Erschlossenes, anzuwenden. Sowohl das Subjekt als auch die Beziehung einer Erkenntnis zum Erkannten haben jene schematische Qualität, die uns Verdacht schöpfen läßt. Es ist klar, daß das Subjekt, wenn es überhaupt erhalten bleiben soll, als Konstruktion erhalten bleiben muß, nicht als erschlossene Entität; die Frage ist nur, ob das Subjekt so weit brauchbar ist, um der Konstruktion wert zu sein. Die Beziehung einer Erkenntnis zum Erkannten kann ebenfalls kein einfaches, einzelnes Letztes sein, wie ich einmal glaubte. Obgleich ich mit dem Pragmatismus nicht übereinstimme, glaube ich, daß William James zu Recht die Aufmerksamkeit auf die Zusammengesetztheit des ›Erkennens‹ gelenkt hat. In einem allgemeinen Überblick wie diesem ist es unmöglich, die Gründe für diese Auffassung darzulegen. Aber wer nur unser Prinzip akzeptiert hat, wird zustimmen, daß hier offenbar ein Fall für seine Anwendung vorliegt. Meine *Analysis of Mind* besteht zum größten Teil aus Anwendungen dieses Prinzips. Aber da die Psychologie wissenschaftlich viel weniger entwickelt ist als die Physik, sind die Gelegenheiten für die Anwendung des Prinzips nicht so gut. Die Anwendung des Prinzips hängt vom Vorhandensein einer ziemlich zuverlässigen Klasse von Aussagen ab, die vom Logiker so zu interpretieren sind, daß ihre Wahrheit erhalten bleibt und das Element von Schlüssen auf unbeobachtete Entitäten auf ein Mindestmaß reduziert wird. Das Prinzip setzt deshalb eine schon etwas fortgeschrittene Wissenschaft voraus, ohne die der Logiker nicht weiß, was er konstruieren soll. Bis vor kurzem schien es notwendig, geometrische Punkte zu konstruieren; nun werden Ereignis-Partikeln gewünscht. Angesichts einer solchen Veränderung in einem fortgeschrittenen Fach wie der Physik ist es klar, daß Konstruktionen in der Psychologie bloß vorläufig sein müssen.

Bis jetzt habe ich von dem gesprochen, wovon nicht notwendig anzunehmen ist, daß es zu den letzten Bestandteilen der Welt gehört. Aber logische Konstruktionen benötigen wie alle andern Konstruktionen Material, und es ist Zeit, sich der positiven Frage zuzuwenden, was dieses Material sein soll. Diese Frage erfordert jedoch zur Vorbereitung eine Diskussion von Logik und Sprache und ihrer Beziehung zu dem, was sie darzustellen versuchen.

Der Einfluß der Sprache auf die Philosophie ist, glaube ich, tief und fast unerkannt gewesen. Wenn wir von ihm nicht irregeführt werden sollen, müssen wir uns des Einflusses bewußt werden und überlegen, wie weit er berechtigt ist. Die Subjekt-Prädikat-Logik samt der Substanz-Attribut-Metaphysik sind ein Beispiel. Es ist zweifelhaft, ob sie von einem Volk erfunden worden wären, das eine nicht-indoeuropäische Sprache gesprochen hätte; gewiß scheinen sie nicht in China aufgekommen zu sein, außer in Verbindung mit dem Buddhismus, der indische Philosophie mitbrachte. Ferner ist es, um ein andersartiges Beispiel zu gebrauchen, eine natürliche Annahme, daß ein Eigenname, der sinnvoll verwendet werden kann, für eine einzelne Entität steht; wir nehmen an, es gebe ein gewisses mehr oder minder beständiges Seiendes, ›Sokrates‹ genannt, weil derselbe Name auf eine Reihe von Ereignissen angewandt wird, die wir als Erscheinungen dieses einen Seienden zu betrachten veranlaßt werden. Wenn die Sprache abstrakter wird, hält eine neue Klasse von Entitäten Einzug in die Philosophie, nämlich die, welche durch abstrakte Wörter vertreten werden, die Universalien. Ich will nicht behaupten, daß es keine Universalien gibt, aber es gibt bestimmt viele abstrakte Wörter, die nicht für einzelne Universalien stehen – z. B. Dreieckigkeit und Vernünftigkeit. Hier führt uns die Sprache sowohl durch ihren Wortschatz als auch durch ihre Syntax in die Irre. Wir müssen in beiderlei Hinsicht auf der Hut sein, wenn unsere Logik nicht zu einer falschen Metaphysik führen soll.

Syntax und Wortschatz haben verschiedenartige Wirkungen auf die Philosophie. Der Wortschatz hat am meisten Einfluß auf den gesunden Menschenverstand [common sense]. Man könnte dem entgegenhalten, daß umgekehrt der gesunde Menschenverstand unsern Wortschatz hervorbringt. Das ist nur zum Teil wahr. Ein Wort wird zuerst auf Dinge angewandt, die mehr oder weniger ähnlich sind, ohne daß man überlegt, ob sie irgendeine Gemeinsamkeit haben. Wenn aber der Gebrauch einmal die Gegenstände festgelegt hat, auf die das Wort anzuwenden ist, wird der gesunde Menschenverstand durch die Existenz des Wortes beeinflußt und neigt zur Annahme, ein Wort müsse für einen Gegenstand stehen, der im Fall eines Adjektivs oder eines abstrakten Wortes ein Universale sein wird. So wirkt sich der Einfluß des Wortschatzes in Richtung auf eine Art von platonischem Pluralismus von Dingen und Vorstellungen aus.

Der Einfluß der Syntax wie im Fall der indoeuropäischen Sprachen ist ganz anders. Fast alle Aussagen können in eine Form gebracht werden, in der sie von einer Kopula verbundene Subjekte und Prädikate haben. Es ist natürlich, daraus zu schließen, daß jede Tatsache eine entsprechende Form hat und darin besteht, daß eine Substanz eine Qualität besitzt. Das führt natürlich zum Monismus, da die Tatsache, daß es mehrere Substanzen gibt (wenn das eine Tatsache wäre), nicht die erforderliche Form haben würde. In der Regel glauben Philosophen, von dieser Art von Einfluß sprachlicher Formen frei zu sein, aber die meisten scheinen sich mir in diesem Glauben zu irren. Der Umstand, daß die Wörter für Abstraktionen nicht abstrakter sind als gewöhnliche Wörter, macht es beim Nachdenken über abstrakte Angelegenheiten immer leichter, über die Wörter statt über das nachzudenken, wofür sie stehen, und es ist fast unmöglich, konsequent der Versuchung zu widerstehen, über die Wörter nachzudenken.

Wer der Subjekt-Prädikat-Logik nicht unterliegt, geht leicht nur den einen Schritt weiter, zweistellige Relationen wie vor-und-nach, größer-und-kleiner, rechts-und-links zuzulassen. Die Sprache kommt dieser Erweiterung der Subjekt-Prädikat-Logik entgegen, da wir sagen ›A geht B voran‹, ›A übertrifft B‹ usw. Man kann leicht beweisen, daß die durch eine Aussage dieser Art ausgedrückte Tatsache nicht darin bestehen kann, daß eine Substanz eine Qualität oder zwei oder mehr Substanzen zwei oder mehr Qualitäten besitzen. (Siehe *Principles of Mathematics*, § 214.) Deshalb ist die Erweiterung der Subjekt-Prädikat-Logik soweit richtig, aber offensichtlich kann gezeigt werden, daß nach genau entsprechenden Argumenten eine weitere Erweiterung notwendig ist. Wie weit man die Reihe der dreistelligen, vierstelligen, fünfstelligen ... Relationen hinaufzugehen hat, weiß ich nicht. Aber es ist gewiß notwendig, über die zweistelligen Relationen hinauszugehen. In der projektiven Geometrie erfordert zum Beispiel die Ordnung von Punkten auf einer Geraden oder von Ebenen durch eine Gerade eine vierstellige Relation.

Sehr unglücklich ist die Wirkung von Eigentümlichkeiten der Sprache bei Adjektiven und Relationen. Alle Wörter sind vom selben logischen Typ; ein Wort ist eine Klasse von Geräusch- oder Gestaltfolgen, je nachdem es gehört oder gelesen wird. Aber die Bedeutungen von Wörtern sind von vielen verschiedenen Typen; ein Attribut (ausgedrückt von einem Adjektiv) ist von einem andern Typ als die Gegenstände, von denen es (wahr oder falsch) ausgesagt werden kann; eine Relation (ausgedrückt etwa von einer Präposition, einem transitiven Verb oder in andrer Weise) ist von einem andern Typ als die Termen, zwischen denen sie besteht oder nicht besteht. Die Definition eines logischen Typs lautet wie folgt: A und B sind vom selben logischen Typ dann und nur dann, wenn es für jede Tatsache, von der A ein Bestandteil ist, eine entsprechende Tatsache mit B als Bestandteil gibt, die entweder aus dem Einsetzen von B für A erhalten wird oder die Negation dessen ist, was so erhalten wird. Um ein Beispiel zu nehmen: Sokrates und Aristoteles sind vom selben logischen Typ, weil sowohl ›Sokrates war ein Philosoph‹ als auch ›Aristoteles war ein Philosoph‹ Tatsachen sind; Sokrates und Caligula sind vom selben Typ, weil ›Sokrates war ein Philosoph‹ und ›Caligula war kein Philosoph‹ Tatsachen sind. Lieben und Töten sind vom selben logischen Typ, weil ›Plato liebte Sokrates‹ und ›Plato tötete nicht Sokrates‹ Tatsachen sind. Es ist eine formal-logische Konsequenz aus der Definition, daß dann, wenn zwei Wörter Bedeutungen von verschiedenem Typ haben, die Beziehungen der Wörter zu ihren Bedeutungen von verschiedenem Typ sind; das heißt, daß es nicht nur eine Bedeutungsbeziehung zwischen Wörtern und dem gibt, wofür sie stehen, sondern ebensoviele Bedeutungsbeziehungen von jeweils verschiedenem Typ wie logische Typen unter den Gegenständen, für die es Wörter gibt. Diese Tatsache ist eine sehr ergiebige Quelle von Irrtum und Verwirrung in der Philosophie. Insbesondere hat sie es außerordentlich schwierig gemacht, eine Theorie der Relationen in Wörtern auszudrücken, die die logische Möglichkeit hat, wahr zu sein, da die Sprache nicht den Typenunterschied zwischen einer Relation und ihren Termen aufrechterhalten kann. Die meisten Argumente für oder gegen die Wirklichkeit von Relationen sind von dieser Quelle von Konfusionen verdorben worden.

An dieser Stelle schlage ich vor, für einen Augenblick abzuschweifen und möglichst kurz zu sagen, welche Auffassungen ich über Relationen [oder Beziehungen] habe. Meine Auffassungen darüber waren in der Vergangenheit weniger klar, als ich glaubte, aber keineswegs die Auffassungen, für die sie meine Kritiker hielten. Mangels Klarheit meiner Gedanken konnte ich das Gemeinte nicht mitteilen. Relationen sind ein schwieriges Thema, und ich bin weit entfernt davon zu behaupten, ich sei nun darüber im klaren. Aber ich glaube, gewisse Punkte sind mir klar. Zu der Zeit, als ich die *Principles of Mathematics* schrieb, hatte ich die Notwendigkeit der logischen Typen noch nicht erkannt. Die Typenlehre ist für die Logik von tiefer Bedeutung und zeigt, glaube ich, genau, was an den Argumenten gegen ›externe‹ Relationen richtig ist. Aber statt deren zentralen Standpunkt zu bekräftigen, führt die Typenlehre im Gegenteil zu einem Atomismus, der vollkommener und radikaler ist als jeder, den ich vor zwanzig Jahren für möglich hielt. Die Frage der Relationen ist eine der wichtigsten, die in der Philosophie gestellt werden, da die meisten andern Streitfragen von ihr abhängen: Monismus und Pluralismus; die Frage, ob irgend etwas gänzlich wahr ist außer dem Ganzen der Wahrheit; Idealismus und Realismus in manchen ihrer Formen; vielleicht selbst die Existenz der Philosophie als eines von der Wissenschaft unterschiedenen Faches mit einer eigenen Methode. Um klar zu machen, was ich meine, wird es nützlich sein, einen Abschnitt aus Bradleys *Essays on Truth and Reality* zu zitieren, nicht um zu polemisieren, sondern weil er genau die Fragen stellt, die gestellt werden sollten. Aber zuallererst will ich meine eigene Auffassung darzulegen versuchen, ohne für sie zu argumentieren.[3]

Gewisse Widersprüche – deren einfachster und ältester der über Epimenides den Kreter ist, der sagte, daß alle Kreter lügen, was auf den Mann reduziert werden kann, der sagt ›Ich lüge‹ – überzeugten mich, nachdem ich fünf Jahre hauptsächlich dieser einen Frage gewidmet hatte, daß keine Lösung ohne die Typenlehre technisch möglich ist. In ihrer technischen Form sagt diese Lehre nur, daß ein Wort oder Symbol Teil einer sinnvollen Aussage sein und in diesem Sinn Bedeutung haben kann, auch wenn es nicht immer für ein andres Wort oder Symbol in derselben oder einer andern Aus-

3. Ich verdanke hierin viel meinem Freund Wittgenstein. Siehe seinen *Tractatus Logico-Philosophicus*, Kegan Paul, 1922. Ich nehme nicht alle seine Lehren an, aber was ich ihm verdanke, wird jedem deutlich sein, der sein Buch liest.

sage eingesetzt werden kann, ohne Unsinn zu ergeben. So formuliert kann die Lehre trivial scheinen. ›Brutus tötete Caesar‹ ist sinnvoll, aber ›Tötete tötete Caesar‹ ist Unsinn, so daß wir ›Brutus‹ nicht durch ›tötete‹ ersetzen können, obgleich beide Wörter Bedeutung haben. Das ist klarer gesunder Menschenverstand, aber unglücklicherweise besteht fast alle Philosophie im Versuch, diese Lehre zu vergessen. Die folgenden Wörter verstoßen zum Beispiel durch ihre bloße Natur gegen sie: Attribut, Relation, Komplex, Tatsache, Wahrheit, Falschheit, nicht, Lügner, Allwissenheit. Um diesen Wörtern eine Bedeutung zu geben, müssen wir einen Umweg über Wörter oder Symbole und die verschiedenen Arten machen, in denen sie bedeuten; und selbst dann erhalten wir gewöhnlich nicht *eine* Bedeutung, sondern eine unendliche Reihe verschiedener Bedeutungen. Wörter sind, wie wir sahen, alle vom selben logischen Typ; wenn die Bedeutungen zweier Wörter von verschiedenem Typ sind, sind deshalb auch die Beziehungen der zwei Wörter zu dem, wofür sie stehen, von verschiedenem Typ. Attribut-Wörter und Relationswörter sind vom selben Typ; deshalb können wir sinnvoll sagen: ›Attribut-Wörter und Relationswörter haben verschiedenen Gebrauch‹. Dagegen können wir nicht sinnvoll sagen: ›Attribute sind keine Relationen‹. Nach unserer Definition der Typen muß, da Relationen Relationen sind, die Wortfolge ›Attribute sind Relationen‹ nicht falsch, sondern sinnlos sein, und desgleichen die Wortfolge ›Attribute sind keine Relationen‹ nicht wahr, sondern sinnlos. Dagegen ist die Aussage ›Attribut-Wörter sind keine Relationswörter‹ sinnvoll und wahr.

Wir können nun die Frage der internen und externen Relationen in Angriff nehmen, wobei wir im Gedächtnis behalten wollen, daß die üblichen Formulierungen auf beiden Seiten mit der Typenlehre unvereinbar sind. Ich werde mit Versuchen beginnen, die Lehre von den externen Relationen zu formulieren. Es ist zwecklos zu sagen, ›Terme sind von ihren Relationen unabhängig‹, weil ›unabhängig‹ ein Wort ist, das nichts bedeutet. Von zwei Ereignissen kann man sagen, sie seien kausal unabhängig, wenn keine Kausalkette von einem zum andern führt; das ist nach der speziellen Relativitätstheorie der Fall, wenn die Ereignisse durch etwas, was dem Weltraum gleichkommt, getrennt sind. Offensichtlich ist dieser Sinn von ›unabhängig‹ irrelevant. Falls wir mit ›Terme sind von ihren Relationen unabhängig‹ meinen ›Zwei Terme, die eine gegebene Relation haben, wären dieselben, wenn sie sie nicht hätten‹, so ist das offensichtlich falsch; denn wie sie einmal sind, haben sie die Beziehung, und deshalb ist alles, was die Beziehung nicht hat, etwas anderes. Falls wir – wie Gegner der externen Relationen von uns annehmen – meinen, die Beziehung sei ein dritter Term, der zwischen die zwei andern Terme komme und irgendwie an ihnen festgehakt sei, so ist das offensichtlich absurd, denn in dem Fall hat die Beziehung aufgehört eine Beziehung zu sein, und alles, was wirklich relational ist, ist das Festhaken der Beziehung an den Termen. Der Begriff der Beziehung als eines dritten Terms zwischen den zwei andern verstößt gegen die Typenlehre und muß mit größter Aufmerksamkeit vermieden werden.

Was können wir also mit der Lehre von den externen Relationen meinen? In erster Linie dies: eine relationale Aussage ist im allgemeinen formal-logisch nicht äquivalent mit einer oder mehreren Subjekt-Prädikat-Aussagen. Genauer ausgedrückt: Bei einer gegebenen relationalen Aussagefunktion ›xRy‹ ist es im allgemeinen nicht der Fall, daß wir Prädikate α, β, γ finden können derart, daß für alle Werte von x und y xRy äquivalent ist mit xα, yβ, (x, y)γ (wobei (x, y) für das Ganze steht, das aus x und y besteht) oder mit irgendeinem oder zwei von diesen. Das und nur das will ich sagen, wenn ich die Lehre von den externen Relationen vertrete, und klarerweise ist das wenigstens ein Teil dessen, was Bradley leugnet, wenn er die Lehre von den internen Relationen vertritt.

Statt von ›Einheiten‹ oder ›Komplexen‹ spreche ich lieber

von ›Tatsachen‹. Man muß einsehen, daß das Wort ›Tatsache‹ in einem Satz an keiner Stelle sinnvoll vorkommen kann, wo das Wort ›Einfaches‹ sinnvoll vorkommen kann, und eine Tatsache nicht vorkommen kann, wo ein Einfaches vorkommen kann. Wir dürfen nicht sagen ›Tatsachen sind nicht Einfaches‹. Wir können sagen ›Das Symbol für eine Tatsache darf das Symbol für ein Einfaches nicht ersetzen, und umgekehrt, wenn der Satz sinnvoll bleiben soll.‹ Aber man sollte beachten, daß das Wort ›für‹ in diesem Satz bei seinen zwei Verwendungen verschiedene Bedeutung hat. Wenn wir eine Sprache haben wollen, die uns vor Irrtümern hinsichtlich der Typen sichern soll, muß das Symbol für eine Tatsache eine Aussage sein, kein einzelnes Wort oder Buchstabe. Tatsachen können behauptet oder geleugnet, aber nicht benannt werden. (Wenn ich sage ›Tatsachen können nicht benannt werden‹, ist das genau genommen Unsinn. Was ohne in Unsinn zu verfallen gesagt werden kann, ist: ›Das Symbol für eine Tatsache ist kein Name‹.) Das veranschaulicht, daß die Bedeutung für verschiedene Typen eine verschiedene Beziehung ist. Die Art, eine Tatsache zu meinen, ist, sie zu behaupten; die Art, ein Einfaches zu meinen, ist, es zu benennen. Offensichtlich ist Benennen von Behaupten verschieden, und es gibt ähnliche Unterschiede, wo es sich um fortgeschrittenere Typen handelt, obgleich die Sprache keine Mittel hat, die Unterschiede auszudrücken.

Es gibt noch vieles andere in Bradleys Prüfung meiner Auffassungen, was nach einer Antwort verlangt. Aber da es mir jetzt um Klärung und nicht um Polemik geht, will ich es übergehen, in der Hoffnung, schon genug zur Frage der Relationen und Komplexe gesagt zu haben, um klar zu machen, welche Theorie ich vertrete. Zur Typenlehre will ich nur noch bemerken, daß die meisten Philosophen sie gelegentlich annehmen und wenige sie leugnen würden, aber alle (soviel ich weiß) es vermeiden, sie genau zu formulieren oder aus ihr die Konsequenzen zu ziehen, die für ihr System unbequem sind.

Ich komme nun zu einigen Punkten von Bradleys Kritik (loc. cit., S. 280 ff.). Er sagt:

›Der Kern von Russells Auffassung ist mir unbegreiflich geblieben. Einerseits werde ich zur Annahme geführt, daß er einen strengen Pluralismus verteidigt, dem nichts außer einfachen Termen und externen Relationen zulässig ist. Andrerseits scheint Russell Ideen zu verfechten und durchweg zu gebrauchen, die ein solcher Pluralismus gewiß verwerfen müßte. Er hält durchweg an Einheiten fest, die komplex sind und nicht in Terme und Relationen analysiert werden können. Diese zwei Auffassungen sind nach meiner Meinung unvereinbar, da die zweite, wie ich sie verstehe, der ersten glatt widerspricht.‹

Über externe Relationen habe ich die gerade angegebene Auffassung und nicht die, die mir von denen unterstellt wird, die andrer Meinung sind. Bei Einheiten dagegen ist die Frage schwieriger. Durch ihre bloße Natur ist die Sprache besonders ungeeignet, dieses Thema zu behandeln. Ich muß deshalb den Leser um Nachsicht bitten, wenn, was ich sage, nicht genau das ist, was ich meine, und um den Versuch, trotz der unvermeidlichen sprachlichen Hindernisse für klaren Ausdruck zu erkennen, was ich meine.

Erstens glaube ich nicht, daß es Komplexe oder Einheiten im selben Sinn gibt, in dem es Einfaches gibt. Ich glaubte das zwar, als ich die *Principles of Mathematics* schrieb, aber wegen der Typenlehre habe ich danach diese Auffassung aufgegeben. Unscharf gesprochen betrachte ich Einfaches und Komplexe als immer von verschiedenem Typ. Das heißt, die Aussagen ›Es gibt Einfaches‹ und ›Es gibt Komplexe‹ verwenden die Wörter ›es gibt‹ in verschiedenem Sinn. Verwende ich aber die Wörter ›es gibt‹ in dem Sinn, den sie in der Aussage ›Es gibt Einfaches‹ haben, dann ist die Wortfolge ›Es gibt keine Komplexe‹ weder wahr noch falsch, sondern sinnlos. Das zeigt, wie schwer es ist, in der gewöhnlichen Sprache klar zu sagen, was ich über Komplexe sagen möchte. In der Sprache der mathematischen Logik ist es viel leichter zu sagen, was ich sagen möchte, aber viel schwerer, einen zum Verständnis dessen zu bringen, was ich meine, wenn ich es sage.

Wenn ich von ›Einfachem‹ spreche, sollte ich erklären, daß ich von etwas spreche, das nicht als solches erfahren wird, sondern nur erschlossenerweise als die Grenze der Analyse bekannt ist. Es ist durchaus möglich, daß bei besserer logischer Technik die Notwendigkeit umgangen werden könnte, es anzunehmen. Eine logische Sprache wird nicht zu Irrtum führen, wenn ihre einfachen Symbole (d. h. die, welche keine Teile, die wieder Symbole sind, oder keine sinnvolle Zusammensetzung haben) alle für Gegenstände irgend*eines* Typs stehen, selbst wenn diese Gegenstände nicht einfach sind. Der einzige Nachteil einer solchen Sprache ist, daß sie unfähig ist, sich mit irgend etwas zu befassen, das einfacher als die Gegenstände ist, die sie durch einfache Symbole vertritt. Aber ich gebe zu, daß mir klar scheint (wie es Leibniz klar schien), daß Komplexes aus Einfachem zusammengesetzt sein muß, obgleich die Zahl der Bestandteile unendlich sein kann. Es ist auch klar, daß die logischen Verwendungen des alten Substanzbegriffs (d. h. die Verwendungen, die keine zeitliche Dauer implizieren) nur, wenn überhaupt, auf Einfaches angewandt werden können; Gegenstände andern Typs haben nicht die Seinsweise, die man mit Substanzen verbindet. Das Wesen einer Substanz ist vom Standpunkt der symbolischen Logik, daß sie nur benannt werden kann – in traditioneller Sprache, daß sie in einer Aussage nur als Subjekt oder einer der Terme einer Relation vorkommt. Falls das, was wir für einfach halten, in Wirklichkeit komplex ist, können wir durch sein Benennen in Schwierigkeiten kommen, wenn wir es stattdessen behaupten sollten. Wenn zum Beispiel Plato Sokrates liebt, gibt es keine Entität ›Platos Liebe zu Sokrates‹, sondern nur die Tatsache, daß Plato Sokrates liebt. Und wenn wir davon als ›einer Tatsache‹ reden, machen wir es schon substantieller und gleichen es einer Einheit mehr an, als wir berechtigt sind.

Obgleich Attribute und Relationen vielleicht eine Analyse nicht zulassen, unterscheiden sie sich von Substanzen durch die Tatsache, daß sie eine Zusammensetzung andeuten und es kein sinnvolles Symbol geben kann, das sie isoliert symbolisiert. Alle Aussagen, in denen ein Attribut oder eine Relation das Subjekt zu sein *scheint*, sind nur sinnvoll, wenn sie in eine Form gebracht werden können, in der das Attribut prädiziert wird oder die Relation eine Beziehung herstellt. Wenn das nicht der Fall wäre, gäbe es sinnvolle Aussagen, in denen ein Attribut oder eine Relation eine Stelle einnähme, die einer Substanz zusteht, was der Typenlehre widersprechen und Widersprüche hervorrufen würde. So ist das richtige Symbol für ›gelb‹ (um zur Veranschaulichung anzunehmen, dies sei ein Attribut) nicht das einzelne Wort ›gelb‹, sondern die Aussagefunktion ›x ist gelb‹, wobei die Zusammensetzung des Symbols die Stelle anzeigt, die das Wort ›gelb‹ einnehmen muß, wenn es Bedeutung haben soll. Desgleichen darf die Relation ›geht voran‹ nicht durch diese zwei Wörter dargestellt werden, sondern nur durch das Symbol ›x geht y voran‹, das die Art anzeigt, in der das Symbol sinnvoll vorkommen kann. (Hier wird angenommen, daß x und y keine Werte zugeordnet sind, wenn wir vom Attribut oder der Relation selbst sprechen.)

Das Symbol für die einfachste Art von Tatsache, die möglich ist, wird trotzdem die Form ›x ist gelb‹ oder ›x geht y voran‹ haben, nur daß ›x‹ und ›y‹ nicht mehr unbestimmte Variable, sondern Namen sein werden.

Zusätzlich zur Tatsache, daß wir Einfaches als solches nicht erfahren, gibt es ein weiteres Hindernis für die wirkliche Erstellung einer korrekten logischen Sprache von der Art, wie ich sie zu beschreiben versucht habe. Dies Hindernis ist die Vagheit. All unsere Wörter sind mehr oder minder von Vagheit infiziert, womit ich meine, daß nicht immer klar ist, ob sie auf einen gegebenen Gegenstand zur Anwendung kommen oder nicht. Es gehört zur Natur von Wörtern, mehr oder weniger allgemein zu sein und nicht nur auf einen Einzelfall zur Anwendung zu kommen, aber das würde sie nicht vag machen, wenn die Einzelfälle, auf die sie zur Anwendung kommen, eine bestimmte Klasse wären. Das aber ist in der Praxis nie der Fall. Den Mangel kann man sich jedoch leicht beseitigt denken, wie schwer es auch sein mag, ihn tatsächlich zu beseitigen.

Der Zweck der vorangegangenen Diskussion einer logischen Idealsprache (die natürlich fürs tägliche Leben völlig unnütz wäre) ist ein doppelter: erstens, Schlüsse von der Natur der Sprache auf die Natur der Welt zu verhindern, die falsch sind, weil sie von den logischen Mängeln der Sprache abhängen; zweitens, durch eine Untersuchung dessen, was die Logik von einer Sprache verlangt, die Widersprüche verhindern soll, anzudeuten, welche Art von Struktur wir vernünftigerweise für die Welt annehmen können. Wenn ich es recht sehe, gibt es in der Logik nichts, was uns bei der Entscheidung zwischen Monismus und Pluralismus oder zwischen der Auffassung, es gebe letzte relationale Tatsachen, und der Auffassung, es gebe keine, helfen kann. Meine eigene Entscheidung für Pluralismus und Relationen ist aus empirischen Gründen gefallen, nachdem ich mich davon überzeugt hatte, daß Argumente a priori für das Gegenteil ungültig sind. Aber ich glaube nicht, daß diese Argumente ohne eine gründliche Behandlung der logischen Typen angemessen widerlegt werden können, von der das Obige nur eine Skizze ist.

Das bringt mich jedoch zu einer methodischen Frage, die ich für sehr wichtig halte. Was sollen wir in der Philosophie als gegeben hinnehmen? Was sollen wir als das betrachten, was die größte Wahrscheinlichkeit hat, wahr zu sein, und was als zu verwerfen, wenn es andern Überzeugungen widerspricht? Mir scheint, daß die Wissenschaft [science] eine viel größere Wahrscheinlichkeit hat, in der Hauptsache wahr zu sein, als jede bisher vorgebrachte Philosophie (ich nehme meine eigene natürlich nicht aus). In der Wissenschaft gibt es vieles, worüber man sich einig ist; in der Philosophie nichts. Obgleich deshalb eine jede Aussage in einer Wissenschaft falsch sein kann und es praktisch gewiß ist, daß es einige gibt, die falsch sind, werden wir doch weise handeln, wenn wir unsere Philosophie auf die Wissenschaft bauen, weil das Risiko eines Irrtums in der Philosophie ganz sicher größer ist als in der Wissenschaft. Könnten wir in der Philosophie auf Gewißheit hoffen, wäre es anders, aber soweit ich sehen kann, wäre eine solche Hoffnung chimärisch.

Natürlich behaupten die Philosophen, deren Theorien auf den ersten Blick mit der Wissenschaft unverträglich sind, stets, sie könnten die Wissenschaft so interpretieren, daß sie auf ihrer Ebene wahr bleibe, mit jenem minderen Wahrheitsgrad, mit dem sich der Wissenschaftler bescheiden sollte. Wer diesen Standpunkt vertritt, ist, wie mir scheint, verpflichtet, im einzelnen zu zeigen, wie die Interpretation auszuführen ist. In vielen Fällen wäre das, glaube ich, ganz unmöglich. Ich glaube zum Beispiel nicht, daß die, welche nicht an die Wirklichkeit von Relationen glauben (in einem Sinn, wie er oben erklärt wurde), die zahlreichen Gebiete der Wissenschaft irgend interpretieren können, die asymmetrische Relationen gebrauchen. Selbst wenn ich keine Möglichkeit sähe, die (zum Beispiel) von Bradley erhobenen Einwände gegen Relationen zu erwidern, würde ich es doch für wahrscheinlicher halten, daß eine Erwiderung möglich ist, weil ich einen Irrtum in einer sehr subtilen und abstrakten Beweisführung für wahrscheinlicher halten würde als einen so fundamentalen Fehler in der Wissenschaft. Zwar mag alles, was wir zu wissen glauben, zweifelhaft sein; dennoch scheint das, was wir in der Philosophie zu wissen glauben, zweifelhafter zu sein als das Detail der Wissenschaft, obgleich vielleicht nicht zweifelhafter als ihre umfassendsten Verallgemeinerungen.

Die Frage der Interpretation ist für fast jede Philosophie von Wichtigkeit, und ich habe gar keine Neigung zu leugnen, daß viele wissenschaftliche Ergebnisse eine Interpretation verlangen, bevor sie einer konsistenten Philosophie eingefügt werden könnnen. Die Maxime ›Konstruktionen statt

Erschlossenem‹ ist selbst eine Interpretationsmaxime. Aber ich meine, daß jede gültige Interpretationsart das Detail unverändert lassen sollte, wenn sie auch fundamentalen Begriffen eine neue Bedeutung gibt. Das bedeutet in der Praxis, daß die *Struktur* erhalten bleiben muß. Und ein Test dafür ist, daß alle Aussagen einer Wissenschaft erhalten bleiben sollten, auch wenn neue Bedeutungen für ihre Terme gefunden werden. Ein Beispiel auf einer nichtphilosophischen Ebene ist die Beziehung der physikalischen Lichttheorie zu unsern Farbwahrnehmungen. Sie liefert verschiedene physikalische Ereignisse, die verschiedenen gesehenen Farben entsprechen, und macht so die Struktur des physikalischen Spektrums zu derselben wie die von dem, was wir sehen, wenn wir einen Regenbogen ansehen. Wenn die Struktur nicht erhalten bleibt, können wir nicht mit Recht von einer Interpretation sprechen. Und gerade die Struktur wird von einer monistischen Logik zerstört.

Ich will natürlich nicht sagen, daß in irgendeinem Bereich der Wissenschaft die gegenwärtig durch Beobachtung aufgedeckte Struktur genau die ist, die tatsächlich existiert. Im Gegenteil ist es im höchsten Grad wahrscheinlich, daß die tatsächliche Struktur feinkörniger als die beobachtete ist. Das gilt für psychologisches Material genausosehr wie für physikalisches Material. Es beruht auf der Tatsache, daß es einen Unterschied gibt, wo wir einen Unterschied wahrnehmen (z. B. zwischen zwei Farbschattierungen), aber nicht folgt, daß es keinen Unterschied gibt, wo wir keinen Unterschied wahrnehmen. Wir haben deshalb ein Recht, für alle Interpretationen die Erhaltung beobachteter Unterschiede und vorsorglichen Raum für noch unbeobachtete Unterschiede zu verlangen, obgleich wir nicht vorhersagen können, wie sie sein werden, außer wenn sie aus beobachteten Unterschieden erschlossen werden können.

In der Wissenschaft ist die Struktur das Hauptthema. Die Wichtigkeit der Relativitätstheorie rührt zum großen Teil daher, daß sie zwei Mannigfaltige, den dreidimensionalen

Raum und die eindimensionale Zeit, durch ein einzelnes vierdimensionales Mannigfaltiges (Raum-Zeit) ersetzt hat. Das ist eine Veränderung der Struktur und hat deshalb weitreichende Konsequenzen; jede Veränderung aber, die keine Strukturveränderung enthält, macht nicht viel aus. Die mathematische Definition und Untersuchung der Struktur (unter dem Namen ›relation-numbers‹) bildet Teil IV der *Principia Mathematica.*

Das Geschäft der Philosophie, wie ich es sehe, ist wesentlich das der logischen Analyse, der die logische Synthese folgt. Die Philosophie ist mehr als jede Spezialwissenschaft mit Beziehungen der verschiedenen Wissenschaften und möglichen Konflikten zwischen ihnen befaßt; insbesondere kann sie nicht einen Konflikt zwischen Physik und Psychologie oder zwischen Psychologie und Logik hinnehmen. Philosophie sollte umfassend sein und mit Kühnheit Hypothesen über das Universum vorschlagen, die die Wissenschaft noch nicht in der Lage ist zu bestätigen oder zu widerlegen. Aber sie sollten immer *als Hypothesen* vorgelegt werden, nicht (wie zu häufig geschieht) als unwandelbare Gewißheiten wie die Dogmen der Religion. Zudem glaube ich nicht, daß die umfassende Konstruktion, wenn sie auch zum philosophischen Geschäft gehört, ihr wichtigster Teil ist. Der wichtigste Teil besteht nach meiner Meinung in der Kritik und Klärung von Begriffen, die leicht als fundamental betrachtet und unkritisch hingenommen werden können. Als Beispiele könnte ich nennen: Geist, Materie, Bewußtsein, Erkenntnis, Erfahrung, Kausalität, Wille, Zeit. Ich glaube, alle diese Begriffe sind ungenau und annähernd, in ihrem Wesen von Vagheit vergiftet, unfähig, einer exakten Wissenschaft anzugehören. Aus dem ursprünglichen Mannigfaltigen von Ereignissen können logische Strukturen gebaut werden mit Eigenschaften, die den genannten Allgemeinbegriffen gleich genug sind, um ihre weite Verbreitung zu erklären, aber ungleich genug, als daß sehr viel Irrtum sich dadurch einschleichen könnte, daß man sie als fundamental hinnimmt.

Das Folgende schlage ich als Umriß einer möglichen Struktur der Welt vor; es ist nicht mehr als ein Umriß und nur als Möglichkeit angeboten.
Die Welt besteht aus einer vielleicht endlichen, vielleicht unendlichen Zahl von Entitäten, die zueinander verschiedene Beziehungen und vielleicht auch verschiedene Qualitäten haben. Jede dieser Entitäten kann ein ›Ereignis‹ genannt werden; nach der Auffassung der herkömmlichen Physik nimmt ein Ereignis eine kurze endliche Zeit und einen kleinen endlichen Raumbetrag ein, aber da wir keinen herkömmlichen Raum und keine herkömmliche Zeit haben werden, kann man diese Aussage nicht für bare Münze nehmen. Jedes Ereignis hat zu einer gewissen Anzahl andrer eine Beziehung, die ›Kompräsenz‹ genannt werden kann; nach der Auffassung der Physik nimmt eine Ansammlung kompräsenter Ereignisse gemeinsam ein kleines Gebiet der Raum-Zeit ein. Ein Beispiel einer Klasse kompräsenter Ereignisse ist das, was man den Inhalt des Bewußtseins eines bestimmten Menschen zu einer bestimmten Zeit nennen würde – d. h. alle seine Empfindungen, Vorstellungen, Erinnerungen, Gedanken usw., die gleichzeitig koexistieren können. Sein Gesichtsfeld hat in einem Sinn räumliche Ausdehnung, aber diese darf nicht mit der Ausdehnung der physikalischen Raum-Zeit verwechselt werden; jeder Teil seines Gesichtsfelds ist kompräsent mit jedem andern Teil und mit dem Rest seines ›Bewußtseinsinhalts‹ zu dieser Zeit, und eine Ansammlung kompräsenter Ereignisse nimmt ein minimales Gebiet in der Raum-Zeit ein. Solche Ansammlungen gibt es nicht nur, wo es Gehirne gibt, sondern überall. An jedem Punkt des ›leeren Raums‹ könnte eine Anzahl von Sternen photographiert werden, wenn eine Kamera eingebracht würde; wir glauben, daß das Licht über die zwischen seiner Quelle und unsern Augen liegenden Strecken wandert, und deshalb geschieht etwas in diesem Gebiet. Wenn das Licht von einer Anzahl verschiedener Quellen ein gewisses minimales Gebiet der Raum-Zeit erreicht, dann existiert mindestens je ein Ereig-

nis, das jedem dieser Quellen korrespondiert, und alle diese Ereignisse sind kompräsent.

Wir wollen eine Klasse kompräsenter Ereignisse als ein ›minimales Gebiet‹ definieren. Wir stellen fest, daß minimale Gebiete ein vierdimensionales Mannigfaltiges bilden und wir aus ihnen mit ein wenig logischer Manipulation das Mannigfaltige der Raum-Zeit konstruieren können, das die Physik braucht. Wir stellen auch fest, daß wir oft aus einer Anzahl verschiedener minimaler Gebiete jeweils eine Klasse von Ereignissen herausheben können, die sehr ähnlich sind, wenn sie aus benachbarten Gebieten kommen, und von einem Gebiet zum andern nach entdeckbaren Gesetzen variieren. Dies sind die Gesetze der Fortpflanzung des Lichts, des Schalls usw. Wir stellen auch fest, daß gewisse Gebiete in der Raum-Zeit ganz besondere Eigenschaften haben; das sind die Gebiete, von denen man sagt, sie seien von ›Materie‹ besetzt. Solche Gebiete können mittels der Gesetze der Physik zu Gängen oder Röhren zusammengefaßt werden, die in einer Dimension der Raum-Zeit sehr viel mehr ausgedehnt sind als in den drei andern. Eine solche Röhre konstituiert die ›Geschichte‹ des Materiestücks; vom Standpunkt des Materiestücks selbst kann die Dimension, in der es am meisten ausgedehnt ist, ›Zeit‹ genannt werden, aber das ist nur die private Zeit dieses Materiestückes, weil sie nicht genau der Dimension korrespondiert, in der ein andres Materiestück am meisten ausgedehnt ist. Die Raum-Zeit ist nicht nur innerhalb eines Materiestücks sehr eigentümlich, sondern auch ziemlich eigentümlich in seiner Nachbarschaft, wobei sie in dem Maß weniger eigentümlich wird, wie die raum-zeitliche Entfernung wächst; das Gesetz dieser Eigentümlichkeit ist das Gesetz der Schwerkraft.

Alle Arten der Materie neigen in gewissem Grad, manche aber (nämlich Nervenzellgewebe) in besonderem Maße dazu, ›Gewohnheiten‹ zu entwickeln, d. h. ihre Struktur in einer gegebenen Umgebung derart zu verändern, daß sie, wenn sie danach in einer ähnlichen Umgebung sind, in einer neuen

Weise reagieren, aber ihre Reaktion schließlich fast einheitlich wird, wenn ähnliche Umgebungen häufig wiederkehren, während sie von der Reaktion bei der ersten Gelegenheit verschieden bleibt. (Wenn ich von der Reaktion eines Materiestücks auf seine Umgebung spreche, denke ich sowohl an die Zusammensetzung der Klasse kompräsenter Ereignisse, aus denen es besteht, als auch an die Natur des Ganges in der Raum-Zeit, die das konstituiert, was wir gewöhnlich seine Bewegung nennen würden; diese werden ›Reaktionen auf die Umgebung‹ genannt, insofern es Gesetze gibt, die sie mit den Kennzeichen der Umgebung in Beziehung setzen.) Die Eigentümlichkeiten dessen, was wir ›Geist‹ nennen, können aus der Gewohnheit konstruiert werden; ein Geist ist ein Gang von Klassen kompräsenter Ereignisse in einem Gebiet der Raum-Zeit, wo es Materie gibt, die besonders zur Entwicklung von Gewohnheiten neigt. Je größer die Neigung, desto komplexer und organisierter wird der Geist. Ein Geist und ein Gehirn sind deshalb nicht wirklich unterschieden, sondern wir denken, wenn wir von einem Geist sprechen, hauptsächlich an die Klasse kompräsenter Ereignisse in dem betreffenden Gebiet und an ihre verschiedenen Beziehungen zu andern Ereignissen, die Teile anderer Perioden in der Geschichte der raum-zeitlichen Röhre bilden, die wir untersuchen, während wir, wenn wir von einem Gehirn sprechen, die Klasse kompräsenter Ereignisse als ein Ganzes betrachten und seine externen Relationen zu andern Klassen kompräsenter Ereignisse untersuchen, die auch als Ganzes betrachtet werden; mit einem Wort, wir untersuchen die Gestalt der Röhre, nicht die Ereignisse, aus denen jeder Querschnitt von ihr zusammengesetzt ist.

Diese Skizze einer Hypothese müßte natürlich noch in vielerlei Weise ausgebaut und verfeinert werden, um vollständig mit wissenschaftlichen Tatsachen zusammenzustimmen. Sie wird nicht als fertige Theorie vorgetragen, sondern nur als etwas von der Art, was wahr sein kann. Natürlich lassen sich leicht andre Hypothesen denken, die wahr sein können, zum

Beispiel die Hypothese, daß es außerhalb der Reihe von Klassen von Ereignissen, die meine Geschichte konstituieren, nichts gibt. Ich glaube nicht, daß es eine Methode gibt, zu nur einer möglichen Hypothese zu gelangen, und deshalb scheint mir Gewißheit in der Metaphysik unerreichbar. Hierin sind, wie ich zugeben muß, viele andre Philosophien im Vorteil, da trotz ihrer Unterschiede untereinander jede von ihnen zur Gewißheit ihrer eigenen ausschließlichen Wahrheit gelangt.

Über den Gegenstand der Physik[1]
Aus: Antwort auf Kritik

(1944)

Ich komme nun zu Nagels Aufsatz über meine Philosophie der Naturwissenschaft[2], der viele wichtige Themen berührt und eine etwas ausführlichere Antwort verlangt. Was ich über Nagel zu sagen habe, ist zum Teil auch für Stace relevant.[3] Wegen der großen Wichtigkeit der Fragen, die Nagel in Hinblick auf die Physik erhebt, werde ich in meiner Antwort jede Erwägung dessen auslassen, was er zum Thema der reinen Mathematik sagt. Ich denke, vor einem Versuch, Kritik zu beantworten, wird es gut sein, meine eigenen jetzigen Auffassungen anzugeben, die, wie ich festgestellt habe, in einigen Punkten Mißverständnissen ausgesetzt sind.

An erster Stelle möchte ich scharf zwischen Ontologie und Erkenntnistheorie unterscheiden. In der Ontologie gehe ich von der Wahrheit der Physik aus; in der Erkenntnistheorie frage ich mich: Die Wahrheit der Physik vorausgesetzt, was kann unter einem Organismus verstanden werden, der ›Erkenntnis‹ hat, und welche Erkenntnis kann er haben? Ich beginne mit der Ontologie.

Philosophen könnten sagen: Welche Rechtfertigung hast du, die Wahrheit der Physik hinzunehmen. Ich antworte: Nur eine Grundlage des gesunden Menschenverstandes. Fragt man jemand, der weder Philosoph noch Physiker ist, wird er sagen, die Physik habe eine viel bessere Chance, wahr zu sein, als das System dieses oder jenes Philosophen. Eine Philosophie gegen die Physik aufzustellen ist immer leichtsinnig;

1. Überschrift vom Übers.
2. Ernest Nagel: *Russell's Philosophy of Science*. In: The Philosophy of Bertrand Russell, ed. Paul Arthur Schilpp. New York: Tudor 1944, S. 317–349 [Anm. des Übers.].
3. W. T. Stace: *Russell's Neutral Monism*. Ebenda, S. 351–384 [Anm. des Übers.].

Philosophen, die es getan haben, endeten immer mit einer Katastrophe.

Aber was ist mit ›die Wahrheit der Physik hinnehmen‹ gemeint? Niemand nimmt an, die augenblickliche Physik könne nicht verbessert werden; ihren gewagteren Spekulationen, z. B. über den Umkreis des Universums, mißt kein vorsichtiger Mensch viel Gewicht bei. Dennoch bleibt ein gewaltiger Körper von Aussagen, an deren annähernder Richtigkeit kein Vernünftiger ernste Zweifel hegt. Und selbst die zweifelhaftesten Teile der Physik sind das Beste, was der menschliche Verstand gegenwärtig zustande bringen kann, und haben mehr Anspruch auf unsere Zustimmung als jede widersprechende Hypothese, die ein Nicht-Physiker vorbringt. Als methodologische Annahme tun wir deshalb gut daran, alles anzunehmen, was uns der Konsens der Physiker anzunehmen rät.

Es gibt jedoch einige Vorbehalte. Außerhalb der Physik brauchen wir nicht auf die Physik zu hören, und es ist Aufgabe des Philosophen und nicht des Physikers zu ermitteln, was genau die Physik behauptet. Nun gibt es hier zwei verschiedene Sachen: einerseits macht die Physik Prophezeiungen, die verifiziert werden können; andrerseits spricht sie allgemeine Gesetze aus, aus denen sie Konsequenzen ableitet, von denen viele nicht verifiziert werden können. So erheben sich zwei Fragen: Erstens, was ist ›Verifikation‹? Zweitens, was sagt, in Umrissen, die Physik über unbeobachtbare Tatsachen? Wird die Wahrheit der Physik angenommen, so hat die zweite Frage den Vorrang.

Es gibt Leute, die leugnen würden, daß die Physik irgend etwas über Unbeobachtbares sagen muß; zuzeiten habe ich ihnen angehört. Aber ich bin zur Überzeugung gekommen, daß eine solche Interpretation der Physik im besten Fall ein intellektuelles Spiel ist und eine ehrliche Annahme der Physik die Anerkennung unbeobachtbarer Ereignisse verlangt.

Seit Einstein und noch mehr seit Heisenberg und Schrödinger wird die physikalische Welt nicht mehr als etwas betrachtet, was aus beständigen, sich in einem dreidimensionalen Raum bewegenden Materiestücken besteht, sondern als ein vierdimensionales Mannigfaltiges von Ereignissen in der Raum-Zeit. Die alte Auffassung ergab sich aus einem Versuch, den Begriff des gesunden Menschenverstands von ›Dingen‹ für die Wissenschaft verwendbar zu machen; die neue Auffassung bedeutet, daß ›Dinge‹ nicht mehr zum Apparat der Grundbegriffe der Physik gehören.

Das wesentliche Geschäft der Physik ist die Entdeckung von ›Kausalgesetzen‹, worunter ich alle Prinzipien verstehe, die, wenn wahr, uns befähigen, etwas über ein gewisses Gebiet der Raum-Zeit aus etwas über ein andres Gebiet oder andre Gebiete zu erschließen. Man nimmt gewöhnlich an, daß diese Gesetze raum-zeitliche Kontinuität zum Ausdruck bringen müssen, außer wo gewisse Quantenphänomene betroffen sind: es soll keine Fernwirkung geben. Die Ausnahmen für Vorgänge von winzigem Ausmaß in Atomen berühren nicht makroskopische Phänomene, für die zu allen praktischen Zwecken Kontinuität angenommen werden kann.

Es gibt Meinungsverschiedenheiten darüber, ob Kausalgesetze für lebende Materie dieselben sind wie für tote Materie, aber die Auffassung, sie seien verschieden, verliert an Boden, und ich werde sie als falsch ansehen. Die Frage ist, in einer unmittelbaren Bedeutung, nicht so wichtig, wie sie scheint, weil letzte physikalische Gesetze, wie sie in der Quantentheorie entwickelt werden, sowieso nicht verwendet werden können, wo das Material komplex ist, so daß in der Praxis andre Gesetze verwendet werden müssen, deren logische Verknüpfung mit den letzten Gesetzen nicht *bekannt* ist. Diese Gesetze reichen hin, den makroskopischen Determinismus für die lebende Materie zu sichern, nicht als Gewißheit, aber als wahrscheinlichste Hypothese.

Die Frage erhebt sich nun: Kann es, in einer Welt, wie die Physiker sie unserm Glauben anbieten, einen solchen Vorgang geben, wie es nach gewöhnlicher Annahme die Wahrnehmung ist? Und wenn nicht, was ist die nächstmögliche

Analogie, und in welchem Sinn kann ein Organismus ›Erkenntnis‹ von seiner Umgebung besitzen?
Es gibt gewisse Vorgänge, die man gewöhnlich ›Wahrnehmungen‹ nennt, wie das Sehen der Sonne, das Hören eines Donnerschlags oder das Riechen eines faulen Eies. Was für eine Beziehung können diese Vorgänge zur Sonne, zum Donner und zum faulen Ei jeweils haben?
Mich hat es überrascht, die Kausaltheorie der Wahrnehmung als etwas behandelt zu sehen, was man in Frage stellen könnte. Ich kann verstehen, daß Hume die Kausalität überhaupt in Frage gestellt hat, aber wenn man die Kausalität überhaupt akzeptiert, sehe ich nicht, aus welchen Gründen die Wahrnehmung von ihrer Herrschaft ausgenommen werden sollte. Nehmen wir den Punkt der Zeit: eine Kanone wird abgefeuert, zum Beispiel, und an verschiedenen Punkten in 100, 200, 300 usw. Metern Entfernung von ihr stehen Leute. Sie hören den Krach nacheinander. Nur bei philosophischem Vorurteil würde man diesen Beleg nicht für völlig ausreichend halten, um ein Kausalgesetz aufzustellen, das das Hören des Krachs zu einer Wirkung einer Störung macht, die von der Kanone nach auswärts wandert. Oder nehmen wir das Sehen der Sonne: wenn ich entsprechende Maßnahmen treffe, sehe ich sie zu bestimmten Zeiten und zu andern nicht, und die Zeiten, zu denen die entsprechenden Maßnahmen Erfolg haben, hängen nicht von mir ab. Das Ereignis, das ich ›Sehen der Sonne‹ nenne, erfolgt nur – falls die Naturwissenschaft recht hat –, wenn elektromagnetische Wellen von geeigneter Frequenz ungefähr acht Minuten durch den dazwischenliegenden Raum gewandert sind und dann die verschiedenen physiologischen Wirkungen hervorgerufen haben. Die Wellen können durch einen Schirm aufgehalten, die physiologischen Wirkungen durch Zerstörung des Sehnervs oder Entfernung der Sehzentren im Hirn verhindert werden. Wenn das nicht als Beweis für die kausale Abstammung des ›Sehens der Sonne‹ angenommen wird, muß alles wissenschaftliche Denken umgeformt werden.

Wir können nun das erkenntnistheoretische Problem formulieren: Nimmt man die Wahrheit der Physik an und kennt auf anderm Weg als durch das Studium der Physik gewisse, gewöhnlich ›Sehen der Sonne‹ genannte Erlebnisse, was ist dann die Beziehung zwischen diesen Erlebnissen und der Sonne? Erstens besteht eine Kausalverbindung: in der Regel ist die Sonne Teil einer Kausalkette, die zum ›Sehen der Sonne‹ führt, und diese Kausalkette ist derart, daß die von der Sonne ausgehenden Lichtwellen auf ihrer Bahn nicht sehr behindert werden, bis sie das Auge erreichen. (Andernfalls wäre das Sehen einer Pflanze, die mit Hilfe des Sonnenlichts gewachsen ist, ein Fall des Sehens der Sonne; ebenso jegliches Sehen bei Tageslicht.) Es ist offensichtlich möglich, durch künstliche Mittel ein Ereignis hervorzubringen, das dem Wahrnehmenden als ein Fall von ›Sehen der Sonne‹ erscheinen wird, obgleich es das in Wirklichkeit nicht ist. Wenn es eine bestimmte Art von Kausalverbindung mit der Sonne nicht gibt, ›sehen‹ wir nicht ›die Sonne‹, auch wenn unser Erlebnis ununterscheidbar ist von einem, in dem wir tatsächlich ›die Sonne sehen‹. All das mag merkwürdig sein, aber es ist nicht zu leugnen, wenn man nicht auch die Physik leugnet.

Das führt mich schließlich zu Nagels Aufsatz. Er scheint sich auf eine leidenschaftliche Verteidigung des gesunden Menschenverstands eingelassen zu haben und weist ganz richtig darauf hin, daß alle Wissenschaft vom gesunden Menschenverstand ausgeht. Wie unterscheidet sich dann die Wissenschaft vom gesunden Menschenverstand? Hauptsächlich durch die Tatsache, daß ihr Prozentsatz von Fehlern kleiner ist. Mit ›Fehlern‹ meine ich zunächst einmal Meinungen, die sich dadurch als falsch erwiesen haben, daß sie zu Überraschungen führten, wie zum Beispiel die Meinung, was man im Spiegel sieht, sei ›wirklich‹. Wenn ich nichts vom Radio weiß, werde ich glauben, ein merkwürdiger Mensch sei im Haus, wenn nur die Nachrichten zu hören sind. Gibt man einem Wilden eine Kiste mit einem Gyrostat, wird er sie für verhext halten, weil er sie nicht umdrehen kann. Die *meisten* Meinungen des gesunden Menschenverstands müssen von einem praktischen Gesichtspunkt aus richtig sein, sonst könnte die Wissenschaft nie beginnen; aber einige erweisen sich als falsch. Die Wissenschaft verkleinert ihre Zahl; in diesem Sinn berichtigt sie den gesunden Menschenverstand, obgleich sie von ihm ausgeht. Der Vorgang gleicht genau dem der Berichtigung eines Zeugnisses durch ein andres, wobei man durchweg annimmt, daß Zeugnisse *gewöhnlich* zuverlässig sind.

Nagel behauptet mit Leidenschaft, er habe Tische gesehen, aber fügt hinzu, er meine das in dem Sinn, in dem wir gewöhnlich die Wörter ›sehen‹ und ›Tisch‹ verwenden. Ich könnte zustimmen, wenn er den Ausdruck ›einen Tisch sehen‹ als Ganzes nähme. Wie Nagel habe ich oft das Erlebnis gehabt, das man ›einen Tisch sehen‹ nennt. Mein Einwand ist, daß der Ausdruck, wie er gewöhnlich verstanden wird, eine falsche Metaphysik enthält. Ich sehe etwa etwas Kontinuierliches, Rechteckiges, Glänzendes und Braunes. Mein Sehen ist gewiß ein Ereignis in mir, obgleich Nagel zutiefst schokkiert ist, wenn ich sage, daß das, was ich sehe, in mir ist. Amerikanische Realisten brachten mich zur Aufgabe der Unterscheidung zwischen einer Empfindung und einem Sinnesdatum, aber gerade die, welche diese Unterscheidung verwerfen, erheben Einwände gegen den Schluß, daß das Sinnesdatum in mir ist. (Ich werde hierauf gleich zurückkommen.) Aber auf jeden Fall ist das, was ich sehe, wenn ich ›einen Tisch sehe‹, mit meinem Sehen gleichzeitig, während der Tisch als der mit meinem Sehen verbundene physikalische Gegenstand etwas früher ist. (Die Sonne ist acht Minuten früher, einige Sternennebel Hunderttausende von Jahren früher.) Was ich sehe, hat sekundäre Qualitäten, die seit Locke als nicht zum physikalischen Gegenstand gehörig anerkannt sind, und primäre Qualitäten, für die dasselbe seit Berkeley anerkannt ist – oder seit Kant von denen, die Berkeley nicht mögen. In welchem Sinn kann man dann sagen, man sehe den physikalischen Gegenstand, der nach der Physik der Tisch *ist*?

Hat man einmal den vom Tisch zu meinem Perzept führenden Kausalvorgang in all seiner Komplexität erkannt, dann wird klar, daß mein Perzept nur durch ein Wunder dem Tisch überhaupt sehr ähnlich sein könnte. Mehr noch, wenn dieses Wunder wirklich geschieht, kann uns nur eine göttliche Offenbarung versichern, daß es geschieht. Keine solche Offenbarung ist mir gewährt worden, und deshalb bin ich im Zweifel gelassen, ob der Tisch meinem visuellen Perzept in andern Hinsichten gleicht als in denen, von denen es die Physik behauptet.

Nagel ist über mich entrüstet, weil ich das Wort ›sehe‹ in einem unüblichen Sinn verwende. Ich gebe das zu. Der gewöhnliche Sinn impliziert den naiven Realismus, und jeder, der nicht naiver Realist ist, muß entweder das Wort ›sehen‹ vermeiden oder es in einem neuen Sinn verwenden. Der gesunde Menschenverstand sagt: ›Ich sehe einen braunen Tisch‹. Er wird sowohl der Aussage zustimmen: ›Ich sehe einen Tisch‹ als auch der: ›Ich sehe etwas Braunes‹. Da Tische nach der Physik keine Farbe haben, müssen wir entweder (a) die Physik leugnen, oder (b) leugnen, daß ich einen Tisch sehe, oder (c) leugnen, daß ich etwas Braunes sehe. Es ist eine qualvolle Wahl; ich habe (b) gewählt, aber (a) oder (c) würden zu mindestens gleichen Paradoxen führen.

Ich komme schließlich zu einer Behauptung von mir, die Nagel zutiefst schockiert hat, wie sie auch verschiedene andre Philosophen schockiert hat; ich meine die Behauptung, daß wenn ein Physiologe das Gehirn eines andern Menschen anschaut, das, was er sieht, in seinem eigenen Gehirn ist und nicht in dem des andern. Ich habe noch keinen Philosophen kennengelernt, der erkannt hatte, was ich mit dieser Behauptung meinte. Meine Verteidigung der Behauptung muß in ihrer Erklärung bestehen, da sich die Einwände gegen sie gegen eine von meiner völlig verschiedene Auffassung richten.

Nagel sagt: ›Ich weiß, daß ich nie einen Teil meines eigenen Gehirns gesehen habe und daß ich viele physikalische Gegenstände gesehen habe.‹ Er erklärt dann, daß er ›sehen‹ in seinem gewöhnlichen Sinn gebraucht.

Vielleicht ist meine Theorie der Materie ganz absurd, jedenfalls aber ist sie nicht die, die Nagel widerlegt. Ich glaube nicht, daß meine visuellen Perzepte ein ›Teil‹ meines Gehirns sind; ›Teil‹ ist ein materieller Begriff. Kurz und ohne Feinheiten und Einschränkungen ist meine Auffassung die: Ein Stück Materie ist ein System von Ereignissen; wenn das Materiestück so klein wie möglich sein soll, müssen sich diese Ereignisse alle überschneiden oder ›kompräsent‹ sein. Jedes Ereignis nimmt einen endlichen Betrag der Raum-Zeit ein, d. h. überschneidet sich mit Ereignissen, die einander nicht überschneiden. Gewisse Ansammlungen von Ereignissen sind ›Punkte‹ oder vielleicht minimale Volumina, da die Existenz von Punkte erzeugenden Ansammlungen ungewiß ist. Kausalgesetze befähigen uns, Punkte (oder minimale Volumina) in einer vierdimensionalen Ordnung anzuordnen. Wenn daher die Kausalbeziehungen eines Ereignisses bekannt sind, folgt tautologisch seine Lage in der Raum-Zeit. Die kausalen und zeitlichen Verbindungen von Perzepten mit Ereignissen in afferenten und efferenten Nerven geben Perzepten eine Lage im Gehirn des Wahrnehmenden. Man beachte, daß ein ›Teil‹ eines Gehirns eine Klasse von Punkten (oder minimalen Volumina) ist; ein Ereignis kann ein Element gewisser Punkte (oder minimaler Volumina) sein, die Elemente des Gehirns sind, und ist dann, wie man sagt, ›im‹ Gehirn, aber es ist nicht ›Teil‹ des Gehirns. Es ist ein Element eines Elementes des Gehirns.

Die Schlüsse, mit denen die Physiker von Perzepten zu physikalischen Gegenständen übergehen (wir nehmen sie als gültig an), versetzen uns nur in die Lage, gewisse Tatsachen über die Struktur der physikalischen Welt zu erkennen, wie sie mittels Kausalbeziehungen, Kompräsenz und Berührung angeordnet ist. Außer gewissen sehr abstrakten mathematischen

Eigenschaften kann uns die Physik nichts über den Charakter der physikalischen Welt angeben. Aber es gibt einen Teil der physikalischen Welt, den wir auf andre Weise als durch die Physik kennen, nämlich den Teil, in dem unsere Gedanken und Gefühle liegen. Diese Gedanken und Gefühle sind deshalb Elemente der Atome (oder minimaler materieller Bestandteile) unserer Gehirne. Diese Theorie mag phantastisch scheinen, jedenfalls ist sie nicht die Theorie, die Nagel widerlegt.

Ich habe nur noch einen weiteren Punkt gegen Nagel festzuhalten. Er sagt, wenn, wie ich behaupte, ›Dinge‹ die Reihen sind, die den Gesetzen der Physik gehorchen, dann seien diese Gesetze Definitionen. So ist es nicht, vielmehr sind es ›Dinge‹, die definiert werden, und es ist eine empirische Tatsache (wenn es eine Tatsache ist), daß es Reihen gibt, die den Gesetzen der Physik gehorchen und einige der Eigenschaften haben, die wir von ›Dingen‹ erwarten. Die Quantentheorie hat es unmöglich gemacht, den Begriff des ›Dinges‹ (oder der ›Materie‹) bei der Behandlung mikroskopischer Phänomene zu verwenden, aber bei der Behandlung makroskopischer Phänomene hat der Begriff immer noch eine annähernde Gültigkeit.

Der Pragmatismus

(1909)

Das Auftreten einer wirklich neuen Philosophie ist zu allen Zeiten ein Ereignis von sehr großer Bedeutung. Das ist ganz besonders dann so, wenn die neue Philosophie den vorherrschenden Geist der Zeit besser als einer ihrer älteren Rivalen verkörpert, denn dann hat sie gute Aussicht, das allgemeine Wohlgefallen zu erringen, auf das Denken der gebildeten und halbgebildeten Öffentlichkeit abzufärben und die Elemente der geistigen Atmosphäre zu fördern, denen sie ihren Erfolg verdankt. Neue Philosophien sind nicht immer der Zeit angepaßt, in der sie auftreten, aber sind sie es nicht, dann finden sie keine weite Verbreitung, welche Vorzüge sie sonst auch haben mögen. Spinoza verdiente zum Beispiel ebensosehr Erfolg wie Leibniz; trotzdem blieben seine Werke auch nach seinem Tod mehr als ein Jahrhundert fast völlig unbeachtet, weil das politische und intellektuelle Milieu nicht so war, daß sie Erfolg haben konnten. Leibniz dagegen kam der Neigung zur Kalkulation entgegen, die die Entdeckungen seiner Zeit verbreiteten, und stellte die Welt als eine Hierarchie von Systemen dar, von denen jede dem Heiligen Römischen Reich genau glich. Sein System beherrschte daher das Denken der Deutschen, bis die Gärung, die der Französischen Revolution vorausging, die Gedanken der Menschen in neue Bahnen lenkte.

Die Philosophie, die *Pragmatismus* oder *Humanismus*[1] genannt wird, ist wirklich neu und in einzigartiger Weise dem vorherrschenden intellektuellen Klima unserer Zeit angepaßt. Was seine Anpassung angeht, werden wir mehr dazu zu sagen haben, wenn wir untersucht haben, was er ist. Was seine Neuheit angeht, zeigen seine Verfechter eine Bescheidenheit, die nach unserer Meinung etwas übertrieben ist.

1. Zwischen diesen beiden Namen machen William James und Dr. Schiller zu verschiedenen Zeiten in verschiedener Weise Unterschiede. Für unsere Zwecke ist es unnötig, diese Unterschiede zu beachten.

›Pragmatismus, ein neuer Name für einige alte Denkweisen‹, so nennt William James sein Buch, und Dr. Schiller versichert beständig, daß seine Lehren die des Protagoras sind. Was Protagoras betrifft, so wissen wir wenig genug von ihm, um aus ihm fast jede Lehre herauslesen zu können, die wir ihm zuschreiben möchten, und die Berufung auf ihn ist in der Hauptsache auf das Bemühen zurückzuführen, eine Ahnenreihe vorzuweisen, die durch den Ablauf der Zeit respektabel geworden ist. Was die neueren Vorläufer betrifft, haben zwar viele Philosophen – von denen wir Nietzsche als wichtigsten nennen können – den neuen Lehren den Weg gebahnt; der Hauptpunkt aber in der pragmatistischen Philosophie, nämlich ihre Wahrheitstheorie, ist so neu und für die übrige Philosophie, selbst für die Teile, die früher von andern gelehrt wurden, so unentbehrlich, daß ihre Erfinder nicht als bloße Ausführer von Gedanken betrachtet werden können, die weniger ausführliche Vorgänger schon hatten.

Der Name ›Pragmatismus‹ wurde schon 1878 von C. S. Peirce erfunden. Er gab ihn der Lehre, die Bedeutung eines Gedankens liege in den Handlungen, zu denen er führt. Er behauptete, um den Unterschied zwischen zwei verschiedenen Meinungen vom selben Gegenstand zu beurteilen, müsse man untersuchen, welcher Unterschied sich im Verhalten ergibt, je nachdem man die eine oder die andere Meinung annimmt. Peirces Lehre blieb jedoch steril, bis sie zwanzig Jahre später von William James aufgegriffen wurde, der das Wort ›Pragmatismus‹ beibehielt, ihm aber eine weiterreichende Bedeutung gab. Die voll entwickelte Philosophie ist ihm gemeinsam mit Dr. Schiller zuzuschreiben. Professor Dewey von der Columbia University ist ebenfalls zu den Begründern des Pragmatismus zu rechnen. Seine Schriften sind technischer und weniger populär als die von James und Dr. Schiller, aber bei bestimmten Punkten ist seine Darstellung vielleicht vorzuziehen.[2]

2. Vgl. besonders den Aufsatz *The Experimental Theory of Knowledge.* In: Mind, N. S. Nr. 59 (Juli 1906).

Als Einführung in den Pragmatismus ist William James' Essay *The Will to Believe* eine interessante Lektüre. Er erschien zuerst 1896 und wurde im folgenden Jahr in Buchform wieder abgedruckt. In ihm findet sich vieles, was für James' spätere Auffassungen charakteristisch ist, obgleich das Wort ›Pragmatismus‹ nicht auftaucht. Die These, die er vorträgt, ist, daß es in bestimmten Fällen richtig ist, uneingeschränkt an eine der zwei Glieder einer Alternative zu glauben, selbst wenn es keinen Anhalt dafür gibt, welche von ihnen wahr ist. Solche Fälle treten nach James ein, wenn wir zwischen zwei Hypothesen wählen müssen, von denen jede uns möglich scheint, und wenn es ein großer Unterschied ist, welche wir wählen. Die Beispiele, die er im Auge hat, sind hauptsächlich Fragen der Moral und Religion. In einer moralischen Unschlüssigkeit sind wir gezwungen, zu einer Entscheidung zu kommen, da Untätigkeit ebenso eine Entscheidung ist wie Tätigkeit. Bei der Religion müssen wir ebenfalls handeln, als ob sie wahr oder als ob sie falsch wäre; wir sind also praktisch gezwungen zu wählen. James' Behauptung ist, daß es in solchen Fällen albern wäre, den Glauben nur aus dem Grund zu verweigern, daß wir für keine der beiden Seiten einen schlüssigen Beweis finden. Um seine eigenen Worte zu zitieren:

> Unsere seelische Natur kann nicht nur ganz legitim, sondern muß dann eine Entscheidung zwischen Aussagen fällen, wenn es sich um eine echte Entscheidung handelt, die ihrer Natur nach nicht mit intellektuellen Gründen gefällt werden kann; denn unter solchen Umständen zu sagen: ›Entscheide nicht, sondern laß die Frage offen‹, ist selbst eine Entscheidung der Seele – genau wie eine Entscheidung dafür oder dagegen – und mit demselben Wagnis des Verlusts der Wahrheit begleitet.

Er verteidigt sich danach gegen den Vorwurf, daß er sich zu wenig um die Wahrheit kümmere, nicht, wie er heute täte, mit dem Argument, daß beim Fehlen andrer Anhaltspunkte die Antwort wahr *ist*, die dem Gefühl die größte Befriedigung verschafft, sondern mit einer Reihe verschiedener Gründe, die zur Behauptung tendieren, daß es keine ausreichenden moralischen Argumente dagegen gibt zu *meinen*, sie sei wahr. Er zeigt zuerst, daß Gefühle und Wünsche eine große Rolle bei der anfänglichen Entscheidung darüber spielen, was wir glauben sollen, obgleich sie oft unsere Meinungen nicht mehr ändern können, wenn sie sich festgesetzt haben. Dann zeigt er, daß wir gegenüber Meinungen in zwei Weisen verpflichtet sind: Erstens die Wahrheit zu erkennen, zweitens Irrtum zu vermeiden. Diese beiden Vorschriften führen nach James zu sehr verschiedenen Ergebnissen. Wenn wir uns beim Fehlen von Anhaltspunkten jeder der möglichen Meinungen völlig enthalten, sind wir zwar sicher, keinen Irrtum zu begehen, aber auch sicher, nicht die Wahrheit zu erkennen. Entscheiden wir uns dagegen für eine von ihnen, haben wir immerhin eine Chance, die Wahrheit zu erkennen. Wer also beim Fehlen von Anhaltspunkten dazu rät, sich einer Meinung zu enthalten, der hält es für wichtiger, Irrtum zu vermeiden als die Wahrheit zu glauben. Dieses ›Entsetzen davor, betrogen zu werden‹ stellt James als eine ziemlich verächtliche Form von Feigheit hin; ›unsere Irrtümer‹, sagt er, ›sind gewiß nicht etwas so schrecklich Erhabenes. In einer Welt, wo wir so sicher sind, sie trotz all unserer Vorsicht zu begehen, scheint eine gewisse Leichtigkeit des Herzens gesünder als diese übertriebene Nervosität ihretwegen.‹ Die legitime Folgerung aus diesem Argument wäre, daß wir in den Fällen, die William James im Auge hat, beide Seiten der Alternative glauben sollten; dann wären wir nämlich sicher, die Wahrheit der Sache zu ›erkennen‹. Würde man sagen, es sei eine psychologische Unmöglichkeit, beide Seiten zu glauben, so würden wir entgegnen, daß es im Gegenteil oft getan wird und daß die, welche es nicht können und doch tun, nur den ›Willen zu glauben‹ praktizieren müssen, bis sie zu glauben gelernt haben, daß der Satz vom Widerspruch falsch ist – eine Leistung, die keineswegs so schwer ist, wie man oft annimmt.

William James geht dann zum Beweis über, daß im Fall der Religion die Wahl zwischen Glauben und Unglauben all die Kennzeichen der Entscheidungen hat, die ihm zufolge nach Gefühlen gefällt werden sollten. Stillschweigend nimmt er an, daß es kein Indiz für oder gegen die Religion gibt, und führt aus, daß wir mit der Weigerung, uns für den Glauben oder den Unglauben zu entscheiden, der Wohltaten der Religion genauso verlustig gehen wie mit der Entscheidung für den Unglauben.

> Skepsis ist also kein Vermeiden einer Entscheidung; sie ist die Entscheidung für eine bestimmte Art von Wagnis. *Lieber den Verlust der Wahrheit wagen als die Möglichkeit eines Irrtums* – das ist genau der Standpunkt dessen, der die Entscheidung verweigert. Er zahlt genauso seinen Einsatz wie der Gläubige; er setzt nicht auf die Hypothese der Religion, er setzt auf ihre Rivalen, so wie der Gläubige auf die Hypothese der Religion und nicht auf ihre Rivalen setzt ... Hier steht also nicht der Verstand gegen alle Gefühle, hier steht nur der Verstand mit einem Gefühl, das sein Gesetz erläßt. Und wahrlich, was verbürgt die höchste Weisheit dieses Gefühls? Betrug gegen Betrug – was beweist, daß der Betrug durch Hoffnung so viel schlechter ist als der Betrug durch Furcht?

Der Schluß ist: Obgleich es keinen Anhaltspunkt zugunsten der Religion gibt, sollten wir doch glauben, wenn wir dabei Befriedigung finden.

Dieser Essay über den Willen zu glauben ist wichtig, weil er viel gelesen und oft besprochen wurde, ablehnend und zustimmend, und weil er in das geistige Klima des Pragmatismus gut einführt. Übung im Willen zu glauben ist für die Annahme des Pragmatismus eine fast unerläßliche Voraussetzung, und umgekehrt erweist sich der Pragmatismus, einmal angenommen, als vollkommene Rechtfertigung des Willens zu glauben. Bevor wir zum eigentlichen Pragmatismus kommen, untersuchen wir deshalb kurz, was auf der

Grundlage des Common Sense gegen die Lehren zu sagen ist, die in diesem Essay so eindrucksvoll dargelegt sind.
Wir können zunächst die agnostische Hypothese feststellen, auf der die ganze Argumentation ruht. Diese Hypothese ist, daß gegenwärtig kein Anhaltspunkt für oder gegen die Religion bekannt ist. Die Pragmatisten geben sich (außer in Italien) als Freunde der Religion, und viele religiöse Leute haben sie als Verbündete akzeptiert. Man muß deshalb die zugrundeliegende Hypothese hervorheben und die sehr fragwürdige Klugheit deutlich machen, sie als Grundlage einer Verteidigung der Rechtgläubigkeit anzunehmen. Wir brauchen uns jedoch in dieser Erörterung nicht mit der Wahrheit oder Falschheit dieser Hypothese zu befassen; die Frage ist für uns, ob wir unter Voraussetzung der Hypothese die Ergebnisse anerkennen können, die William James aus ihr ableitet.
Stellen wir zuerst eine Verwirrung fest, die sich durch die ganze pragmatistische Darstellung der Erkenntnis zieht, nämlich daß das Handeln nach einer Hypothese mit dem Glauben an sie verwechselt wird. In den Fällen, die William James im Auge hat, ist die Entscheidung zwischen konkurrierenden Hypothesen eine, wie er sagt ›erzwungene‹ Entscheidung; d. h. sie ist unvermeidlich:

> Wenn ich einem sage: ›Entweder nimm diese Wahrheit an oder komm ohne sie aus‹, lege ich ihm eine erzwungene Entscheidung auf, denn es gibt keinen Standort außerhalb der Alternative.

Diese Aussage scheint uns im Gegensatz zu vielen der klarsten Tatsachen des täglichen Lebens zu stehen. Wenn ich auf einer Landstraße wandere und an eine Gabelung komme, an der kein Wegweiser steht und niemand vorbeikommt, stehe ich, was die Handlung angeht, vor einer ›erzwungenen‹ Entscheidung. Ich muß die eine oder die andre Straße gehen, wenn ich auch nur eine Chance haben soll, mein Ziel zu erreichen, und es mag sein, daß ich keinerlei Anhaltspunkt dafür habe, welche Straße die richtige ist. Ich *handle* dann nach der einen oder der andern der beiden möglichen Hypothesen, bis ich jemanden finde, den ich nach dem Weg fragen kann. Aber ich *glaube* an keine der beiden Hypothesen. Meine Handlung ist entweder richtig oder falsch, aber mein Glaube keins von beiden, da ich keine der beiden möglichen Meinungen habe. Die pragmatistische Annahme, daß ich glaube, die gewählte Straße sei die richtige, ist falsch. Wenn man in der plumpen Weise, die die Annahme impliziert, wir müßten ›entweder diese Wahrheit annehmen oder ohne sie auskommen‹, den Glauben aus der Handlung ableitet, dann übersieht man die klare Tatsache, daß unsere Handlungen dauernd auf Wahrscheinlichkeiten gründen und wir in allen solchen Fällen weder eine Wahrheit annehmen noch ohne sie auskommen, sondern sie als Hypothese nehmen. Das trifft besonders auf die Arbeitshypothesen der Wissenschaft zu. Wenn ein Wissenschaftler meint, es sei der Mühe wert, eine Hypothese experimentellen Tests zu unterwerfen und komplizierte Theorien aufzustellen, die sich auf die Hypothese stützen, kann man deshalb nicht von ihm sagen, er *glaube* an die Hypothese oder halte sie für wahr. Die Pragmatisten sagen, der unverifizierte *Glaube* am Anfang sei eine notwendige Bedingung für die folgende gesicherte Theorie, und argumentieren damit für die Nützlichkeit zu glauben, bevor man Anhaltspunkte hat. Das beruht jedoch auf einer falschen Analyse des Geisteszustandes eines Menschen, der eine Hypothese testet. Was dazu allein nötig ist und bei gründlichen Forschern allein vorhanden ist, ist der Glaube, daß die Hypothese eine größere oder kleinere Chance hat, wahr zu sein, und für diesen Glauben gibt es wahrscheinlich hinreichende Anhaltspunkte. Der wirkliche Glaube, die Hypothese *sei* wahr, ist, wenn er auftritt, leicht von Nachteil, da er die Aufgabe falscher Hypothesen verzögert, wenn die Beweise gegen sie sprechen, und wenn der Glaube allgemeine Verbreitung hat, führt er dazu, die experimentelle Verifikation als unnötig zu betrachten. Die Aristoteliker, die Galilei

bekämpften und seinen Experimenten keine Bedeutung beimessen wollten, folgten gläubig den Vorschriften, die William James zu neuem Leben erweckte.
Die Sache ist jedoch in solchen Fällen verwickelter, in denen wie beim religiösen Glauben die Hauptwohltat aus der emotionalen Befriedigung des Glaubens selbst gezogen wird, nicht aus den nützlichen Handlungen, zu denen er unmittelbar führt. Aber auch hier ist der Gegensatz von ›annehmen‹ und ›ohne auskommen‹ viel zu plump; wir können den Glauben für mehr oder weniger wahrscheinlich halten, ein größeres oder kleineres Maß an Hoffnung haben, daß er vielleicht wahr ist, und entsprechend einen größeren oder kleineren Teil des Trostes ableiten, den wir aus vollständigem Glauben ableiten würden. Vollständiger Glaube rechtfertigt, wenn es um eine genügend wichtige Frage geht, Verfolgungen – vorausgesetzt, das Blut protestantischer Märtyrer ist die Saat der Katholischen Kirche, wie die Geschichte bestätigt. Ein unvollständiger Glaube erlaubt dagegen nicht die Verfügung eines unzweifelhaften Übels um eines Gewinns willen, der möglicherweise illusorisch sein könnte. Das ist ein pragmatisches Argument dagegen, in den Fällen, mit denen sich William James befaßt, *vollen* Glauben zuzulassen. Gibt es aber, wie er annimmt, eine echte Möglichkeit der Wahrheit einer Hypothese, dann stimmt es mit den strengsten Grundsätzen wissenschaftlicher Redlichkeit überein, die Hypothese in Gedanken zu haben und ihr den Einfluß über unsere Gefühle und Handlungen zu lassen, der dem Grad ihrer Wahrscheinlichkeit entspricht.
Wir wollen als nächstes das Argument prüfen, daß die Vorschrift, die Wahrheit zu erkennen, uns in zweifelhaften Fällen dazu bringen sollte, auf gut Glück eine der Hypothesen für wahr zu halten, weil wir die Wahrheit sicher nicht erkennen, wenn wir keine von ihnen für wahr halten. Dieses Argument beruht auf einer Zweideutigkeit des Wortes ›erkennen‹. Auf den ersten Blick könnte man denken, daß wir eine Erkenntnis haben müssen, wenn wir etwas glauben, was

tatsächlich wahr ist. Aber das ist nicht die Bedeutung, in der das Wort gewöhnlich gebraucht wird. Angenommen, um ein einfaches Beispiel zu nehmen, jemand glaubte, daß der Name des verstorbenen Premierministers mit B beginne, glaubte das aber, weil er dachte, der verstorbene Premierminister sei Balfour gewesen.[3] Was er glaubt, ist zwar wahr, aber niemand würde sagen, er habe ›erkannt‹, daß der Name des verstorbenen Premierministers mit B beginnt. In diesem Fall beruht der wahre Glaube auf einem falschen Grund. Aber wir haben einen ähnlichen Fall, wenn der wahre Glaube auf keinem Grund beruht (außer allerdings im Fall von unmittelbar Gegebenem wie den Wahrnehmungstatsachen). Wenn wir also im Fall einer Wahl, für die wir keine rationalen Entscheidungsmittel haben, auf gut Glück eine der Möglichkeiten glauben, kann man nicht sagen, daß wir *erkennen*, selbst wenn wir zufällig die Möglichkeit gewählt haben, die tatsächlich wahr ist. In solchen Fällen können wir die Wahrheit nicht *erkennen*, obgleich wir sie zufällig *glauben* können. Deshalb ist die von William James angeführte Vorschrift, die Wahrheit zu erkennen, für die Streitfrage irrelevant. Die üblichen Antithesen von Glauben und Unglauben, Erkanntem und Unerkanntem sind ungeeignet, die Situation zu bewältigen. Die wahre Vorschrift für eine Wahrhaftigkeit, die sowohl die Suche nach Wahrheit als das Vermeiden von Irrtum enthält, heißt: ›Wir sollten jeder Aussage, die wir untersuchen, so genau wie möglich den Grad von Glauben schenken, der uns durch die Wahrscheinlichkeit verbürgt ist, die sie nach den uns bekannten Anhaltspunkten hat.‹ Die weiteren Fragen, welche Aussagen zu untersuchen und wieviel Anstrengungen zum Gewinn von Kenntnissen von den Anhaltspunkten zu machen sind, hängen natürlich von unsern Verhältnissen und der Wichtigkeit der Sache ab. Aber durch die Welt gehen und alles in der Hoffnung glauben, wir würden dabei soviel Wahrheit wie möglich glau-

3. Der (1908) verstorbene Premierminister war Sir Henry Campbell Bannerman [Anm. des Übers.].

ben, das ist wie Polygamie in der Hoffnung treiben, unter so vielen würden wir eine finden, die uns glücklich macht.
Ein andrer interessanter Punkt in James' Lehre ist, daß sie eine unermeßliche Mannigfaltigkeit verschiedenen Glaubens bei verschiedenen Leuten zugleich rechtfertigt. Das rührt daher, daß die Entscheidung eine, wie er es nennt, ›lebendige‹ Entscheidung sein muß, das heißt eine, bei der uns jedes Glied der Alternative möglich scheinen muß.

> Wenn ich Ihnen sage: ›Seien Sie Theosoph oder seien Sie Mohammedaner‹, geht es wahrscheinlich um eine tote Entscheidung, weil für Sie wohl keine der Hypothesen lebendig ist. Wenn ich aber sage: ›Seien Sie Agnostiker oder seien Sie Christ‹, ist es etwas anderes: so wie Sie nun einmal erzogen sind, findet jede Hypothese bei Ihrem Glauben einen wenn auch noch so kleinen Anklang.

James weist darauf hin, daß für verschiedene Leute verschiedene Entscheidungen lebendig sind. Daraus folgt, daß der Glaube, den verschiedene Menschen nach seinen Prinzipien annehmen sollten, jeweils verschieden ist, da die drei Bedingungen dafür, einen Glauben ohne Beweise anzunehmen, die sind, daß die Entscheidung *lebendig*, *aufgezwungen* und *wichtig* ist. Aus seinen Beispielen schließt man (vielleicht fälschlich), daß ein Franzose an den Katholizismus glauben sollte, ein Amerikaner an die Monroe-Doktrin und ein Araber an den Mahdi (James schrieb vor der Schlacht von Omdurman). Angesichts dieses Ergebnisses scheint sein Anspruch merkwürdig, die Annahme seiner Lehren werde Verfolgungen vermindern; denn es gehört wesentlich zu jedem der drei genannten Glaubensbekenntnisse, daß Andersdenkende zurechtgewiesen werden müssen.
Um unsere Kritik an *The Will to Believe* zusammenzufassen: Der Essay übersieht den Unterschied zwischen glauben und eine Hypothese machen und nimmt zu Unrecht an, daß wir, halten wir nicht vollständig eine Hypothese für wahr, entweder ihr vollständig Unglauben entgegenbringen oder uns

gänzlich eines Urteils enthalten müssen. Deshalb kann er die Wahl ›Entweder nimm diese Wahrheit an oder komm ohne sie aus‹ als eine Entscheidung darstellen, vor der es kein Entkommen gibt, obgleich jedes Experiment, sei es in der Wissenschaft oder im täglichen Leben, eine geistige Verfassung verlangt, die keine der Wahlmöglichkeiten der Alternative anerkennt. James nimmt an, man könne sagen, daß wir eine Wahrheit ›erkennen‹, wenn wir sie auf gut Glück ohne Gründe glauben, und habe deshalb nur seinen Glauben zu maximalisieren, um seine Erkenntnis zu maximalisieren. Und seine Lehren führen zu dem Schluß, daß verschiedene Menschen einen jeweils verschiedenen Glauben haben sollten, der mit dem der andern unverträglich ist. Diese Einwände können, wie wir sehen werden, auch gegen den voll ausgebildeten Pragmatismus vorgebracht werden. Aber wir müssen jetzt an Themen herangehen, die etwas schwieriger sind als die, welche uns bisher beschäftigt haben, da der Pragmatismus nicht ohne Prüfung seiner Lehre über die Natur der Wahrheit verstanden werden kann. Deshalb wollen wir uns nun dieser Lehre zuwenden.

Die pragmatische Wahrheitstheorie rechnet es sich – wir glauben zu Recht – als ein Verdienst an, den Irrtum gebührend behandelt zu haben. Die meisten Theorien über die Natur der Wahrheit haben zunächst stillschweigend angenommen, daß jeder Glaube von uns wahr ist, und gelangten zu Ergebnissen, die mit der Existenz des Irrtums unverträglich sind. Sie mußten dann ein Postskript mit der Erklärung hinzufügen, daß in Wirklichkeit zum Teil Wahrheit ist, was wir Irrtum nennen. Wenn wir denken, es sei Dienstag, wenn in Wirklichkeit Mittwoch ist, dann haben wir wenigstens darin recht, daß ›es‹ ein Tag in der Woche ist. Wenn wir denken, Amerika sei 1066 entdeckt worden, dann haben wir wenigstens darin recht, daß in diesem Jahr etwas Wichtiges passierte. Wenn wir denken, Karl I. sei im Bett gestorben, dann haben wir wenigstens insofern recht, als er in Anbetracht der vielen Menschen, die tatsächlich im Bett sterben, wahrscheinlich die Möglichkeit hatte, im Bett zu sterben. Und so fort. Dr. Schiller verweist zu Recht auf den *Theätet* als Beispiel für die Schwierigkeiten, auf die eine Theorie der Erkenntnis zurückgeworfen wird, wenn sie nicht von Anfang an dem Irrtum angemessen Rechnung trägt; von jüngeren Büchern dient Joachims *The Nature of Truth* zum Beweis derselben Lehre.

Der Pragmatismus betont also von Anfang an die Tatsache, daß sie nicht jeden Glauben als wahr erweist, und daß es das eigentliche Geschäft einer Wahrheitstheorie ist zu zeigen, wie Wahrheit und Falschheit unterschieden werden. Wer nicht von Philosophie verbildet ist, dem könnte das als eine offensichtliche Binsenwahrheit erscheinen, tatsächlich aber hat es die Philosophie immer als ihr Geschäft betrachtet, so weit wie möglich zu beweisen, daß alles wahr ist, statt zwischen Wahrheit und Falschheit zu unterscheiden. Ähnlich haben die Philosophen in der Ethik nicht so sehr zwischen dem Guten und dem Schlechten zu unterscheiden als zu beweisen versucht, daß alles gut ist. Wenn in der Philosophie wenig Wahrheit erreicht wurde, besteht der Grund hauptsächlich darin, daß wenige Philosophen Wahrheit erreichen wollten. Ob die Pragmatisten in dieser Hinsicht besser sind, werden wir nicht zu entscheiden wagen; jedenfalls aber läßt die Eigentümlichkeit ihrer Voreingenommenheit sie Tatsachen anerkennen, die andere Philosophen unbequem finden, und zu diesen Tatsachen gehört die weite Verbreitung von Irrtum.

Um den Unterschied zwischen Wahrheit und Falschheit zu finden, unternimmt der Pragmatismus eine sokratische, induktive Untersuchung der Dinge, die wir ›wahr‹ und ›falsch‹ nennen. Diese Wörter werden zunächst einmal auf Meinungen angewendet, und nur dann angewendet, wenn eine Frage aufgekommen ist. Bei den gewöhnlichen Wahrnehmungstatsachen stellen wir keine Fragen, solange wir noch nicht Philosophen sind; wir verwenden weder das Wort ›wahr‹ noch das Wort ›falsch‹ für solche unbezweifelten Sachen. Ist aber

einmal die Frage für eine wirkliche Meinung aufgekommen: ›Ist sie eine wahre oder eine falsche Meinung?‹, wie entscheiden wir da tatsächlich die Frage? Die Antwort des Pragmatismus lautet: Wenn die Meinung der Absicht förderlich ist, die uns die Frage zu stellen veranlaßte, dann wird sie als ›wahre‹ Meinung betrachtet; wenn ihr das nicht gelingt, wird sie als ›falsche‹ Meinung betrachtet. Das ist daher nach dem Pragmatismus die Bedeutung der Wörter ›wahr‹ und ›falsch‹. ›Wahr‹ bedeutet ›der Absicht förderlich, die zur Frage führte‹. Oder ausführlicher: Wenn man im Verfolg einer Absicht eine für diese relevante Meinung hat, ist die Meinung ›wahr‹, wenn sie dem Erreichen der Absicht förderlich ist, und ›falsch‹, wenn sie es nicht ist.[4]
Einige Zitate sollen diese kurze Darstellung erweitern und erläutern. Nach einer Erklärung neuester Veränderungen in der Methodologie der Wissenschaft sagt James:

> An der Spitze dieser Bewegung der wissenschaftlichen Logik erscheinen Schiller und Dewey mit ihrer pragmatistischen Darstellung, was Wahrheit allenthalben bedeutet. Immer, sagen diese Lehrer, bedeutet ›Wahrheit‹ bei unsern Vorstellungen und Meinungen dasselbe wie in der Wissenschaft. Das Wort bedeutet, sagen sie, nichts als dies: *Vorstellungen (die selbst nur Teile unserer Erfahrung sind) werden wahr genau insofern, als sie uns helfen, zu andern Teilen unserer Erfahrung zufriedenstellende Beziehungen herzustellen.*[5]

Weiter:

> Ich bin mir wohl bewußt, wie seltsam es einigen von Ihnen scheinen muß, mich sagen zu hören, eine Vorstellung sei ›wahr‹, solange es für unser Leben nützlich ist, sie zu glauben. Daß sie *gut* sei, soweit sie nützt, werden Sie gern zugeben ... Ist es aber nicht, werden Sie sagen, ein befremd-

4. Vgl. Schiller, *Studies in Humanism*, S. 154.
5. *Pragmatism*, S. 57 u. 58.

> licher Mißbrauch des Wortes ›Wahrheit‹, Vorstellungen aus diesem Grund auch ›wahr‹ zu nennen? ... Sie stoßen hier genau ins Zentrum der Wahrheitslehre von Schiller, Dewey und mir selbst ... Lassen Sie mich jetzt nur das sagen: Wahrheit ist *eine Spezies des Guten*, nicht, wie man gewöhnlich annimmt, eine vom Guten verschiedene und ihm nebengeordnete Kategorie. *Das Wahre ist der Name von allem, was sich beim Glauben als gut erweist, und überdies als gut aus bestimmten, angebbaren Gründen.*[6]

Die sechste Vorlesung über den Pragmatismus von William James beschäftigt sich ausschließlich mit dem Begriff der Wahrheit. Er stimmt zu Beginn der Lexikon-Definition zu, nach der ›Wahrheit‹ ›die Übereinstimmung‹ unserer Vorstellungen mit ›der Wirklichkeit‹ bedeutet. Wie er aber mit Recht bemerkt, bringt uns diese Definition nicht weit, wenn wir nicht wissen, was wir mit ›Übereinstimmung‹ und was wir mit ›der Wirklichkeit‹ meinen. Der Pragmatist ist der Ansicht, daß es in verschiedenen Fällen um verschiedene Arten von ›Übereinstimmung‹ und verschiedene Arten von ›Wirklichkeit‹ geht. Die verbreitete Auffassung, eine wahre Vorstellung müsse ihre Wirklichkeit abbilden, gelte zwar für wahrnehmbare Dinge, gehe aber fehl, sobald wir zu Ab-keit sein – wahrscheinlich aus dem Grund, weil eine Elastizi-einer Feder zum Beispiel könne kein Abbild einer Wirklichkeit sein – wahrscheinlich aus dem Grund, weil eine Elastizität kein wirklich existierendes Ding ist. Die Frage ist also, was für eine Übereinstimmung mit der Wirklichkeit in solchen Fällen möglich ist. ›Die große Annahme der Intellektualisten‹, sagt James, ›ist, daß Wahrheit wesentlich eine träge statische Beziehung bedeutet.‹ Ein *Intellektualist* ist, nebenbei, jeder, der kein Pragmatist ist. James fährt fort:

> Der Pragmatismus dagegen stellt seine gewöhnliche Frage. ›Angenommen, eine Vorstellung oder ein Glaube sei wahr‹, sagt er, ›welchen konkreten Unterschied macht dann ihr

6. Ebenda, S. 75 f.

Wahrsein im tatsächlichen Leben eines Menschen? Wie wird dann die Wahrheit realisiert? Welche Erfahrungen sind dann verschieden von denen, die man machen würde, wenn der Glaube falsch wäre? Kurz, was ist in Erfahrungsbegriffen der Barwert der Wahrheit?

Im Augenblick, da der Pragmatismus diese Frage stellt, sieht er die Antwort: *Wahre Vorstellungen sind die, welche wir assimilieren, für gültig erklären, bestätigen und verifizieren können. Falsche Vorstellungen sind die, mit welchen wir es nicht können....*

Die Wahrheit einer Vorstellung ist nicht eine ihr innewohnende, stagnierende Eigenschaft. Die Wahrheit *ereignet sich* mit einer Vorstellung. Sie *wird* wahr, wird durch Ereignisse wahr *gemacht.* Ihre Wahrheit *ist* tatsächlich ein Ereignis, ein Prozeß: der Prozeß nämlich, daß sie sich selbst verifiziert, ihre Veri*fikation.* Ihre Gültigkeit ist der Prozeß ihres Gültig*werdens.*[7]

Auf die Definition der ›Wahrheit‹ als ›Übereinstimmung mit der Wirklichkeit‹ zurückkommend, unterscheidet James zusammenfassend drei Arten von Wirklichkeit: (1) konkrete Tatsachen, (2) ›abstrakte Arten von Dingen und Beziehungen, die zwischen ihnen intuitiv wahrgenommen werden‹, (3) schon in unserem Besitz befindliche Wahrheiten. ›Übereinstimmung‹ definiert er wie folgt:

Mit einer Wirklichkeit im weitesten Sinn ›übereinzustimmen‹ *kann nur bedeuten, entweder direkt zu ihr oder ihrer Umgebung hingeleitet zu werden, oder in einen solchen Arbeitskontakt mit ihr versetzt zu werden, daß wir entweder mit ihr oder mit etwas mit ihr Verbundenem besser umgehen, als wenn wir nicht übereinstimmten* (S. 212).

Zwei weitere Zitate werden das Material vollständig machen, das zum Verständnis von James' Erklärung der Wahrheit erforderlich ist.

7. *Pragmatism*, S. 200 u. 201.

> *›Das Wahre‹, um es sehr kurz zu fassen, ist nur das Nützliche bei unserm Denken, genau wie ›das Rechte‹ nur das Nützliche bei unserm Verhalten ist.* Nützlich in fast jeder Weise, und nützlich auf lange Sicht und für den ganzen Verlauf (S. 222).
> Unsere Erklärung der Wahrheit ist eine Erklärung von Wahrheiten im Plural, von Prozessen des Führens, die *in rebus* realisiert werden und nur diese Eigenschaften gemeinsam haben, daß sie sich *bezahlt* machen (S. 218).

Bevor wir weitergehen, wird es gut sein, ein Mißverständnis aufzuklären, von dem selbst die Pragmatisten nicht frei zu sein scheinen. Wenn man sagt, Wahrheit sei ›eine Spezies des Guten‹, ist natürlich anzunehmen, daß ethische Überlegungen notwendig werden und Logik von Ethik abhängig wird. Tatsächlich übernimmt Dr. Schillers Essay über ›die ethische Grundlage der Metaphysik‹[8] diese Ansicht. Aber eine nähere Untersuchung zeigt, daß Pragmatisten mit dem Wort ›gut‹ alles meinen, was ein Begehren befriedigt.[9] Soviel wir wissen, haben sie nirgends diesen Wortgebrauch gerechtfertigt, aber darum geht es uns hier nicht. Worum es uns jetzt geht, ist, festzustellen, daß kraft dieser Definition nur psychologische Überlegungen relevant sind, wo nach der Sprache zu urteilen ethische Überlegungen notwendig scheinen könnten. Um zu entscheiden, ob ein Glaube wahr ist, ist es nur notwendig herauszufinden, ob er zur Befriedigung eines Begehrens tendiert.[10] Die Natur des zu befriedigenden Begehrens ist nur relevant, insofern es zum Konflikt mit einem anderen Begehren führen kann. So steht die Psychologie nicht nur über

8. Der erste Essay in *Humanism.*
9. Schiller, *Studies in Humanism,* S. 152: ›Auch gut und schlecht (in ihrem weiteren und primären Sinn) haben einen Bezug zur Absicht. »Gut« ist, was eine Absicht fördert, »schlecht«, was sie hemmt.‹
10. Schiller, *Studies in Humanism,* S. 154: ›Bei aller wirklichen Erkenntnis wird die Frage, ob eine Behauptung »wahr« oder »falsch« ist, auf dieselbe und sehr einfache Weise entschieden. Sie wird, heißt das, durch ihre Konsequenzen entschieden, durch ihre Relevanz für das Interesse, das zur Behauptung führte, durch ihren Bezug zur Absicht, die die Frage

Logik und Erkenntnistheorie, sondern auch über der Ethik. Um herauszufinden, was gut ist, muß man nur untersuchen, wie man bekommen soll, was man will, und ›wahr‹ ist ein Glaube, der bei diesem Vorgang hilft. Das ist die pragmatistische Wahrheitstheorie; wie sich denken läßt, hat sie weitreichende Konsequenzen.

Bevor wir die Metaphysik betrachten, die Dr. Schiller aus der pragmatistischen Wahrheitstheorie abgeleitet hat, sollten wir die Grundlagen prüfen, auf die diese Theorie gestellt ist. Die meisten Philosophien sind durch ihre ursprünglichen Fragen und durch die Tatsachen bestimmt, die gewöhnlich die Vorstellung des Philosophen besetzt halten. Die ursprüngliche Frage des Pragmatismus ist: Welche Eigenschaften von Meinungen bringen die Menschen tatsächlich dazu, manche für wahr und andre für falsch zu halten? Die Antwort auf diese Frage – so nimmt der Pragmatismus an – wird uns die Bedeutung von Wahrheit und Falschheit zeigen. Die Tatsachen, die die Vorstellung von Pragmatisten besetzt halten, sind psychische Tatsachen: wo andre an den gestirnten Himmel denken könnten, denken Pragmatisten an die Wahrnehmung des gestirnten Himmels; wo andre an Gott denken könnten, denken Pragmatisten an den Glauben an Gott, und so fort. Bei der Erörterung der Wissenschaft denken sie nie wie wissenschaftliche Spezialisten über die Tatsachen nach, auf die sich wissenschaftliche Theorien gründen; sie denken über die Theorien selbst nach. Ihre ursprüngliche Frage und der gewöhnliche Hintergrund ihrer Vorstellungen sind also beide psychologisch. Um zu einer Außenwelt zu kommen, müssen sie beweisen, daß der Glaube an eine Außenwelt die Kennzeichen hat, die (nach ihnen) einen wahren Glauben auszeichnen. Daraus leiten sie ab, daß es eine Außenwelt

stellen ließ. Hinzuzufügen, die Konsequenzen müßten *gut* sein, ist überflüssig. Denn wenn und so weit eine Behauptung die Untersuchungsabsicht, der sie ihr Dasein verdankt, befriedigt oder fördert, so weit ist sie »wahr«; wenn und so weit sie sie hemmt oder hindert, ist sie untauglich, unbrauchbar, »falsch«.‹

gibt. Und ein ähnlicher Vorgang ist für alle andern Tatsachen notwendig, die das Ego transzendieren.

Einer der Zugänge zum Pragmatismus findet sich in der Betrachtung der Induktion und der wissenschaftlichen Methode. Die alte induktive Philosophie, wie sie in Mills Logik exemplifiziert ist, faßte Natur und Bereich der Induktion viel zu eng, und dem Pragmatismus gebührt Anerkennung dafür, diesen Mangel behoben zu haben. Obgleich die Induktion keine vollständige Gewißheit geben kann, liegt sie allen Wissenschaften zugrunde, selbst der reinen Mathematik. In jeder Wissenschaft finden wir eine Ansammlung von Tatsachen, die (soweit wie möglich) durch allgemeine Gesetze zusammengefaßt sind. Die Tatsachen erscheinen in der formalen Darstellung als Ableitungen aus den Gesetzen; zumindest gilt das für die fortgeschrittensten Wissenschaften wie Mathematik und Physik. In Wirklichkeit aber sind die Gesetze Induktionen aus den Tatsachen. Wir können nicht sagen, daß diese oder jene Tatsache dies oder jenes Gesetz beweist: der ganze Block von Tatsachen beweist (oder besser, macht wahrscheinlich) den ganzen Block von Gesetzen. Man könnte meinen, in einem *experimentum crucis* beweise eine einzige Tatsache ein einziges Gesetz; aber das ist nur der Fall, solange die übrigen Gesetze der Wissenschaft als gesichert gelten. Würden andere Fakten uns zum Zweifel an den übrigen Gesetzen bringen, könnte die Interpretation unsres *experimentum crucis* sich völlig ändern. Die Rechtfertigung für eine Wissenschaft liegt also darin, daß sie zu allen bekannten Tatsachen stimmt und daß kein Alternativsystem von Hypothesen bekannt ist, das zu den Tatsachen ebensogut stimmt. Wir können deshalb richtig sagen, daß wissenschaftliche Theorien angenommen werden, einfach weil sie *arbeiten*, d. h. weil ihre Konsequenzen befriedigend sind. Also sieht es so aus, als ob eine richtige Analyse wissenschaftlicher Induktion uns geradewegs zum pragmatischen Wahrheitstest führte.

Gegen diesen Schluß erheben sich jedoch sofort gewisse Einwände. Erstens nimmt die wissenschaftliche Induktion gewisse Daten an, die ›Tatsachen‹, mit denen unsere Theorien übereinzustimmen haben. Daß die Himmelskörper an den Stellen des Himmels erscheinen, an denen wir sie wahrnehmen, wird nicht von der Astronomie bewiesen, sondern als das *Datum* angenommen, von dem die Astronomie ausgeht. Es scheint deshalb, daß es Tatsachenwahrheiten gibt, die dem ganzen Induktionsverfahren vorangestellt sind, und daß diese Tatsachenwahrheiten in einem andern Sinn ›wahr‹ sein müssen als in dem, daß die Konsequenzen daraus, daß man sie für wahr hält, befriedigend sind. Auf dieses Argument erwidern Pragmatisten, daß was wirklich ›Tatsache‹ ist, weder wahr noch falsch ist, sondern vor der ganzen Antithese von Wahrheit und Falschheit liegt. ›Tag folgt auf Tag, und sein Inhalt kommt einfach hinzu. Der neue Inhalt ist selbst nicht wahr, er *kommt* einfach und *ist*. Wahrheit ist das, *was wir über ihn sagen*, und wenn wir sagen, daß er gekommen ist, wird die Wahrheit durch die einfache additive Formel befriedigt.‹ [11] Pragmatisten behaupten deshalb, die bloße Erkenntnis von Tatsachen sei der einfachste Fall der Anwendung ihrer Formel. Wäre jede ›Wahrheit‹ von dieser einfachen Art, so wäre die pragmatistische Lehre unnötig, obgleich nichts zeigen könnte, daß sie falsch sei. Aber die ›Wahrheiten‹, die nicht im bloßen Erkennen von Tatsachen bestehen, können nach dem Pragmatismus nicht auf diese einfache Weise erklärt werden; deshalb seien wir gezwungen, eine Wahrheitstheorie anzunehmen, die nicht aus der ausschließlichen Betrachtung dieses einfachsten Falles abgeleitet ist. Lassen wir vorläufig diese Antwort durchgehen. Wir werden auf das Thema der ›Tatsachen‹ im Zusammenhang mit Dr. Schillers Lehre von der Herstellung der Wirklichkeit zurückkommen.

Ernster ist ein Einwand gegen das Argument vom Verfahren der Wissenschaften zu nehmen, der aus der Doppeldeutig-

11. James, *Pragmatism*, S. 62.

keit des Begriffs des ›Arbeitens‹ gewonnen wird. Was die Wissenschaft von einer Arbeitshypothese verlangt, ist, daß sie *theoretisch* arbeitet, d. h. daß alle ihre verifizierbaren Konsequenzen *wahr* und keine *falsch* sind. Das Gesetz der Schwerkraft befähigt uns, die Bewegungen der Himmelskörper zu berechnen: soweit diese Bewegungen beobachtet werden können, findet man sie in Übereinstimmung mit unsern Berechnungen. Es ist *wahr*, daß die Himmelskörper die und die scheinbaren Positionen zu den und den Zeiten haben, und das Gesetz der Schwerkraft stimmt mit dieser *Wahrheit* überein. Das meinen wir, wenn wir sagen, das Gesetz ›arbeite‹. Wir meinen nicht, daß es uns eine gefühlsmäßige Befriedigung gibt, daß es unsere Erwartungen befriedigt, daß es der Schiffahrt hilft oder daß es ein tugendhaftes Leben fördert. Das mag alles wahr sein, aber es ist irrelevant; wäre das alles falsch, würden wir doch sagen, das Gesetz ›arbeite‹, weil es mit den beobachteten Tatsachen übereinstimmt. Die Art des ›Arbeitens‹, die die Wissenschaft verlangt, ist also sehr verschieden von der Art, die der Pragmatismus als das Wesen der Wahrheit betrachtet.

Wie auf unsern ersten Einwand antworten Pragmatisten hierauf, diese ›Wahrheit‹ sei eine besondere Spezies der ›Wahrheit‹ und das wissenschaftliche Arbeiten eine besondere Spezies ihres allgemeinen Arbeitsbegriffs. Unsere Absicht, sagen sie, bei der Frage, auf die das Gesetz der Schwerkraft eine Antwort ist, ist die, die Bewegungen der Himmelskörper berechnen zu können. Das Gesetz der Schwerkraft ist dieser Absicht förderlich und deshalb im pragmatischen Sinn wahr. Diese Antwort zeigt, daß kein *Widerspruch* zwischen dem Verfahren der Wissenschaft und dem Pragmatismus gefunden wurde, aber sie zeigt nicht, daß das Verfahren der Wissenschaft den Pragmatismus wirklich stützt. Wo es wie in der Wissenschaft unsere Absicht ist, die Wahrheit zu finden, wird eine Antwort, die unserer Absicht förderlich ist, wahr sein. Aber aus dieser Tautologie kann man nicht (wie die Pragmatisten wollen) ableiten, daß auch dann, wenn wir eine ganz andre Absicht gehabt hätten, eine ihr förderliche Antwort noch wahr gewesen wäre. Ein andrer Einwand gegen das Argument von den ›Arbeitshypothesen‹ ist, daß Wissenschaftler sie ausdrücklich gesicherten Wahrheiten entgegensetzen. Eine Hypothese kann, wie die Erfahrung zeigt, alle bekannten relevanten Tatsachen bewundernswert erklären und doch jederzeit durch neue Tatsachen unzulänglich werden. Aus diesem Grund geben Vorsichtige einer Arbeitshypothese nur eine sehr vorläufige Zustimmung. Also sind die Fälle, bei denen der Pragmatismus die Natur der Wahrheit zu finden bemüht ist, gerade Fälle, bei denen wir die geringste Sicherheit haben, daß überhaupt Wahrheit vorliegt. Das ist allerdings eine sonderbare und nicht sehr vielversprechende Verfahrensweise. Man kann jedoch sagen, daß wir nur deshalb Zweifel an einer Arbeitshypothese haben, weil es sich noch nicht erwiesen hat, daß sie auf einem genügend weiten Gebiet arbeitet; je mehr sie arbeitet, desto mehr glauben wir an sie. Aber dem kann wieder entgegengehalten werden, daß die Wahrscheinlichkeit desto geringer ist, daß eine andre Hypothese auch arbeiten würde, je mehr sie arbeitet. Die weitere Untersuchung dieses Themas würde jedoch eine Erörterung der Gesetze der Wahrscheinlichkeit verlangen, wofür hier nicht der Ort ist.

Aus dem Gesagten ergibt sich, daß der Pragmatismus höchstens aus der Wissenschaft ableiten kann, daß der wissenschaftliche Begriff des Arbeitens mit dem pragmatistischen Begriff davon nicht unverträglich ist, da das wissenschaftliche Arbeiten als eine Spezies des pragmatischen Arbeitens angesehen werden kann. Er ist jedoch eine Spezies, deren spezifische *Differenz* gerade die Elemente hinzubringt, die andre Philosophien für der Wahrheit notwendig erklären, während der Pragmatismus sie für unnötig erklärt. Die wesentliche Neuheit des Pragmatismus ist es, als Glaubensgrund *jede Art* von Befriedigung zuzulassen, die vom Glauben herrührt, nicht nur die theoretische Befriedigung, die die Wissenschaft sucht. Für diese Behauptung ist keinerlei Stütze in der Wissenschaft zu finden. Wir wollen sehen, ob sonstwo eine Stütze zu finden ist.

Pragmatisten werden nicht müde, über diejenigen herzuziehen, die sagen, unsere Meinungen *sollten* nicht von Überlegungen beeinflußt werden, von denen sie nun einmal doch beeinflußt werden. Sie weisen triumphierend auf den Einfluß von Wünschen auf Glauben und rühmen sich, daß allein ihre Theorie sich auf eine wahre psychologische Darstellung davon gründet, wie Meinungen entstehen. Um diese Darstellung streiten wir nicht; was wir leugnen, ist ihre Relevanz für die Frage: Was meint man mit ›Wahrheit‹ und ›Falschheit‹, was ist ihre Bedeutung? Auf den ersten Blick kann es aussehen, als sei es ein vollkommen angemessenes induktives Verfahren zu untersuchen, welche Eigenschaften ein Glaube haben muß, um *wahr* genannt werden zu können, und zu folgern, daß diese Eigenschaften die Bedeutung von ›Wahrheit‹ bilden. Diese Untersuchungsmethode enthält jedoch einen Trugschluß, und dieser Trugschluß liegt nach unsrer Meinung der ganzen pragmatistischen Philosophie zugrunde.

Erstens ist das Wort ›Bedeutung‹ zweideutig. Wir können sagen: ›Diese Wolke bedeutet Regen‹, oder sagen: ›*pluie* bedeutet Regen‹. Offensichtlich sind diese zwei Bedeutungen von ›Bedeutung‹ gänzlich verschieden. Was sie gemeinsam haben, ist, daß in beiden Fällen ein Ding auf ein andres verweist. Die Wolke ist ein Zeichen dafür, daß Regen naht; das Wort *pluie* ist ein Zeichen, das Regen bezeichnet. Aber darüber hinaus haben die zwei Bedeutungen von ›Bedeutung‹ wenig gemeinsam. In der ersten Bedeutung ›bedeutet‹ ein Ding ein andres, wenn die (vergangene, gegenwärtige oder zukünftige) Existenz dieses anderen aus dem ersten erschlossen werden kann, d. h. wenn es zwischen ihnen eine Kausalverknüpfung gibt. In der zweiten Bedeutung ist ›Bedeutung‹ auf Symbole beschränkt, d. h. auf Wörter und was sonst zur Mitteilung unserer Gedanken benutzt werden mag. Es ist diese zweite Bedeutung von ›Bedeutung‹, die wir in einem Wörterbuch zu finden erwarten. Wenn wir fragen: ›Was bedeutet das und das Wort?‹, wollen wir wissen: ›Was hat die Person im Sinn, die das Wort gebraucht?‹ Eine Verwechslung der zwei Bedeutungen von ›Bedeutung‹ ist in der Philosophie nicht selten, und wenn wir uns nicht irren, hat der Pragmatismus sie bei seiner Untersuchung der ›Bedeutung‹ von Wahrheit durcheinandergebracht. Er hat etwas entdeckt, was eine zufällige Verbindung mit unserm Glauben hat, daß etwas wahr ist, und was deshalb in der ersten Bedeutung von ›Bedeutung‹ als etwas gelten kann, was dieser Glaube ›bedeutet‹. Er hat dann angenommen, das sei in der zweiten Bedeutung die ›Bedeutung‹ des Worts ›Wahrheit‹, d. h. das, was wir im Sinn haben (oder haben sollten?), wenn wir das Wort ›Wahrheit‹ gebrauchen.

Diese Verwechslung der zwei Bedeutungen von ›Bedeutung‹ scheint notwendig mit der Methode verbunden, die die Pragmatisten angewandt haben, nämlich der Methode, die die Ursachen unsrer Urteile, etwas sei wahr, in der Hoffnung untersucht, dadurch herauszufinden, was ›Wahrheit‹ bedeutet. Um Diskussionen über Unwichtiges zu vermeiden, wollen wir den Pragmatisten zugestehen, die Ursache für das Urteil, daß ein Glaube, der einem Zweifel ausgesetzt ist, wahr ist, sei die Tatsache, daß dieser Glaube sich als förderlich für die Absichten erwiesen hat, die uns zur Untersuchung seiner Wahrheit führten. Das Urteil, ein Glaube sei wahr, ›bedeutet‹ dann in dem Sinn, daß dieser Glaube unsern Absichten förderlich ist, in dem die Wolke Regen ›bedeutet‹, d. h. es gibt eine zufällige Verbindung zwischen ihnen. Aber Wahrheit ist ebensowenig dasselbe wie das unsern Absichten Förderlichsein, wie die Wolke dasselbe ist wie Regen. Wenn wir sagen, ein Glaube sei wahr, wollen wir nicht denselben Gedanken mitteilen, wie wenn wir sagen, der Glaube sei unsern Absichten förderlich; also bedeutet ›wahr‹ nicht in dem Sinn ›unsern Absichten förderlich‹, in dem *›pluie‹* Regen bedeutet. Also gibt der Pragmatismus keine Antwort auf die Frage: Was haben wir im Sinn, wenn wir urteilen, ein gewisser Glaube sei wahr?

Wenn sie in die Enge getrieben sind, zeigen sich die Pragmatisten bereit, diese Tatsache zuzugeben. So sagt Dr. Schiller:[12]

> In gewissem Sinn stehen deshalb die Prädikationen ›gut‹ und ›schlecht‹, ›wahr‹ und ›falsch‹ usw. auf derselben Stufe wie die Erfahrungen ›süß‹, ›rot‹, ›laut‹, ›hart‹ usw., als letzte Tatsachen, die nicht weiter analysiert zu werden brauchen.

Dazu bemerkt er in einer Fußnote:

> Diese Bemerkung soll die Auffassung widerlegen, die einigen intellektualistischen Kritiken undeutlich zugrunde zu liegen scheint, der spezifische Charakter der Wahrheitsprädikation werde im pragmatistischen Lager übersehen.

Diese fundamentale Bedeutung von ›Wahrheit‹ wird von Dr. Schiller als unwichtig abgetan, da sie uns nicht die Fälle, in denen wir die Wahrheit richtig vorausgesagt haben, von denen zu unterscheiden befähige, in denen wir sie falsch vorausgesagt haben. Der pragmatistische Test befähige uns, das *wahrlich* Wahre vom *fälschlich* Wahren zu unterscheiden. Eine Prädikation von Wahrheit, die ohne Test erfolgt, nennt er ›Wahrheit als Anspruch‹; eine Prädikation, die auf die Anwendung des pragmatistischen Tests folgt, ›gültige Wahrheit‹. Der Unterschied wird in seinem Essay über ›die Zweideutigkeit der Wahrheit‹[13] ausführlich behandelt. Diese Zweideutigkeit scheint uns völlig nicht-existent. Der Unterschied, der darin wirklich enthalten ist, ist der Unterschied zwischen dem, was wahr *ist*, und dem, was für wahr *gehalten wird*. Der Leser, der im ganzen Essay über die Zweideutigkeit der Wahrheit ›Butter‹ für ›Wahrheit‹ und ›Margarine‹ für ›Falschheit‹ einsetzt, wird feststellen, daß der eingebrachte Punkt ohne besondere Relevanz für die Natur der Wahrheit ist. Es gibt ›Butter als Anspruch‹, d. h. alles, was

12. *Studies in Humanism*, S. 144.
13. Ebenda, S. 141–162.

der Krämer Butter nennt – was, wie wir annehmen wollen, Margarine einschließt. Es gibt ›gültige Butter‹, was Butter ist, die sich nach den üblichen Tests nicht als Margarine erwiesen hat. Aber es gibt keine Zweideutigkeit im Wort ›Butter‹. Wenn der Krämer auf Margarine zeigt und sagt: ›Das ist Butter‹, meint er mit ›Butter‹ genau das, was der Kunde meint, wenn er sagt: ›Das ist keine Butter‹. Wegen der Sprache des Krämers zu argumentieren, ›Butter‹ habe zwei Bedeutungen, eine, die Margarine einschließt, und eine, die sie nicht einschließt, wäre offensichtlich absurd. In ähnlicher Weise meinen zwei Menschen dasselbe mit dem Wort ›wahr‹, wenn der eine schnell ohne Anwendung von Tests behauptet: ›Dieser Glaube ist wahr‹, der andere dagegen bedächtig nach angemessenen Tests urteilt: ›Dieser Glaube ist nicht wahr‹, nur daß der eine von ihnen das Wort falsch anwendet. Also sind Dr. Schillers Gründe dafür, ›den spezifischen Charakter der Wahrheitsprädikation‹ als unwichtig zu betrachten, ungültig.

Wir müssen nun auf die zwei Bedeutungen von ›Bedeutung‹ zurückkommen und zeigen, welche Relevanz sie für unser Problem haben. Es ist evident, daß in dem Sinn, in dem die Bedeutung eines Wortes das ist, ›was wir im Sinn haben, wenn wir das Wort gebrauchen‹, die Bedeutung des Wortes ›Wahrheit‹ genau der ›spezifische Charakter der Wahrheitsprädikation‹ ist, der, wie Dr. Schiller eingesteht, etwas ganz anderes ist als ›unseren Absichten förderlich‹. Seine Behauptung ist, daß ein Glaube, dem wir Wahrheit *wahrlich* prädizieren können, unsern Absichten förderlich ist. Und sein Grund für diese Behauptung ist, daß ein unseren Absichten förderlicher Glaube ein solcher ist, den wir auch nach Überlegung wahr nennen. Aber das beweist nur, daß er ein Glaube ist, den wir weiter für wahr *halten*, nicht, daß er ein Glaube ist, der wahr *ist*. Die Verwechslung der zwei Bedeutungen von ›Bedeutung‹ führt ihn jedoch zur Folgerung, die Nützlichkeit gebe die *Bedeutung* der Wahrheit, und daher müsse ein Glaube wahr sein, wenn er nützlich ist. Lassen wir die ganze psychologische Argumentation gelten, dann folgt daraus nur, daß ein Glaube, der sich als nützlich erwiesen hat, weiter für wahr *gehalten* werden wird. Das ist eine ganz andere Behauptung, eine, die von sich aus keinerlei Licht auf die Natur der Wahrheit oder darauf wirft, welcher Glaube oder welche Meinungen tatsächlich wahr sind. Es kann sein, daß ein Glaube, der gewisse Absichten erfüllt, wahr ist, während ein Glaube, der andere erfüllt, nicht wahr ist, oder auch, daß überhaupt keine Verbindung zwischen Wahrheit und Nützlichkeit besteht. Die Argumentation von Dr. Schiller (und William James, da beide hierüber praktisch derselben Meinung sind) enthält eine Spielart genau der Annahme, die er an andern kritisiert, nämlich der Annahme, alle unsere Meinungen seien wahr. Der Pragmatismus nimmt an, ein Glaube, den wir *weiter* für wahr halten, müsse wahr sein. Er weist dann darauf hin, wie unvernünftig unsere Gründe oft sind, einen Glauben weiter für wahr zu halten, und statt dazu zu dienen, den Glauben in Zweifel zu ziehen, dient diese Tatsache dazu, die Vernünftigkeit in Verruf zu bringen. So werden wir auf den Standpunkt von *The Will to Believe* zurückgebracht und stellen fest, daß die Vorschriften dieses Essays der ganzen pragmatistischen Wahrheitstheorie zugrunde liegen. Aber der Überbau ist so gewaltig, daß die Pragmatisten nicht mehr die Grundlagen zu kennen scheinen, auf denen sich ihr Gebäude erhebt.

Wir können nun die pragmatistische Wahrheitstheorie in bloßem Umriß neu formulieren und Voraussetzungen gebührend hervorheben, deren die Pragmatisten selbst sich vielleicht nicht voll bewußt sind. Ihre Maior-Prämisse lautet: Meinungen, die fortdauern, nachdem Zweifel aufgekommen sind, sind wahr. Ihre Minor-Prämisse lautet: Meinungen, die sich als brauchbar erwiesen haben, dauern fort, nachdem Zweifel aufgekommen sind. Woraus folgt, daß solche Meinungen wahr sind. Der Pragmatist macht dann eine Wende und ermahnt uns, an solchen Meinungen festzuhalten, weil sie wahr seien. Aber wenn seine Psychologie richtig war, ist die Ermahnung überflüssig, da wir nach seiner Minor-Prämisse gewiß an solchen Meinungen festhalten werden. Seine Maior-Prämisse sollte lauten: ›Meinungen, an denen *wir* festhalten, nachdem *euch* Zweifel kamen, sind wahr.‹ Es ist aber kaum zu erwarten, daß die, denen die Zweifel gekommen sind, von dieser Prämisse sehr beeindruckt werden. Das Argument ist eine Form der alten Widerlegung eines Opponenten durch die Behauptung, die ganze Menschheit denke wie man selbst, was eine ziemlich dürftige Waffe gegen einen Menschen ist, der nicht so denkt wie man selbst.

Es ist nun Zeit, unsere Aufmerksamkeit der Metaphysik zuzuwenden, die Dr. Schiller auf der pragmatistischen Wahrheitstheorie aufgebaut hat. Der Pragmatismus als solcher erklärt, nur eine Methode zu sein; die metaphysische Lehre, die Dr. Schiller aus ihm ableitet, nennt er *Humanismus.* Hinsichtlich der Metaphysik erklärt sich der Pragmatismus als eine Art von Warenhaus, das bereit und in der Lage ist, jedem Geschmack zu entsprechen. Wie William James es ausdrückt:

> Gegen den Rationalismus als Dünkel und Methode ist der Pragmatismus schwer bewaffnet und militant. Aber er vertritt, wenigstens zu Beginn, keine speziellen Folgerungen. Er hat keine Dogmen und keine Lehren außer seiner Methode. Wie der junge italienische Pragmatist Papini schön gesagt hat, liegt er in der Mitte unserer Theorien, wie ein Korridor in einem Hotel. Unzählige Zimmer liegen an ihm. In einem kann man einen Mann finden, der einen atheistischen Band verfaßt; im nächsten jemanden, der auf seinen Knien um Glauben und Stärke betet; in einem dritten einen Chemiker, der die Eigenschaften eines Körpers untersucht. Im vierten wird gerade ein System idealistischer Metaphysik ersonnen; im fünften die Unmöglichkeit der Metaphysik demonstriert. Aber allen gehört der Korridor, und alle müssen durch ihn gehen, wenn sie einen praktikablen Weg wünschen, ihre jeweiligen Zimmer zu betreten oder zu verlassen.[14]

14. *Pragmatism*, S. 54.

Trotz dieser Katholizität stimmen wir jedoch mit Dr. Schiller darin überein, daß seine Metaphysik die eine ist, die sich in natürlicher Weise aus dem Pragmatismus ergibt. Man wird sich daran erinnern, daß wir bei Betrachtung der Induktion auf die Abhängigkeit der induktiven Verifikation von einer Berufung auf ›Tatsachen‹ hinwiesen. Der Humanismus als Metaphysik ergibt sich aus der Anwendung der pragmatistischen Methode auf die Frage: Was ist eine ›Tatsache‹? Dieses Thema hat Dr. Schiller in seinem Essay über ›die Herstellung der Wirklichkeit‹ [15] behandelt.

Die Hauptabsicht der humanistischen Metaphysik ist die Betonung des Primats des Willens. Der Wille bedürfe zwar eines gegebenen ›Tatsachen‹-Materials, worauf er seine Operationen ausüben könne, aber dieses Gegebene sei selbst das Produkt früherer Willensakte, und obgleich wir eine ursprüngliche ὕλη nicht leugnen können, die vom Willen geformt wurde, sei sie fern und unwichtig und durch die Tätigkeit von Menschen und anderen ihnen mehr oder weniger ähnelnden Wesen in echte Wirklichkeit umgewandelt worden. Nichts, was erkannt, nichts, was zu Recht ›wirklich‹ genannt werden kann, sei vom Erkennenden unabhängig. Es gebe nicht so etwas wie ›bloßes‹ Erkennen, bei dem wir die Natur eines bloß ›gegebenen‹ Gegenstandes passiv erfassen. Alles Erkennen sei unablöslich ans Tun gebunden und alles Wissen zu einem gewissen Grad von unsrer Tätigkeit verändert. Dies, sagt Dr. Schiller, sei im Fall unserer Bekanntschaften offensichtlich, die klarerweise mehr oder weniger davon affiziert seien, daß wir mit ihnen bekannt sind. Sagen wir, etwas sei von unsrer Erkenntnis ›unabhängig‹, so meinen wir, es sei dessen nicht gewahr, daß wir es erkennen. Aber Tatsache sei nun einmal, daß alles, was wir erkennen, in seiner eigenen Weise unser gewahr sei. Den Vorwurf, daß das Hylozoismus ist, erwidert Dr. Schiller damit, daß er zugibt, daß das Hylozoismus ist.

15. *Studies in Humanism*, S. 421–451.

Die Gründe für diese Ansichten sind nicht ganz so klar dargelegt wie gewünscht werden könnte, aber wir können sie einer respektvollen Anspielung auf Hegels Dialektik zu Beginn des Essays entnehmen. Man stelle sich eine ›Tatsache‹ vor, hinsichtlich deren wir einen Glauben haben. Der Glaube führt zur Handlung, und die Handlung verändert die ›Tatsache‹. Wird sie in Übereinstimmung mit unsern Wünschen verändert, ist bewiesen, daß der Glaube gewesen ist, was Pragmatisten ›wahr‹ nennen, da bewiesen ist, daß er bei der Handlung erfolgreich ist. Da der Glaube an die Tatsache wahr ist, folgt in diesem Fall, daß die Tatsache wirklich ist. Also hat der Glaube die Tatsache geschaffen. Ist dagegen das Ergebnis des Glaubens eine ›Tatsache‹, die zwar mit den Wünschen übereinstimmt, die uns ursprünglich dazu geführt hatten, uns mit der Angelegenheit zu befassen, aber anderen unserer Wünsche widerspricht, dann ist der Glaube hinsichtlich dieser andren Wünsche nicht ›wahr‹; also werden wir unsern Glauben zu ändern und neue Handlung nach dem neuen Glauben zu unternehmen haben und so die ›Tatsache‹ in Übereinstimmung mit diesen neuen Wünschen bringen. In dieser Weise werden wir, solange wir noch einen unbefriedigten Wunsch haben, auf einem Zirkel von Glauben und Handlung fortgezogen, wobei die Glauben in dem Maß ›wahrer‹ und die ›Tatsachen‹, die die Glauben betreffen, in dem Maß ›wirklicher‹ werden, wie zwischen den ›Tatsachen‹ und unsern Wünschen größere Harmonie erreicht wird. Die bewegende Kraft in dieser ganzen Entwicklung ist die pragmatische Wahrheitsdefinition. Denn glauben wir, A sei eine Tatsache, so ist dieser Glaube wahr, wenn er als Mittel zur Befriedigung unsrer Wünsche Erfolg hat; solange also unsere Wünsche noch nicht vollständig befriedigt sind, ist der Glaube, A sei eine Tatsache, nicht vollständig wahr und A deshalb nicht vollständig eine Tatsache. Vollständige Wahrheit und vollständige Wirklichkeit gehen also Hand in Hand, und beide sind erst am Ende der Straße zu finden, die zur vollständigen Befriedigung aller unserer Wünsche führt.

Die Ähnlichkeit des beschriebenen Prozesses mit der Hegelschen Dialektik wird von Dr. Schiller hervorgehoben: als unverbesserlicher Liebhaber von Wortwitzen hat er diesen Prozeß ›Trialektik‹ getauft. Er scheint jedoch nicht bemerkt zu haben, daß sein Prozeß wie der Hegelsche einen Unterschied zwischen Erscheinung und Wirklichkeit mit sich bringt, daß die Erscheinung das Ganze der Welt, wie wir sie kennen, umfaßt und daß der pragmatische Wahrheitstest nur für die Wirklichkeit gilt. Die ›Tatsachen‹, die er als wirklich annehmen kann, dürfen unsere Absichten nicht behindern; die ›Tatsachen‹ der Erscheinung behindern unsere Absichten sehr oft. Behindert eine Tatsache unsere Absichten, so ist der pragmatistische Wahrheitstest nicht voll auf sie anwendbar; denn durch den Glauben, sie werde unsere Absichten behindern, ändern wir nichts an ihrem Hinderlichsein, und obgleich unser Glaube vom pragmatischen Standpunkt aus jedem andern vorzuziehen sein könnte, sichert er nicht die Befriedigung unserer Wünsche. Glauben wir dagegen, die Tatsache behindere unsere Absichten *nicht*, so glauben wir etwas, was *ex hypothesi* nicht der Fall ist. Woraus folgt, daß solche Tatsachen nicht wirklich sein können. Da nun einmal viele Tatsachen der Erscheinung unsere Absichten behindern, werden wir zur Unterscheidung zwischen wirklichen Tatsachen und Tatsachen der Erscheinung gebracht. Also ist es nicht hier auf der Erde, wo der Pragmatismus gilt, sondern erst in Dr. Schillers Himmel, genau wie Bradleys Metaphysik nur in Bradleys Himmel gilt. Die ganze Lehre bringt sich deshalb selbst auf den Satz herunter, daß es für uns himmlisch wäre, in einer Welt zu leben, in der unsere Philosophie wahr wäre, und dem wollen wir nicht widersprechen.

Dr. Schiller wird nicht müde, die Unterscheidung zwischen Erscheinung und Wirklichkeit anzugreifen; tatsächlich ist ein sehr großer Teil seiner Schriften direkt gegen sie gerichtet. Seine vollständige Wirklichkeit, meint er, wird zunehmend verwirklicht und ist nicht wie das Absolute etwas mit unserer tatsächlichen Erscheinungswelt gänzlich Unverbundenes.

Aber sein einziger Grund für die Annahme, seine vollständige Wirklichkeit werde zunehmend verwirklicht, ist, daß er stillschweigend eine Zusammenarbeit unter den das Universum bildenden Kräften voraussetzt. Er nimmt an, heißt das, daß die verschiedenen Wünsche, die (nach ihm) die bewegende Kraft allen Geschehens im Universum ausmachen, einander nicht entgegenwirken: die Handlungen der Welt sind nicht als ein Tauziehen anzusehen. Für diese Ansicht, meinen wir, gibt es kein Argument außer dem pragmatischen, daß sie angenehm ist und nicht endgültig widerlegt werden kann.

Die ganze humanistische Metaphysik beruht also auf der pragmatischen Wahrheitstheorie und fällt mit ihr. Zudem führt sie in etwas abgewandelter Form die alte Unterscheidung von Erscheinung und Wirklichkeit ein, deren Schwierigkeiten von Dr. Schiller selbst in bewundernswerter Weise dargelegt worden sind. Da sich die Unterscheidung und damit die Schwierigkeiten unvermeidlich aus der pragmatischen Wahrheitstheorie ergeben, liefern sie ein weiteres Argument gegen diese Theorie; denn sie zeigen, daß die Theorie nicht auf unsere wirkliche Welt anwendbar ist, sondern auf eine ideale, in der alle Hoffnungen der Pragmatisten verwirklicht worden sind.

Obgleich wir selbst aus den oben angeführten Gründen die pragmatistische Philosophie nicht annehmen, halten wir es doch für wahrscheinlich, daß sie weite Verbreitung und Popularität gewinnt, weil sie die intellektuellen und politischen Hauptströmungen unserer Zeit verkörpert. Dieser Aspekt des Pragmatismus verdient es, betrachtet zu werden, da der Einfluß einer Lehre (wie die Pragmatisten in weiser Voraussicht betont haben) keineswegs zu seinem intellektuellen Wert proportional ist.

An Intellektuellem verkörpert der Pragmatismus Skepsis, Evolutionismus und die neue Einsicht in Natur und Anwendungsbereich wissenschaftlicher Induktion. An Politischem verkörpert er Demokratie, den gewachsenen Glauben an die menschlichen Fähigkeiten, der vom Fortschritt in mechanischen Erfindungen herrührt, und den Bismarckischen Glauben an Gewalt.

Die im Pragmatismus verkörperte Skepsis drückt sich im Satz aus: ›Da jeder Glaube absurd ist, können wir genausogut glauben, was uns am besten paßt‹. Das ist keineswegs eine neue Behauptung; in England wurde sie von Balfours *Foundations of Belief* und *Notes on Insular Free Trade* popularisiert. Die Skepsis gehört zum Wesen der pragmatistischen Philosophie: nichts ist gewiß, alles ist erneuter Prüfung ausgesetzt, und der Gewinn einer Wahrheit, in der wir sicher ruhen können, ist unmöglich. Deshalb ist es nicht der Mühe wert, sich den Kopf zu zerbrechen, was wirklich wahr ist; was für wahr *gehalten* wird, ist alles, was uns zu kümmern braucht. Statt der alten Unterscheidung zwischen *wahr* und *falsch* greifen wir zur nützlicheren Unterscheidung zwischen dem, was wir weiter für wahr halten, und dem, was bloß auf den ersten Blick wahr scheint. Später können zwar die alten Bedeutungen von *wahr* und *falsch* sich wieder einschleichen und wir der Auffassung werden, was im pragmatischen Sinn wahr ist, sei es auch im alten; was besonders hinsichtlich der Religion geschieht. Aber nach pragmatistischen Prinzipien besteht kein Grund, das zu bedauern; denn das ›Wahre‹ ist das, was nützlich zu glauben ist, und deshalb ist es nützlich zu glauben, was der Pragmatismus als wahr erklärt. Obgleich zu Beginn notwendig, muß deshalb die Skepsis später verbannt werden, wenn wir der Wohltaten des Pragmatismus voll teilhaftig werden sollen. Das macht keine großen psychologischen Schwierigkeiten, da die skeptische Einstellung, wie Hume bekannte, in der Praxis nicht leicht beibehalten werden kann.

Der Evolutionismus hat auch dazu beigetragen, die pragmatische Geistesstimmung zu erzeugen. Er hat dazu geführt, alles als fließend und im Entwicklungsprozeß zu betrachten, in dem alles in unmerklichen Schritten zu allem wird. Zwar haben einige Biologen damit begonnen, die Entwicklung als diskontinuierlich anzusehen, weil sie durch das plötzliche Erscheinen von Kapricen fortschreite, aber Philosophen und die breite Öffentlichkeit sind von dieser Veränderung nicht beeinflußt worden. Daher kam das Gefühl auf, alle scharfen Gegensätze, wie die von *wahr* und *falsch*, müßten verwischt und alle Endgültigkeit vermieden werden. Wir müßten immer für eine Straße sorgen, auf der alles gemächlich und mit kleinen Schritten in alles andere übergehen kann. Statt ›des Wahren‹ werden wir ›das Wahrere‹ oder ›das bis jetzt Wahrste‹ haben. Und verschiedene Parteien, die für sich die Wahrheit beanspruchen, müssen wir einen Existenzkampf kämpfen lassen, der zum Überleben des Stärksten führt. All das wird durch die pragmatische Wahrheitstheorie bewundernswert erreicht. Als Verkörperung dieser Tendenz kann Bergson angesehen werden, den die Pragmatisten zu ihrem Verbündeten erklären.

Die modernen Theorien der wissenschaftlichen Induktion haben wahrscheinlich weniger Menschen beeinflußt als die Skepsis oder der Evolutionismus, aber die Beeinflußten sind durch ihren wissenschaftlichen Rang wichtig gewesen. Als ihren Vorkämpfer können wir Poincaré betrachten, der zwar die pragmatistische Lehre nicht auf Einzeltatsachen ausdehnte, aber in einem durch und durch pragmatischen Geist die allgemeinen Hypothesen der Logik, Mathematik und Physik behandelte und zeigte, was zur Annahme einer wissenschaftlichen Hypothese führt, das sei ihre *Konvenienz*. Allgemeine Annahmen wie die Kausalität, die Annahme einer Außenwelt usw. könnten nicht durch Mills Induktionsregeln gestützt werden, sondern erforderten eine weit umfassendere Behandlung des ganzen Organismus akzeptierter wissenschaftlicher Lehren. In einer solchen Anwendung zeigt sich die pragmatische Methode von ihrer besten Seite, und ihr offenbarer Erfolg auf diesem Gebiet hat unter Wissenschaftlern zweifellos sehr zu ihrer Annahme beigetragen.

Der Einfluß der Demokratie auf die Verbreitung des Pragmatismus ist auf fast jeder Seite von William James' Schriften sichtbar. Eine Unduldsamkeit gegen Autorität, ein Widerwille, weitverbreitete Vorurteile zu verdammen, eine Tendenz, philosophische Fragen durch Abstimmung zu entscheiden, stehen in sonderbarem Gegensatz zum üblichen Diktatorenton philosophischer Schriften. Dr. Schiller wollte einmal die Frage eines zukünftigen Lebens durch eine Umfrage aufklären.[16] William James nimmt für die pragmatistische Geisteshaltung ›die freie Luft und die Möglichkeiten der Natur, im Gegensatz zu Dogma, Künstlichkeit und vorgeblicher Endgültigkeit in der Wahrheit‹ in Anspruch. Etwas, was einfach wahr *ist*, ob man mag oder nicht, ist ihm ebenso verhaßt wie eine russische Autokratie; er hat das Gefühl, einem Gefängnis nicht aus Steinwänden, sondern ›harten Tatsachen‹ entkommen zu sein, wenn er die Wahrheit humanisiert und aus ihr wie aus der Polizeimacht in einer Demokratie den Diener des Volkes und nicht seinen Herrn gemacht hat. Die demokratische Stimmung durchzieht sogar die Religion der Pragmatisten: sie haben die Religion, die sie gewählt haben, und die traditionelle Ehrfurcht hat sich zur Zufriedenheit mit ihrer eigenen Arbeit gewandelt. ›Der Fürst der Finsternis‹, sagt James, ›mag ein Edelmann sein, wie uns berichtet wird, aber was immer der Gott der Erde und des Himmels ist, er kann sicher kein Edelmann sein.‹[17] Er wird vielmehr, sollten wir sagen, von Pragmatisten als gewählter Präsident begriffen, dem wir eine Achtung erweisen, die tatsächlich eine Huldigung an die Weisheit unserer eigenen Wahl ist. Eine Regierung, in der wir keine Stimme haben, stößt die demokratische Haltung ab. William James trägt die Revolte seiner neuenglischen Vorfahren in den Himmel: die Macht, der er Respekt erweisen kann, muß ein George Washington statt eines George III. sein.

Eng verbunden mit diesem demokratischen Geist ist der Glaube an die menschlichen Fähigkeiten, der eines der vor-

16. Siehe seinen Essay *The Desire for Immortality* (in: *Humanism*, S. 228–249). Wir wollen natürlich nicht sagen, daß er das Umfrageergebnis als entscheidend betrachtet hätte, selbst wenn mehr Leute befragt worden wären.

17. *Pragmatism*, S. 72.

herrschenden Merkmale des Pragmatismus ist. Durch den Fortschritt in den mechanischen Erfindungen haben sich die Möglichkeiten unserer Naturbeherrschung als viel größer erwiesen als sie früher gedacht wurden, und es kann ihnen keine endgültige Grenze gezogen werden. Daraus ist besonders in Amerika, wo die wirtschaftlichen Bedingungen günstig sind und das Hauptinteresse der meisten Menschen Dingen gilt, in denen die Fortschritte der letzten Zeit am größten waren, ein allgemeines Gefühl entstanden, durch Energie und Hoffnung könnten alle Hindernisse überwunden werden und es sei ein Zeichen von Faulheit oder Kleinmut zuzugeben, daß etwas unmöglich ist. Die Geistesverfassung, in der man glaubt, es gebe keine wesentlichen Unmöglichkeiten, ist von der Evolutionslehre mit ihrer literarischen Folgeerscheinung des Übermenschen begünstigt worden. Daraus sind ein Selbstbewußtsein und Lebensstolz entstanden, die in vieler Hinsicht an die Renaissance erinnern und eine Verwandtschaft zwischen dem historischen Humanismus und seinem modernen Namensvetter herstellen. Denn der moderne Humanismus ist wesentlich, wie Dr. Schiller selbst gesagt hat, die Philosophie für ›die Jungen, die Starken, die Männlichen‹.[18] Der Erfinder, der Finanzier, der Reklamemacher, allgemein die Männer des Erfolgs und der Tat, können im Pragmatismus einen Ausdruck ihrer instinktiven Weltanschauung finden. Solche Menschen erwarten, daß sich die Welt im Guten und im Bösen ihren Wünschen fügt, und sehen in mehr oder weniger großem Ausmaß ihre Erwartung durch ihren Erfolg gerechtfertigt. Daraus entsteht ein Unglaube gegenüber jenen ›harten Tatsachen‹, welche die Pragmatisten zu leugnen neigen, und eine Siegesgewißheit in den Kämpfen mit der Außenwelt, seien sie nun theoretisch oder in direkterer Weise praktisch. Ein italienischer Pragmatist hat diese Siegesgewißheit wie folgt ausgedrückt:

18. *Humanism*, S. VIII.

Dio è perfetto perchè è onnipossente. Sostituaimo dunque al misticismo della rinunzia, dell'*Imitazione di Cristo*, il misticismo della conquista, dell'*Imitazione di Dio.*[19]

Andere Pragmatisten sind weniger deutlich als dieser moderne Thomas von Kempen gewesen, aber er hat den Geist ihrer Philosophie richtig ausgedrückt.

Von der Siegesgewißheit in Kämpfen ist es ein kleiner Schritt zur Liebe zum Kampf. Der Pragmatismus läßt ihr freien Lauf. Die vielen verschiedenen ›Wahrheiten als Anspruch‹ müssen ihren Anspruch untereinander auskämpfen, und der Sieger wird ›gültige Wahrheit‹. Dr. Schiller gibt bei einer Gelegenheit indirekt zu, daß nach seiner Wahrheitstheorie eine Lehre, die sonst falsch wäre, durch Verfolgung Andersdenkender wirklich wahr gemacht werden kann, da sie dadurch ›für unser Leben nützlich‹ gemacht werden kann.[20] Gibt es kein anderes Wahrheitskriterium als den Erfolg, dann ist es nur einleuchtend, daß die vertrauten Methoden des Kampfes ums Dasein für die Klärung schwieriger Fragen verwendet werden und Panzerschiffe und Maschinengewehre die letzten Schiedsrichter über metaphysische Wahrheit sein müssen.

Die Anbetung der Gewalt, wie wir sie bei Nietzsche finden, ist bei William James nicht in derselben Form zu finden, der zwar den Willen und das Leben der Tat preist, aber nicht möchte, daß die Tat kriegerisch ist. Nichtsdestoweniger ist der übermäßige Individualismus der pragmatischen Wahrheitstheorie untrennbar mit dem Appell an die Gewalt verbunden. Wenn es eine nicht-menschliche Wahrheit gibt, die einer erkennen kann und ein anderer nicht, dann gibt es ein Kriterium außerhalb der Streitenden, dem, wie wir verlangen können, der Streit unterworfen werden sollte; deshalb ist eine friedliche und unparteiische Entscheidung wenigstens

19. Leonardo, April 1905, *L'Imitazione d'Iddio*, S. 64.

20. *Humanism*, S. 59: ›Delikate Fragen können sich daraus ergeben, daß nicht nur das, was arbeitet, von der Gesellschaft anerkannt wird, sondern auch das, was von der Gesellschaft anerkannt wird, gerade deshalb in großem Umfang arbeitet.‹

theoretisch möglich. Kann man dagegen nur in der Weise herausfinden, welche Partei recht hat, daß man abwartet und zusieht, welche Erfolg hat, dann gibt es kein anderes Prinzip außer Gewalt, den Fall zu entscheiden. Zwar wird natürlich in einem privaten Streit die öffentliche Meinung eines Gemeinwesens, besonders wie sie im Gesetz verkörpert ist, gewöhnlich eine friedliche Entscheidung erzwingen. Aber diese öffentliche Meinung bildet sich (wenigstens in der Theorie) nach einer objektiven Beurteilung des Rechts und Unrechts des Falls; wäre stattdessen der Pragmatismus das anerkannte Credo, müßte die öffentliche Meinung von den Interessen des Gemeinwesens geleitet werden. Dagegen wäre nichts einzuwenden, wenn man wie gewöhnlich die Aufrechterhaltung der Gerechtigkeit als eines der Ziele betrachten könnte, deren Verfolgung im Interesse des Gemeinwesens steht. Aber in einem pragmatistischen Gemeinwesen wäre das unmöglich, da die Gerechtigkeit sich von den Interessen des Gemeinwesens ableitet und kein unabhängiges Element dieser Interessen ist. Für internationale Angelegenheiten werden diese Überlegungen infolge der Tatsache wichtiger, daß die Streitenden oft stark genug sind, um von einer auswärtigen Kontrolle unabhängig zu sein. Wenn der Pragmatist darauf besteht, daß der letzte Schiedsrichter in einem Streit immer und überall allein die Gewalt sein *muß*, ist die Antwort, daß das zwar im gegenwärtigen Augenblick der Schlacht wahr, aber in einem weitern Sinn nicht wahr ist, da die Motive, die auf den entgegengesetzten Seiten zur Gewalt führen, nicht berücksichtigt werden. Die Hoffnung auf internationalen Frieden hängt wie die Wahrung inneren Friedens von der Schaffung einer wirksamen Gewalt der öffentlichen Meinung ab, die sich nach einer Beurteilung des Rechts und Unrechts des Streits bildet. Deshalb ist es irreführend zu sagen, Streit werde durch Gewalt entschieden, ohne hinzuzufügen, daß die Gewalt von der Gerechtigkeit abhängt. Die Möglichkeit aber einer solchen öffentlichen Meinung hängt von der Möglichkeit eines Gerechtigkeitskriteriums ab, das die Ursache und nicht die Wirkung der Wünsche des Gemeinwesens ist. Solch ein Gerechtigkeitskriterium scheint mit der pragmatistischen Philosophie unverträglich. Obgleich diese Philosophie mit Freiheit und Toleranz beginnt, entwickelt sie sich also mit innerer Notwendigkeit zu einem Appell an die Gewalt und an die Entscheidung der größeren Bataillone. Durch diese Entwicklung paßt sie in gleicher Weise zur Demokratie zu Hause wie zum Imperialismus nach außen. So ist sie hier wieder den Erfordernissen der Zeit taktvoller angepaßt als jede andere bisher erfundene Philosophie.

Fassen wir zusammen: Der Pragmatismus spricht eine Geistesverfassung an, die ihr ganzes Vorstellungsmaterial auf der Oberfläche dieses Planeten findet, die auf den Fortschritt vertraut und nicht-menschliche Schranken menschlicher Fähigkeiten nicht kennt, die den Kampf liebt mit allen seinen Gefahren, weil sie keine wirklichen Zweifel hat, daß sie den Sieg erringt, die nach der Religion verlangt wie sie nach Eisenbahnen und elektrischem Licht verlangt, weil sie ein Trost und eine Hilfe in den Angelegenheiten dieser Welt ist, nicht weil sie etwas Nicht-Menschliches spendet, das den Hunger nach Vollkommenheit und nach etwas bedingungslos zu Verehrendem stillt. Denen aber, die empfinden, daß das Leben auf diesem Planeten ein Leben in einem Gefängnis wäre, gäbe es nicht die Fenster in eine größere Welt jenseits; denen ein Glaube an die Allmacht des Menschen anmaßend scheint, die lieber nach der Freiheit der Stoiker verlangen, die von der Beherrschung der Leidenschaften kommt, als nach der Napoleonischen Herrschaft, die das Königreich dieser Welt zu ihren Füßen sieht – mit einem Wort, Menschen, die im Menschen keinen angemessenen Gegenstand ihrer Verehrung sehen, wird die Welt des Pragmatisten eng und klein scheinen, da sie dem Leben alles raubt, was ihm Wert gibt, und den Menschen selbst dadurch kleiner macht, daß sie dem Universum, das er betrachtet, alle seine Pracht nimmt.

Über die Natur von Wahrheit und Falschheit

(1910)

Die Frage ›Was ist Wahrheit?‹ kann auf verschiedene Weise verstanden werden, und bevor wir unsere Suche nach einer Antwort beginnen, wird es gut sein, sich über den Sinn, in dem wir die Frage stellen, klar zu sein. Wir können fragen wollen, was wahr ist: ist die Wissenschaft wahr? ist die Offenbarungsreligion wahr? und so fort. Bevor wir aber solche Fragen stellen können, sollten wir sagen können, was diese Fragen *bedeuten*: wonach genau fragen wir, wenn wir sagen: ›Ist die Wissenschaft wahr?‹ Diese vorbereitende Frage ist es, die ich erörtern möchte. Die Frage, ob dies oder das wahr ist, ist, wenn überhaupt, durch Untersuchungen über dies oder das zu entscheiden, nicht durch allgemeine Untersuchungen darüber, was ›Wahrheit‹ bedeutet; aber wer die Frage stellt, hat wohl bei sich schon eine Vorstellung davon, was ›Wahrheit‹ bedeutet, sonst könnten Frage und Antwort für ihn keine bestimmte Bedeutung haben.

Wenn wir übereingekommen sind, daß wir uns mit der Frage beschäftigen ›Was bedeutet »Wahrheit«?‹, sind wir jedoch mit den möglichen Zweideutigkeiten noch keineswegs am Ende. Es gibt die Frage ›Wie wird das Wort »Wahrheit« richtig verwendet?‹ Diese Frage gehört ins Wörterbuch, nicht in die Philosophie. Außerdem hat das Wort einige vollkommen richtige Verwendungen, die offensichtlich für unsre Untersuchung irrelevant sind: ein ›wahrer‹ Mensch, ein ›wahrer‹ Dichter sind in einem andern Sinn ›wahr‹ als in dem, mit dem wir uns beschäftigen. Dann gibt es die Frage ›Was hat man gewöhnlich im Sinn, wenn man das Wort »Wahrheit« verwendet?‹ Diese Frage kommt der Frage näher, die wir zu stellen haben, ist aber noch immer von ihr verschieden. Die Frage, welche Vorstellung man hat, wenn man ein Wort verwendet, ist eine Frage der Psychologie; außerdem gibt es sehr wenig Gemeinsames in den Vorstellungen, die zwei verschiedene Menschen tatsächlich mit demselben Wort verbinden, obgleich es oft mehr Übereinstimmung darin geben würde, welche Vorstellungen man mit dem Wort verbinden sollte.

Die Frage, die wir zu erörtern haben, kann durch den Hinweis erklärt werden, daß wir bei einem Wort wie ›Wahrheit‹ alle das Gefühl haben, daß ein fundamentaler Begriff von großer philosophischer Wichtigkeit im Spiele ist, obgleich es schwierig ist, klar zu sagen, was dieser Begriff ist. Unsere Absicht ist, diesen Begriff aus der Masse der Belanglosigkeiten zu scheiden, in die er gewöhnlich bei unserm Gebrauch eingebettet ist, und uns den abstrakten Gegensatz klar vorzuführen, der unsere Unterscheidung von wahr und falsch bedingt. Der Vorgang, den wir zu durchlaufen haben, ist seinem Wesen nach der einer Analyse: wir haben verschiedene komplexe und mehr oder weniger verworrene Meinungen über das Wahre und das Falsche und müssen sie auf Formen zurückführen, die einfach und klar sind, ohne einen Widerstreit zwischen unsern ursprünglichen komplexen und verworrenen Meinungen und unsern zum Schluß einfachen und klaren Behauptungen hervorzurufen. Diese schließlichen Behauptungen sind teils nach ihrer eigenen Evidenz, teils nach ihrem Vermögen zu prüfen, das ›Gegebene‹ zu erklären; und das ›Gegebene‹ sind bei einem solchen Problem die komplexen und verworrenen Meinungen, mit denen wir beginnen. Diese Meinungen müssen bei ihrer Klärung notwendig einer Veränderung unterliegen, aber diese Veränderung sollte nicht größer sein als durch ihre anfängliche Verwirrung gerechtfertigt ist.

Obgleich die Frage, was oder welche Dinge wahr oder falsch sind, nicht zu unserer Untersuchung gehört, wird es doch nützlich sein, für einen Augenblick die Natur der Dinge zu betrachten, denen wir entweder Wahrheit oder Falschheit zusprechen. Allgemein gesagt sind die Dinge, die in dem Sinn wahr oder falsch sind, mit dem wir uns beschäftigen,

Aussagen, Meinungen [beliefs] oder Urteile.[1] Wenn wir zum Beispiel die Sonne scheinen sehen, ist die Sonne selbst nicht ›wahr‹, sondern das Urteil ›Die Sonne scheint‹. Die Wahrheit oder Falschheit von Aussagen kann in Begriffen der Wahrheit oder Falschheit von Meinungen definiert werden. Eine Aussage ist wahr, wenn jemand, der sie glaubt [to believe], sie wahrheitsgemäß glaubt, und falsch, wenn jemand, der sie glaubt, sie fälschlich glaubt. Wir können uns deshalb bei der Untersuchung der Natur der Wahrheit auf die Wahrheit von Meinungen beschränken, da die Wahrheit von Aussagen ein von der Wahrheit von Meinungen abgeleiteter Begriff ist. Die zu untersuchende Frage ist also: Was ist der Unterschied zwischen einer wahren Meinung und einer falschen Meinung? Damit meine ich: Was ist das unterscheidende Merkmal, das tatsächlich die Wahrheit oder Falschheit einer Meinung *ausmacht*? Ich frage nicht nach dem, was man ein *Kriterium* der Wahrheit nennt, d. h. einer von der Wahrheit verschiedenen Qualität, die zu allem und nur dem gehört, was wahr ist. Dieser Unterschied zwischen der *Natur* der Wahrheit und einem *Kriterium* der Wahrheit ist wichtig und von Philosophen nicht immer genügend betont worden. Ein Kriterium ist eine Art von Handelszeichen, d. h. ein verhältnismäßig schwer zu verkennendes Kennzeichen, das die Echtheit garantiert. ›Nur echt mit diesem Zeichen‹: das Zeichen versichert uns, daß die und die Firma das Produkt hergestellt hat. Aber wenn wir sagen, daß die und die Firma das Produkt hergestellt hat, *meinen* wir nicht, daß das Produkt das richtige Handelszeichen hat; also gibt es einen Unterschied zwischen Bedeutung und Kriterium. Tatsächlich ist es gerade dieser Unterschied, der ein Kriterium nützlich macht. Nun glaube ich nicht, daß die Wahrheit universell ein derartiges Handelszeichen hat: ich glaube nicht, daß es irgendein und nur ein Merkmal gibt, an dem wir immer erkennen können, daß ein Urteil wahr und nicht falsch ist.

1. Ich werde die Wörter ›Meinung‹ und ›Urteil‹ synonym gebrauchen.

Aber das ist nicht die Frage, die ich diskutieren will: ich will untersuchen, was Wahrheit und Falschheit tatsächlich sind, nicht, welche äußerlichen Merkmale sie haben, an denen wir sie erkennen können.
Der erste Punkt, den zu klären wichtig ist, ist die Beziehung von Wahrheit und Falschheit zum Geist [mind]. Ist es richtig zu sagen, daß die Dinge, die wahr oder falsch sind, immer Urteile sind, dann ist klar, daß es keine Wahrheit oder Falschheit geben kann, wenn es keine Geister gibt, die urteilen. Nichtsdestoweniger ist auch klar, daß die Wahrheit oder Falschheit eines gegebenen Urteils in keiner Weise von der urteilenden Person abhängt, sondern allein von den Tatsachen, über die sie urteilt. Wenn ich urteile, daß Karl I. im Bett starb, urteile ich falsch, nicht wegen irgend etwas, was mit mir zu tun hat, sondern weil er tatsächlich nicht im Bett starb. Desgleichen urteile ich wahr, wenn ich urteile, daß er auf dem Schafott starb, wegen eines Ereignisses, das tatsächlich vor 260 Jahren stattfand. Die Wahrheit oder Falschheit eines Urteils hat also immer einen objektiven Grund, und es ist eine natürliche Frage, ob es nicht objektive Wahrheiten und Falschheiten gibt, die die jeweiligen Objekte wahrer und falscher Urteile sind. Für Wahrheiten ist diese Auffassung sehr plausibel. Aber für Falschheiten ist sie genau das Gegenteil von plausibel; jedoch kann man sie, wie wir sehen werden, schlecht für Wahrheiten gelten lassen, ohne gezwungen zu sein, sie auch für Falschheiten gelten zu lassen.
Bei allen kognitiven Akten, wie Glauben, Zweifeln, einen Glauben Verwerfen, Erfassen, Wahrnehmen, Vorstellen, steht der Geist zu andern Gegenständen als zu sich in einer dieser verschiedenen Beziehungen. In einem Fall wie der Wahrnehmung ist das hinreichend deutlich: das Wahrgenommene ist notwendig etwas vom Wahrnehmungsakt Verschiedenes, das Wahrnehmen eine Beziehung zwischen der wahrnehmenden Person und dem Wahrgenommenen. Dasselbe gilt, wenn auch weniger deutlich, für die Vorstellung. Wenn ich mir etwa eine bestimmte Farbe vorstelle, ist die Farbe genauso richtig

ein Gegenstand vor meinem Geist, wie wenn ich sie wahrnähme, obgleich ihre Beziehung zu meinem Geist anders ist als bei einer wahrgenommenen Farbe und mich nicht annehmen läßt, sie existiere dort, wo ich sie mir vorstelle. Auch Urteile bestehen aus Beziehungen des Geistes zu Gegenständen. Aber hier ist zwischen zwei verschiedenen Theorien von der Beziehung zu unterscheiden, durch die ein Urteil konstituiert wird. Wenn ich etwa urteile, daß Karl I. auf dem Schafott starb, ist das eine Beziehung zwischen mir und einer einzelnen ›Tatsache‹, nämlich dem Tod Karls I. auf dem Schafott oder ›daß Karl I. auf dem Schafott starb‹, oder ist das eine Beziehung zwischen mir und Karl I. und dem Sterben und dem Schafott? Wir werden sehen, daß die Möglichkeit falscher Urteile uns zur Annahme der zweiten Auffassung zwingt. Untersuchen wir aber zuerst die Auffassung, daß ein Urteil einen einzigen Gegenstand hat.

Besteht jedes Urteil, ob wahr oder falsch, in einer bestimmten, ›urteilen‹ oder ›glauben‹ genannten Beziehung zu einem einzelnen Gegenstand, der das ist, was wir urteilen oder glauben, dann leitet sich die auf Urteile angewandte Unterscheidung von wahr und falsch von der Unterscheidung von wahr und falsch her, die auf die Gegenstände von Urteilen angewandt wird. In der Annahme, es gebe solche Gegenstände, wollen wir sie nach Meinong ›Objektive‹ nennen. Dann hat jedes Urteil ein Objektiv, wahre Urteile wahre Objektive, falsche Urteile falsche Objektive. Die Frage der Bedeutung von Wahrheit und Falschheit wird also zuerst für Objektive zu betrachten sein, und wir werden einen Weg finden müssen, Objektive in wahre und in falsche Objektive zu unterteilen. Das bereitet jedoch große Schwierigkeiten. Solange wir nur wahre Urteile betrachten, ist die Auffassung plausibel, sie hätten Objektive: das tatsächliche Ereignis, das wir als ›Karls I. Tod auf dem Schafott‹ beschreiben, kann als Objektiv des Urteils ›Karl I. starb auf dem Schafott‹ betrachtet werden. Aber was ist das Objektiv des Urteils ›Karl I. starb im Bett‹? Es gab kein Ereignis wie ›Karls I. Tod im Bett‹. Sagt man, es habe je so etwas gegeben wie ›Karls I. Tod im Bett‹, so sagt man nur auf andre Weise, daß Karl I. im Bett starb. Wenn es also ein Objektiv gibt, muß es etwas andres sein als ›Karls I. Tod im Bett‹. Wir könnten annehmen, es sei ›daß Karl I. im Bett starb‹. Wir werden dann dasselbe von wahren Urteilen sagen müssen: das Objektiv von ›Karl I. starb auf dem Schafott‹ wird sein ›daß Karl I. auf dem Schafott starb‹.

Gegen diese Auffassung erheben sich jedoch zwei Einwände. Der erste ist, daß es schwer zu glauben ist, es gebe solche Gegenstände wie ›daß Karl I. im Bett starb‹, oder selbst ›daß Karl I. auf dem Schafott starb‹. Es scheint evident, daß der Ausdruck ›daß das und das‹ für sich keine vollständige Bedeutung hat, die ihn befähigen würde, einen bestimmten Gegenstand zu bezeichnen, wie es z. B. das Wort ›Sokrates‹ kann. Wir fühlen, daß der Ausdruck ›daß das und das‹ seinem Wesen nach unvollständig ist und volle Bedeutung nur erhält, wenn Wörter so hinzugefügt werden, daß ein Urteil ausgedrückt wird, wie z. B. ›Ich glaube, daß das und das‹, ›Ich leugne, daß das und das‹, ›Ich hoffe, daß das und das‹. Wenn wir es daher vermeiden können, ›daß das und das‹ als eine unabhängige Entität zu betrachten, entgehen wir einem Paradox. Dieses Argument ist nicht entscheidend, aber ein gewisses Gewicht muß ihm zugebilligt werden. Der zweite Einwand ist gefährlicher und der Untersuchung von Wahrheit und Falschheit angemessener. Sollen alle Urteile Objektive haben, dann wird es auch Objektive geben müssen, die falsch sind. Also wird es in der Welt Entitäten geben, die von der Existenz von Urteilen unabhängig sind, aber als objektive Falschheiten beschrieben werden können. Das ist an sich fast unglaublich: wir haben die Empfindung, daß es keine Falschheit geben könnte, wenn es keine Geister gäbe, die Fehler machen. Aber es hat den weiteren Nachteil, den Unterschied zwischen Wahrheit und Falschheit ganz unerklärt zu lassen. Wir haben die Empfindung, daß bei einem wahren Urteil eine diesem irgendwie ›entsprechende‹ Entität außerhalb des Urteils zu finden ist, daß es dagegen bei einem falschen Urteil keine solche ›entsprechende‹ Entität gibt. Zwar können wir als diese Entität nicht einfach das grammatische Subjekt unseres Urteils ansehen: urteilen wir etwa ›Homer existierte nicht‹, so ist klar, daß Homer nicht die Entität ist, die zu finden wäre, wenn unser Urteil wahr ist, und nicht zu finden, wenn es falsch ist. Trotzdem ist es schwer, die Auffassung aufzugeben, daß die Wahrheit oder Falschheit eines Urteils irgendwie vom Vorliegen oder Fehlen einer ›entsprechenden‹ Entität irgendeiner Art abhängt. Und geben wir diese Auffassung auf und schließen uns der Meinung an, es gebe sowohl wahre als falsche Objektive, so werden wir es als eine letzte und nicht weiter erklärliche Tatsache betrachten müssen, daß es zwei Arten von Objektiven gibt, die wahren und die falschen. Diese Auffassung ist zwar nicht logisch unmöglich, aber unbefriedigend, und wir werden besser daran tun, wenn möglich eine Auffassung zu finden, die den Unterschied zwischen Wahrheit und Falschheit nicht zu einem solchen Geheimnis macht.

Man könnte denken, es sei möglich, einfach zu sagen, daß wahre Urteile Objektive haben und falsche keine. Mit einer neuen Definition der Objektive ließe sich diese Auffassung halten, aber nicht, solange wir daran festhalten, daß das Urteil tatsächlich eine Beziehung des Geistes zu einem Objektiv ist. Denn da es gewiß falsche Urteile gibt und eine Beziehung nicht eine Beziehung zu nichts sein kann, zwingt uns diese Ansicht zuzugeben, daß falsche ebenso wie wahre Urteile Objektive haben. Wir müssen deshalb die Auffassung fallenlassen, daß Urteile in einer Beziehung zu einem einzelnen Gegenstand bestehen. Wir können diese Auffassung nicht für wahre Urteile gelten lassen und zugleich für falsche verwerfen, denn damit würden wir einen inneren Unterschied zwischen wahren und falschen Urteilen herstellen und fähig werden, die Wahrheit oder Falschheit eines Urteils allein durch Untersuchung der inneren Natur des Urteils herauszufinden (was offensichtlich unmöglich ist). Also müssen wir uns der Theorie zuwenden, daß *kein* Urteil in einer Beziehung zu einem einzelnen Gegenstand besteht.

Die Schwierigkeit der Auffassung, die wir bisher untersucht haben, bestand darin, daß sie uns zwang, entweder objektive Falschheiten zuzulassen oder hinzunehmen, daß es bei einem falschen Urteil nichts gibt, worüber wir urteilen. Aus der Schwierigkeit heraus führt die Behauptung, daß es bei einem wahren Urteil ebenso wie bei einem falschen Urteil nicht *ein* Ding ist, worüber wir urteilen. Wenn wir urteilen, daß Karl I. auf dem Schafott starb, haben wir vor uns nicht einen Gegenstand, sondern mehrere, nämlich Karl I. und das Sterben und das Schafott. Desgleichen haben wir, wenn wir urteilen, daß Karl I. im Bett starb, die Gegenstände Karl I., das Sterben und das Bett vor uns. Diese Gegenstände sind nicht fiktiv: sie sind genauso gut wie die Gegenstände des wahren Urteils. Wir kommen so aus dem Zwang heraus, objektive Falschheiten zuzulassen oder hinzunehmen, daß wir beim falschen Urteil nichts vor unserm Geist haben. Nach dieser Auffassung ist das Urteil also eine Beziehung des Geistes zu mehreren andern Termen: wenn diese Terme untereinander eine ›korrespondierende‹ Beziehung haben, ist das Urteil wahr, wenn nicht, falsch. Diese Auffassung, die ich für die richtige halte, ist nun zu erweitern und zu erklären.

Wenn ich sage, daß das Urteil eine Beziehung des Geistes zu mehreren Dingen ist, z. B. zu Karl I. und dem Schafott und dem Sterben, meine ich damit nicht, daß der Geist eine bestimmte Beziehung zu Karl I. und diese Beziehung auch zum Schafott und sie auch zum Sterben hat. Ich will nicht leugnen, daß wir beim Urteilen jeweils *eine* Beziehung zu jedem der Bestandteile unseres Urteils haben, denn offenbar müssen wir uns dieser Bestandteile irgendwie bewußt sein, so daß wir während jedes Urteilens zu jedem Bestandteil des Urteils die Beziehung haben müssen, die wir ›sich dessen bewußt sein‹ nennen können. Das ist zwar eine sehr wichtige Tatsache, gibt uns aber nicht das Wesen des Urteils. Nichts, was Karl I. und das Sterben und das Schafott einzeln und allein betrifft, ergibt das Urteil ›Karl I. starb auf dem Schafott‹. Um dieses Urteil zu erhalten, müssen wir *eine* Einheit des Geistes und Karls I. und des Sterbens und des Schafotts haben, d. h. nicht mehrere Beispiele einer Beziehung zwischen zwei Termen, sondern ein Beispiel einer Beziehung zwischen mehr als zwei Termen. Solche Beziehungen sind zwar Mathematikern vertraut, aber von Philosophen ungebührlich ignoriert worden. Da sie mir den Schlüssel zu vielen Problemen der Wahrheit zu geben scheinen, werde ich einen kurzen Exkurs machen, um zu zeigen, daß sie alltäglich sind und vertraut sein sollten.

Eine der gewöhnlichsten Weisen, in denen Beziehungen zwischen mehr als zwei Termen vorkommen, ist die in Aussagen über Ereignisse zu einer bestimmten Zeit. Nehmen wir eine Aussage wie ›A liebte B im Mai und haßte ihn im Juni‹, und nehmen wir an, das sei wahr. Dann können wir nicht ohne Datumsangabe sagen, daß A zu B entweder die Beziehung des Liebens oder die des Hassens hatte. Diese Notwendigkeit einer Datierung besteht nicht bei *allen* gewöhnlichen Beziehungen; wenn zum Beispiel A der Bruder von B ist, ist keine Datierung erforderlich: die Beziehung besteht immer oder nie, oder (genauer) besteht oder besteht nicht ohne Rücksicht auf die Zeit. Liebe und Haß dagegen sind von der Zeit abhängig: sie sind keine Beziehungen, die ohne Rücksicht auf das Datum bestehen. ›A liebte B im Mai‹ ist eine Beziehung nicht einfach zwischen A und B, sondern zwischen A und B und dem Mai.[2] Diese Beziehung zwischen A und B und dem Mai kann nicht in Beziehungen zwischen A und B, A und dem Mai, B und dem Mai analysiert werden: sie ist *eine* Einheit. Es ist teilweise die Unfähigkeit zu sehen, daß das Datum einer der Termen in solchen Beziehungen ist, was

2. Ich will keine Theorie über die Natur der Zeit voraussetzen: ›der Mai‹ kann nach Belieben des Lesers interpretiert werden. Der Satz im Text muß dann vielleicht etwas komplizierter gemacht werden, aber die Notwendigkeit einer Beziehung zwischen mehr als zwei Termen bleibt bestehen.

in der Philosophie der Zeit und der Bewegung so viele Schwierigkeiten bereitet hat.

Als eine andere Veranschaulichung nehme man die Beziehung der Eifersucht. Die Zeit kommt hier ebenso herein wie bei Liebe und Haß, wir wollen sie aber für den Augenblick außer acht lassen, weil es jetzt darauf ankommt zu sehen, daß bei der Eifersucht drei Menschen im Spiel sind. Die einfachste mögliche Aussage, die Eifersucht behauptet, ist von der Art ›A ist auf B's Liebe zu C eifersüchtig‹ oder ›A ist auf B wegen C eifersüchtig‹. Man könnte denken, ›B's Liebe zu C‹ sei ein und A der andere Term. Aber diese Interpretation ist nicht auf Fälle irriger Eifersucht anwendbar: ist A Othello, dann gibt es nicht so etwas wie ›B's Liebe zu C‹. Diese Interpretation ist also unmöglich, und wir sind gezwungen, Eifersucht als eine Beziehung zwischen drei Personen zu betrachten, d. h. als etwas, was als Einheit eine Beziehung hat, die man die eines Dreiecks nennen könnte. Berücksichtigen wir ferner die Notwendigkeit einer Datierung, so wird die Beziehung die eines Vierecks, d. h. die einfachste mögliche Aussage, die die Beziehung enthält, betrifft vier Terme, nämlich drei Menschen und eine Datierung.

Wir werden Beziehungen, die mehr als zwei Terme erfordern, ›*multiple* Relationen‹ nennen. Eine Beziehung ist eine ›multiple‹ Relation, wenn die einfachsten Aussagen, in denen sie vorkommt, Aussagen sind, die mehr als zwei Terme (die Beziehung nicht gerechnet) enthalten. Nach dem Gesagten ist klar, daß multiple Relationen alltäglich sind und viele Angelegenheiten nicht ohne ihre Hilfe verstanden werden können. Beziehungen, die nur zwei Terme haben, werden wir ›duale Relationen‹ nennen.

Die Theorie des Urteils, die ich verfechte, ist die, daß das Urteil keine duale Relation des Geistes zu einem einzelnen Objektiv ist, sondern eine multiple Relation des Geistes zu den verschiedenen andern Termen, mit denen das Urteil befaßt ist. So ist, wenn ich urteile, daß A B liebt, dies keine

Beziehung von mir zu ›A's Liebe zu B‹, sondern eine Beziehung zwischen mir und A und der Liebe und B. Wäre das Urteil eine Beziehung von mir zu ›A's Liebe zu B‹, so wäre es unmöglich, wenn es nicht so etwas wie ›A's Liebe zu B‹ gäbe, d. h. wenn A nicht B liebte, d. h. wenn das Urteil nicht wahr wäre; aber Tatsache ist, daß falsche Urteile möglich sind. Wird das Urteil als eine Beziehung zwischen mir und A und der Liebe und B aufgefaßt, so hat das bloße Vorkommen des Urteils noch keinerlei Beziehung zwischen seinen Gegenständen A und der Liebe und B zur Folge; also wird die Möglichkeit falscher Urteile vollständig berücksichtigt. Wenn das Urteil wahr ist, liebt A B; also *besteht in diesem Fall* eine Beziehung zwischen den Gegenständen des Urteils. Wir können deshalb den Unterschied zwischen Wahrheit und Falschheit folgendermaßen angeben: Jedes Urteil ist eine Beziehung des Geistes zu mehreren Gegenständen, von denen einer wiederum eine Beziehung ist; das Urteil ist *wahr*, wenn die Beziehung, die einer der Gegenstände des Urteils ist, die andern Gegenstände verbindet, andernfalls ist es falsch. So ist im obigen Beispiel die Liebe, die eine Beziehung ist, einer der Gegenstände des Urteils, und das Urteil ist wahr, wenn die Liebe A und B verbindet. Der obige Satz bedarf noch gewisser Zusätze, die später gemacht werden; im Augenblick ist er als eine erste Annäherung aufzufassen.

Einer der Verdienste der obigen Theorie ist, daß sie den Unterschied zwischen Urteil und Wahrnehmung und den Grund verständlich macht, aus dem die Wahrnehmung nicht wie das Urteil dem Irrtum ausgesetzt ist. Als wir die Theorie untersuchten, daß das Urteil eine duale Relation des Geistes zu einem einzelnen Objektiv sei, fanden wir, daß diese Theorie vortrefflich ihre Arbeit tat, soweit wahre Urteile betroffen waren, daß sie aber falschen Urteilen nicht gerecht wurde. Nun tritt bei einer entsprechenden Wahrnehmungstheorie diese Schwierigkeit nicht auf. Zwar gibt es Fälle, wo die Wahrnehmung falsch zu sein scheint, wie Träume und Halluzinationen. Aber ich glaube, daß in all diesen Fällen die Wahrnehmung selbst richtig und falsch ein Urteil ist, das auf der Wahrnehmung beruht. Die Darlegung dieses Themas würde uns zu weit von unserm Gegenstand entfernen, da es eine Erörterung des Verhältnisses zwischen Sinnesdaten (d. h. dem unmittelbar Wahrgenommenen) und dem verlangen würde, was wir die physikalische Wirklichkeit nennen können, d. h. was unabhängig von uns und unsern Wahrnehmungen existiert. Ich setze das Ergebnis einer solchen Erörterung voraus und betrachte es als anerkannt, daß sich die Wahrnehmung im Gegensatz zum Urteil nie im Irrtum befindet, d. h. daß alles, was wir wahrnehmen, existiert, wenigstens solange wir es wahrnehmen.

Wenn die Unfehlbarkeit der Wahrnehmung zugestanden ist, können wir auf die Wahrnehmung die Theorie vom einzelnen Objektiv anwenden, die wir auf das Urteil unanwendbar fanden. Nehmen wir als Beispiel einen Fall wie räumliche Beziehungen. Angenommen, ich sehe gleichzeitig auf meinem Tisch ein Messer und ein Buch, das Messer links vom Buch. Die Wahrnehmung gibt mir einen komplexen Gegenstand, der aus dem Messer und dem Buch in gewissen Lagen zueinander (und aus andern Gegenständen, die wir außer acht lassen können) besteht. Wenn ich mich diesem komplexen Gegenstand zuwende und ihn analysiere, kann ich zum Urteil kommen ›Das Messer ist links vom Buch‹. Hier stehen das Messer und das Buch und ihre räumlichen Beziehungen einzeln vor meinem Geist; aber in der Wahrnehmung hatte ich das eine Ganze ›Messer-links-vom-Buch‹. So nehme ich in der Wahrnehmung einen einzelnen komplexen Gegenstand wahr, während ich in einem auf der Wahrnehmung beruhenden Urteil die Teile des komplexen Gegenstands getrennt, wenn auch gleichzeitig, vor mir habe. Um einen komplexen Gegenstand, wie ›Messer-links-vom-Buch‹, wahrzunehmen, muß es einen solchen Gegenstand geben, da meine Wahrnehmung sonst keinen Gegenstand hätte, d. h. es kein Wahrnehmen gäbe, weil die Beziehung der Wahrnehmung die zwei Terme erfordert, den Wahrnehmenden und das Wahrgenommene. Gibt es aber einen solchen Gegenstand wie ›Messer-links-vom-Buch‹, so muß das Messer links vom Buch sein; daher muß das Urteil ›Das Messer ist links vom Buch‹ wahr sein. Also muß jedes Wahrnehmungsurteil, d. h. jedes unmittelbar von der Wahrnehmung durch bloße Analyse abgeleitete Urteil, wahr sein. (Trotzdem können wir in keinem gegebenen Fall ganz sicher sein, daß das und das Urteil wahr ist, da es uns durch ein Versehen mißlungen sein könnte, bloß zu analysieren, was in der Wahrnehmung gegeben war.) Wir sehen, daß es im Fall des Wahrnehmungsurteils in Entsprechung zum Urteil einen gewissen komplexen Gegenstand gibt, der als *ein* Komplex in der Wahrnehmung wahrgenommen wird, auf dem das Urteil beruht. Weil es einen solchen komplexen Gegenstand gibt, ist das Urteil wahr. Dieser komplexe Gegenstand ist in den Fällen, wo er wahrgenommen wird, das Objektiv der Wahrnehmung. Wo er nicht wahrgenommen wird, ist er doch die notwendige und hinreichende Bedingung der Wahrheit des Urteils. Es gab ein derartiges komplexes Ereignis wie ›Karls I. Tod auf dem Schafott‹; deshalb ist das Urteil ›Karl I. starb auf dem Schafott‹ wahr. Es gab nie ein komplexes Ereignis wie ›Karls I. Tod im Bett‹; deshalb ist ›Karl I. starb im Bett‹ falsch. Wenn A B liebt, gibt es ein komplexes Ereignis ›A's Liebe zu B‹, und umgekehrt; deshalb ist die Existenz dieses komplexen Gegenstands die Bedingung für die Wahrheit des Urteils ›A liebt B‹. Und dasselbe gilt für alle andern Fälle.

Wir können nun eine genaue Erklärung der ›Korrespondenz‹ versuchen, die Wahrheit ausmacht. Nehmen wir das Urteil ›A liebt B‹. Es besteht aus einer Beziehung des Urteilenden zu A und der Liebe und B, d. h. zu den zwei Termen A und B und der Beziehung ›Liebe‹. Aber dies Urteil ist nicht dasselbe wie das Urteil ›B liebt A‹; die Beziehung darf also nicht abstrakt vor dem Geist stehen, sondern nur als eine, die von A zu B geht und nicht von B zu A. Der ›korrespondierende‹ komplexe Gegenstand, der nötig ist, damit unser Urteil wahr wird, besteht aus A, der mit B durch die Beziehung verbunden ist, die bei unserm Urteil vor uns stand. Wir können zwei ›Sinne‹ einer Beziehung unterscheiden, je nachdem sie von A zu B oder von B zu A geht. Demnach muß die Beziehung, die in unser Urteil eintritt, einen ›Sinn‹ haben, und im korrespondierenden Komplex muß sie denselben Sinn haben. Also ist das Urteil, daß zwei Terme eine gewisse Beziehung R zueinander haben, eine Beziehung des Geistes zu den zwei Termen und der Beziehung R mit dem angemessenen Sinn: der ›korrespondierende‹ Komplex besteht aus den zwei Termen, die durch die Beziehung R mit demselben Sinn verbunden sind. Das Urteil ist wahr, wenn es einen solchen Komplex gibt, und falsch, wenn es keinen solchen Komplex gibt. Dieselbe Erklärung gilt, mutatis mutandis, für jedes andere Urteil. Damit haben wir die Definition von Wahrheit und Falschheit gegeben.

Wir sehen, daß nach der obigen Erklärung Wahrheit und Falschheit primär Eigenschaften von Urteilen sind und es deshalb keine Wahrheit oder Falschheit geben würde, wenn es keine Geister gäbe. Nichtsdestoweniger hängt die Wahrheit oder Falschheit eines gegebenen Urteils nicht vom Urteilenden oder der Zeit ab, zu der geurteilt wird, da der ›korrespondierende‹ Komplex, von dem die Wahrheit oder Falschheit des Urteils abhängt, den Urteilenden nicht als Bestandteil enthält (außer natürlich, wenn es von einem selbst handelt). So bleibt die Mischung von Abhängigkeit und Unabhängigkeit vom Geist, die wir für die Wahrheit charakteristisch fanden, in unserer Theorie vollständig erhalten.

Die Fragen, was wahr ist und was falsch, ob wir etwas erkennen, und wenn ja, wie wir zur Erkenntnis kommen, sind der Frage ›Was ist Wahrheit?‹ nachgeordnet, und außer kurz im Fall des Wahrnehmungsurteils habe ich solche Fragen in der obigen Erörterung vermieden, nicht weil sie weniger interessant sind, sondern um Verwirrung über den Untersuchungsgegenstand zu vermeiden. Einer der Gründe für den langsamen Fortschritt der Philosophie ist, daß ihre grundlegenden Fragen für die meisten nicht die interessantesten sind und deshalb eine Neigung besteht, weiterzueilen, bevor die Grundlagen sicher sind. Um diese Neigung unter Kontrolle zu bekommen, ist es notwendig, die grundlegenden Fragen zu isolieren und sie ohne zu viel Rücksicht auf die späteren Entwicklungen zu untersuchen; das habe ich für eine solche Frage auf den vorangegangenen Seiten versucht.

Die geistigen Väter des Faschismus

(1935)

Wenn wir unser Zeitalter mit der Zeit etwa Georgs I. vergleichen, erkennen wir eine tiefgreifende Veränderung in der geistigen Einstellung, der eine entsprechend gewandelte politische Haltung folgte. In gewissem Sinne könnte man die Weltanschauung von vor zweihundert Jahren als ›rational‹ und die für unsere Zeit charakteristischste als ›antirational‹ bezeichnen. Doch soll, wenn ich mich dieser Worte bediene, damit weder die volle Anerkennung der einen noch die totale Ablehnung der anderen Einstellung verbunden sein. Außerdem muß man sich unbedingt daran erinnern, daß politische Ereignisse sehr häufig Farbe und Form aus der theoretischen Arbeit einer zurückliegenden Zeit beziehen: in der Regel liegt ein beträchtlicher Zeitraum zwischen dem Bekanntwerden einer Theorie und ihrem praktischen Wirksamwerden. Die englische Politik des Jahres 1860 war von den Ideen beherrscht, die Adam Smith 1776 zum Ausdruck gebracht hatte; die heutige deutsche Politik verwirklicht Theorien, die Fichte 1807 vertrat; die russische Politik verkörpert seit 1917 die Doktrinen des Kommunistischen Manifests, das aus dem Jahre 1848 datiert. Daher muß man, um die gegenwärtige Epoche verstehen zu können, auf eine viel frühere Zeit zurückgreifen.

Eine weitverbreitete politische Doktrin hat gewöhnlich zwei sehr verschieden geartete Ursachen. Einmal die geistigen Vorläufer: Menschen mit fortschrittlichen Theorien, die im Wege der Weiterentwicklung oder der Reaktion aus vorangegangenen Theorien erwachsen sind; zum andern politische und wirtschaftliche Umstände, welche die Leute prädisponieren, sich Ansichten zu eigen zu machen, die solchen, aus den besonderen Umständen entstandenen Stimmungen gerecht werden. Sie allein aber können noch nicht als hinreichende Erklärung gelten, wenn, wie es nur allzu oft geschieht, die geistigen Vorläufer übersehen werden. In dem speziellen

Falle, der uns interessiert, hatten verschiedene Gruppen in der Nachkriegszeit bestimmten Anlaß zu Unzufriedenheit; sie hatten daher begonnen, mit einer gewissen, zu einem viel früheren Zeitpunkt erdachten allgemeinen Philosophie zu sympathisieren. Ich beabsichtige, zunächst diese Philosophie zu betrachten und dann die Gründe für ihre gegenwärtige Beliebtheit zur Sprache zu bringen.

Die Revolte gegen die Vernunft setzte als Revolte gegen das *vernunftmäßige Denken und Folgern* ein. In der ersten Hälfte des achtzehnten Jahrhunderts, als Newton den Geist der Menschen beherrschte, war man weit und breit davon überzeugt, um zu wissen und zu erkennen, gelte es nur, die einfachen Grundgesetze zu entdecken, aus denen man durch deduktive Vernunftschlüsse Folgerungen ziehen könne. Wobei viele Leute vergaßen, daß Newtons Gravitationsgesetz auf hundertjährigen eingehenden Beobachtungen beruhte, und sich einbildeten, die Grundgesetze seien im Lichte der Natur zu entdecken. Es gab Naturreligion, Naturrecht, Naturmoral und so fort. Diese Gegenstände hielt man, im Stil Euklids, für überzeugende Schlußfolgerungen aus selbstevidenten Axiomen. Das politische Resultat dieser Anschauung war die Lehre von den Menschenrechten, wie sie während der amerikanischen und der Französischen Revolution gepredigt wurde.

Aber gerade in dem Augenblick, als der Tempel der Vernunft seiner Vollendung entgegenzugehen schien, wurde eine Mine gelegt, die schließlich das ganze Gebäude in die Luft sprengen sollte. Der Mann, der diese Mine legte, war David Hume. Sein *Traktat über die menschliche Natur*, der im Jahre 1739 veröffentlicht wurde, trägt den Untertitel: »Versuch einer Einführung der experimentellen Methode des logischen Schlusses bei moralischen Gegenständen«. Damit ist zwar seine Absicht voll und ganz, die Durchführung jedoch nur zur Hälfte ausgedrückt. Es war seine Absicht, die Deduktion aus angeblich selbstevidenten Axiomen durch Wahrnehmung und Induktion zu ersetzen. Seiner geistigen Einstel-

lung nach war er ganz und gar Rationalist, wenn auch mehr von der Art Bacons als der des Aristoteles. Aber in seiner fast einmaligen, mit Scharfsinn gepaarten intellektuellen Aufrichtigkeit kam er zu gewissen vernichtenden Schlüssen: daß die Induktion eine logisch ungerechtfertigte Methode und der Glaube an die Kausalität kaum höher zu bewerten sei als Aberglaube. Daraus folgte, daß die Wissenschaft zugleich mit der Theologie ins Fegefeuer der trügerischen Hoffnungen und irrationalen Überzeugungen zu verweisen sei.
Bei Hume bestanden Rationalismus und Skeptizismus friedlich nebeneinander. Skeptizismus war nur beim Forschen und Studieren angebracht, in den Angelegenheiten des täglichen Lebens aber sollte man ihn außer acht lassen. Darüber hinaus sollten im praktischen Leben so weit als möglich eben jene wissenschaftlichen Methoden bestimmend sein, die er mit seinem Skeptizismus sonst anficht. Ein derartiger Kompromiß war nur bei einem Manne möglich, der Philosoph und gleichermaßen Weltmann war; und wenn er den Eingeweihten einen gewissen esoterischen Unglauben vorbehält, so haftet dem etwas von aristokratischem Toryismus an. Die Welt lehnte es größtenteils ab, Humes Doktrinen in ihrer Gesamtheit anzuerkennen. Seine Schüler verwarfen seinen Skeptizismus, während seine deutschen Gegner diesen Skeptizismus als das unvermeidliche Ergebnis einer rein wissenschaftlichen und rationalen Einstellung nachdrücklich hervorhoben. Daher folgte aus seiner Lehre im Ergebnis, daß die britische Philosophie oberflächlich und die deutsche Philosophie antirational wurde – in beiden Fällen aus Angst vor einem unerträglichen Agnostizismus. Das europäische Denken hat seither nie wieder zu seiner früheren starken Geschlossenheit zurückgefunden; bei allen Nachfolgern Humes wurde stets gesunde Vernunft mit Oberflächlichkeit und Gründlichkeit mit irgendeiner Art von Verrücktheit gleichgesetzt. In den allerjüngsten Diskussionen über eine der Quanten-Physik entsprechende Philosophie sind die alten, von Hume ausgelösten Streitigkeiten wieder aufgelebt.

Die Philosophie, die für Deutschland kennzeichnend wurde, beginnt mit Kant, und zwar beginnt sie als eine Reaktion gegen Hume. Kant war entschlossen, an die Kausalität, Gott, die Unsterblichkeit, das moralische Gesetz und so fort zu glauben, erkannte jedoch, daß Humes Philosophie das alles sehr erschwerte. Daher erfand er einen Unterschied zwischen ›reiner‹ und ›praktischer‹ Vernunft. ›Reine‹ Vernunft befaßte sich mit allem Beweisbaren, was aber nicht viel war; ›praktische‹ Vernunft beschäftigte sich mit allem, was zur Tugendhaftigkeit erforderlich war, und das war eine ganze Menge. Selbstverständlich und unverkennbar ist ›reine‹ Vernunft ganz einfach Vernunft, ›praktische‹ Vernunft hingegen Vorurteil. Auf diese Weise führte Kant in die Philosophie wieder einen Appell an etwas, anerkanntermaßen außerhalb der Sphäre der theoretischen Rationalität Liegendes ein, was seit Beginn der Scholastik aus den philosophischen Systemen stets verbannt war.

Noch wichtiger selbst als Kant war, von unserem Thema her, sein unmittelbarer Nachfolger Fichte, der von der Philosophie zur Politik überging und die Bewegung auslöste, die sich zum Nationalsozialismus entwickelte. Aber bevor wir auf Fichte zu sprechen kommen, ist noch etwas mehr über den Begriff der ›Vernunft‹ zu sagen.

Angesichts der Tatsache, daß Hume nicht zu widerlegen ist, kann ›Vernunft‹ nicht mehr als etwas Absolutes gelten, wobei jedes Abweichen davon aus theoretischen Gründen zu verwerfen ist. Trotzdem gibt es da offensichtlich einen Unterschied, und zwar einen wichtigen Unterschied, zwischen dem gedanklichen System etwa der philosophischen Radikalen und solchen Leuten wie die frühen mohammedanischen Fanatiker. Wenn wir die Geisteshaltung der ersten vernünftig und die der zweiten unvernünftig nennen, dann tritt klar zutage, daß wir in den jüngsten Zeiten eine zunehmende Unvernunft zu verzeichnen haben.

Ich glaube, was wir praktisch mit Vernunft meinen, läßt sich an drei charakteristischen Merkmalen erläutern. In erster

Linie stützt sie sich auf Überzeugungskraft statt auf Gewalt; zweitens sucht sie mit Argumenten zu überzeugen, die der Mann, der sie vorbringt, für vollkommen gültig hält; und drittens bedient sie sich bei der Meinungsbildung so weit wie möglich der Wahrnehmung und der Induktion und so wenig wie möglich der Intuition. Durch das erste Charakteristikum verbietet sich die Inquisition; das zweite richtet Methoden wie die britische Kriegspropaganda, die Hitler lobend erwähnt, weil »die rein geistige Höhe der Propaganda um so tiefer zu stellen sein wird, je größer die zu erfassende Masse der Menschen sein soll«; durch das dritte verbieten sich so ungeheure Voraussetzungen, wie Präsident Andrew Jackson sie anläßlich der Mississippi-Frage aussprach: »Der Gott des Universums wollte, daß dieses große Stromtal einer Nation gehöre«, was ihm und seinen Zuhörern selbstverständlich vorkam, aber einem Zweifelnden nicht leicht zu erklären und zu beweisen war.

Vertrauen auf die so definierte Vernunft setzt eine gewisse Gemeinsamkeit der Interessen und Auffassungen zwischen uns und unseren Zuhörern voraus. Zweifellos machte Mrs. Bond die Probe darauf, als sie ihren Enten zurief: »Kommt her und laßt euch schlachten, ihr müßt gefüllt und meine Gäste satt werden«, aber in der Regel hält man den Appell an die Vernunft denjenigen gegenüber, die wir zu verschlingen gedenken, für verfehlt. Leute, die gern Fleisch essen, suchen nicht erst nach Argumenten, die einem Schaf einleuchten könnten, und Nietzsche macht gar nicht den Versuch, die Masse Mensch zu überzeugen, die er »die Mißratenen« nennt. Und so wirbt Marx auch nicht um die Unterstützung der Kapitalisten. All diese Beispiele beweisen, daß leichter an die Vernunft zu appellieren ist, wenn die Macht unbestritten auf eine Oligarchie beschränkt ist. Im England des achtzehnten Jahrhunderts fielen nur die Ansichten der Aristokraten und ihrer Freunde ins Gewicht, und diese Ansichten ließen sich immer in vernünftiger Form anderen Aristokraten präsentieren. Wenn aber das politische Staatsgebilde sich ausweitet und heterogener wird, ist damit auch der Appell an die Vernunft erschwert, weil es weniger allgemein anerkannte Voraussetzungen gibt, von denen das Bemühen um Einmütigkeit ausgehen kann. Wenn sich überhaupt keine derartigen Voraussetzungen finden, sind die Menschen gezwungen, sich auf ihre Intuition zu verlassen; und da die Intuitionen verschiedener Gruppen voneinander abweichen, führt das Vertrauen darauf zu Widerstreit und Machtpolitik.

Revolten gegen die Vernunft in diesem Sinne sind ein häufig wiederkehrendes Phänomen der Geschichte. Der frühe Buddhismus war vernünftig; seine späteren Formen und der Hinduismus, der in Indien an seine Stelle trat, waren es nicht. Im antiken Griechenland brachten die Orphiker die Revolte gegen die homerische Rationalität zum Ausdruck. Von Sokrates bis Marc Aurel waren die hervorragenden Männer der Antike vorwiegend rational; nach Marc Aurel waren selbst die konservativen Neu-Platoniker voll Aberglauben. Die Ansprüche der Vernunft blieben, von der mohammedanischen Welt abgesehen, latent im Hintergrund bis zum elften Jahrhundert; danach gewannen sie dank der Scholastik, der Renaissance und der Wissenschaft zunehmend vorherrschende Bedeutung. Mit Rousseau und Wesley setzte eine Reaktion ein, die jedoch durch die Triumphe der Naturwissenschaft und der Maschinen im neunzehnten Jahrhundert in Schach gehalten wurde. Der Glaube an die Vernunft erreichte seinen Höhepunkt in den sechziger Jahren; seither hat er allmählich abgenommen und nimmt noch weiter ab. Rationalismus und Antirationalismus haben seit Beginn der griechischen Zivilisation nebeneinander bestanden, und sooft eine der beiden Richtungen zur Alleinherrschaft zu gelangen schien, kam es stets durch Reaktion zu einem neuen Durchbruch der entgegengesetzten Richtung.

Die moderne Auflehnung gegen die Vernunft weicht in einem wichtigen Punkt von den meisten früheren Revolten ab. Von den Orphikern an war in der Vergangenheit das Ziel gemeinhin die Erlösung – ein komplexer Begriff, der sowohl Frömmigkeit als auch Glückseligkeit einschloß und in der Regel durch gewisse schwierige Entsagungen zu erreichen war. Die Irrationalisten unserer Zeit streben jedoch nicht Erlösung, sondern Macht an. Sie entwickeln damit eine Ethik, die im Gegensatz zur christlichen und buddhistischen Ethik steht, und ihre Herrschsucht treibt sie zwangsläufig zu politischer Betätigung. Ihre geistigen Ahnen unter den Schriftstellern sind Fichte, Carlyle, Mazzini, Nietzsche – die Unterstützung finden durch Treitschke, Rudyard Kipling, Houston Chamberlain und Bergson. Die Gegner dieser Bewegung, die Benthamiten und die Sozialisten, kann man als zwei Flügel der gleichen Partei betrachten: beide sind kosmopolitisch, beide sind demokratisch, beide appellieren an den wirtschaftlichen Eigennutz. Sie weichen nur in der Frage der Mittel, nicht der Ziele voneinander ab, während die neue Bewegung, die (bisher) in Hitler ihren Kulminationspunkt erreicht hat, von beiden auch hinsichtlich der Ziele und sogar von der Tradition der christlichen Zivilisation abweicht.

Welches Ziel die Staatsmänner nach der Vorstellung fast aller Irrationalisten, aus deren Ideen sich der Faschismus entwickelt hat, verfolgen sollten, ist am klarsten von Nietzsche herausgestellt worden. In bewußter Opposition zum Christentum wie auch zu den Utilitariern, verwirft er Benthams Doktrinen hinsichtlich des Glücks und der »größten Zahl«. Er sagt: »Die Menschheit ist viel eher noch ein Mittel als ein Ziel ... die Menschheit ist bloß das Versuchsmaterial.« Das von ihm vorgeschlagene Ziel ist die Größe außergewöhnlicher einzelner: »Es handelt sich darum, jene ungeheure Energie der Größe zu gewinnen, um durch Züchtung und andererseits durch Vernichtung von Millionen Mißratener den zukünftigen Menschen zu gestalten und nicht *zugrunde zu gehen* an dem Leid, das man *schafft* und dessengleichen noch nie da war.« Diese Auffassung vom Ziel, das sollte man beachten, kann an sich noch nicht als der Vernunft zuwiderlaufend gelten, da sich Fragen der Ziele der rationalen Argumentation entziehen. Wir mögen sie verabscheuen – so wie ich es tue –, aber wir können sie nicht *widerlegen*, sowenig wie Nietzsche sie zu *beweisen* vermag. Es besteht hier nichtsdestoweniger ein natürlicher Zusammenhang mit dem Irrationalen, Vernunftwidrigen, da die Vernunft Objektivität fordert, indes der Kult des großen Mannes stets auf dem Untersatz der Behauptung aufbaut: »Ich bin ein großer Mann.«

Die Urheber des geistigen Systems, aus dem der Faschismus sich entwickelt hat, tragen alle gewisse gemeinsame Merkmale. Sie suchen das Gute im *Willen* statt im Fühlen und Erkennen; sie werten die Macht höher als das Glück; sie geben der Gewalt vor dem Argument den Vorzug, dem Krieg vor dem Frieden, der Aristokratie vor der Demokratie, der Propaganda vor der wissenschaftlichen Objektivität. Sie vertreten eine spartanische Form von Härte im Gegensatz zur christlichen Form; das heißt, sie sehen in der Härte ein Mittel, die Herrschaft über andere zu gewinnen, nicht eine Selbstzucht, um Tugend zu erreichen, und das Glück verweisen sie ins Jenseits. Die späteren dieser geistigen Urheber sind von populärem Darwinismus durchdrungen und sehen im Lebenskampf die Entwicklungsmöglichkeit für eine höhere Gattung; daraus entsteht aber eher ein Rassenkampf als ein Konkurrenzkampf zwischen einzelnen, wie ihn die Apostel des freien Wettbewerbs befürworten. Freude und Wissen erscheinen ihnen, als Ziele aufgefaßt, unangemessen passiv. An Stelle der Freude setzen sie den Ruhm und an Stelle des Wissens die pragmatische Behauptung, daß richtig sei, was sie wünschen. Bei Fichte, Carlyle und Mazzini sind diese Doktrinen noch hinter dem Schleier der herkömmlichen moralistischen Sprache verborgen; bei Nietzsche treten sie zum erstenmal unverhüllt und ohne Scham zutage.

Fichte ist noch nicht das gebührende Maß an Anerkennung für seinen Anteil am Auslösen dieser großen Bewegung zuteilgeworden. Er war anfangs abstrakter Metaphysiker, bewies aber selbst da schon eine gewisse eigenmächtige und egozentrische Veranlagung. Er entwickelt seine gesamte Philosophie aus dem Theorem »Ich bin Ich«, was er folgender-

maßen ausdrückt: »Das Ich setzt sich selbst, und es ist, vermöge dieses bloßen Setzens, durch sich selbst und umgekehrt. Es ist zugleich das Handelnde und das Produkt der Handlung; das Tätige und das, was durch die Tätigkeit hervorgebracht wird; daher ist das *Ich bin* Ausdruck einer Tathandlung; aber auch der einzigen möglichen, wie sich aus der ganzen Wissenschaftslehre ergeben muß.«
Nach dieser Theorie existiert das Ich, weil es existieren will. Gegenwärtig hat es den Anschein, als ob das Nicht-Ich ebenfalls existiert, weil das Ich es so will; aber ein derart erzeugtes Nicht-Ich wird niemals zu einer echten Existenz außerhalb des Ich kommen, das beschlossen hat, es zu setzen. Ludwig XIV. sagte: »L'état c'est moi«; Fichte sagte: »Das Universum bin ich.« Wie Heine bei einem Vergleich von Kant mit Robespierre bemerkte: »Im Vergleich zu uns Deutschen seid ihr Franzosen zahm und gemäßigt.«
Fichte erklärte zwar nach einer Weile, wenn er »ich« sage, so meine er damit »Gott«, was den Leser aber nicht unbedingt beruhigen kann.
Als Fichte infolge der Schlacht von Jena aus Berlin flüchten mußte, begann er zu vermuten, daß er das Nicht-Ich in Gestalt Napoleons vielleicht doch etwas zu herzhaft gesetzt haben könnte. Nach seiner Rückkehr im Jahre 1807 hielt er seine berühmten *Reden an die deutsche Nation*, in denen zum erstenmal das Glaubensbekenntnis des Nationalismus herausgestellt wurde: der Deutsche sei allen anderen Modernen überlegen, da er allein eine reine Sprache besitze. (Die Russen, Türken und Chinesen, ganz zu schweigen von den Eskimos und den Hottentotten, haben ebenfalls reine Sprachen, finden jedoch in Fichtes Geschichtswerken keine Erwähnung.) Die Reinheit der deutschen Sprache befähigt allein die Deutschen, tief und gründlich zu sein; er fährt fort: »Charakter haben und deutsch sein ist ohne Zweifel gleichbedeutend.« Wenn aber der deutsche Charakter vor verderblichen fremden Einflüssen bewahrt werden und die deutsche Nation fähig sein solle, als ein geschlossenes Ganzes zu han-

deln, dann bedürfe es eines neuen Erziehungssystems, das »die Deutschen zu einer Gesamtheit bilden« werde. Diese neue Erziehung müsse, wie er sagt, »gerade darin bestehen, daß sie ... die Freiheit des Willens gänzlich vernichtet«. Er fügt hinzu, daß »der Wille die eigentliche Grundwurzel des Menschen selbst« sei.

Es dürfe, über das absolut Unvermeidliche hinaus, keinen Außenhandel geben. Es müsse allgemeine Militärdienstpflicht bestehen: jedermann muß gezwungen werden zu kämpfen, nicht für materielle Wohlfahrt, nicht für die Freiheit, nicht zur Verteidigung der Verfassung, sondern angetrieben von »der verzehrenden Flamme der höheren Vaterlandsliebe, die die Nation als Hülle des Ewigen umfaßt, für welche der Edle mit Freuden sich opfert und der Unedle, der nur um des ersten willen da ist, sich eben opfern soll«.

Diese Doktrin, daß der »edle« Mensch Ziel und Zweck der Menschheit sei und daß der »unedle« Mensch keine eigenen Anrechte besitze, ist der Wesenskern des neuzeitlichen Angriffs auf die Demokratie. Das Christentum lehrte, daß jeder Mensch eine unsterbliche Seele habe und daß in dieser Hinsicht alle Menschen gleich seien; die »Menschenrechte« waren nur eine Weiterentwicklung der christlichen Lehre. Der Utilitarismus räumte zwar dem Individuum keine absoluten »Rechte« ein, maß aber dem Glück des einen wie des anderen Menschen dasselbe Gewicht bei; damit leitete er gleichermaßen zur Demokratie hin wie die Lehre von den Naturrechten. Aber Fichte stellte, eine Art politischer Calvin, gewisse Menschen als die Erwählten heraus und lehnte alle anderen als bedeutungslos ab.

Die Schwierigkeit liegt natürlich darin, zu wissen, wer die Erwählten sind. In einer Welt, die Fichtes Lehre allgemein anerkennt, würde sich jeder Mensch für »edel« halten und sich einer Partei von Leuten anschließen, die ihm hinreichend ähneln, um dem Anschein nach auch etwas von seiner Erhabenheit zu besitzen. Das kann seine Nation sein, wie in Fichtes Fall, oder seine Klasse, wie im Fall eines proletarischen

Kommunisten, oder seine Familie, wie bei Napoleon. Es gibt kein objektives Kriterium für »Adel« außer Erfolg im Krieg; daher ist Krieg das zwangsläufige Resultat dieses Glaubens. Carlyles Lebensanschauung war hauptsächlich von Fichte hergeleitet, der den stärksten direkten Einfluß auf seine Ansichten hatte. Aber Carlyle trug etwas dazu bei, was seither stets charakteristisch für diese Bewegung war: eine Art Sozialismus und Sorge um das Proletariat, was in Wahrheit Abscheu gegen den Industrialismus und die »neuen Reichen« war. Carlyle machte das aber so gut, daß er sogar Engels täuschte, der ihn in seinem Buch über die englische Arbeiterklasse im Jahre 1844 mit Worten des höchsten Lobes erwähnt. Angesichts dieser Tatsache ist es kaum verwunderlich, daß sich viele Leute von der sozialistischen Fassade des Nationalsozialismus täuschen ließen.

Auch auf Carlyle fallen tatsächlich noch manche Leute herein. Seine »Heldenverehrung« klingt sehr erhaben; wir brauchen, so sagt er, nicht gewählte Parlamente, sondern »Heldenkönige und eine ganze, nicht unheroische Welt«. Um das zu verstehen, müssen wir es uns in die Praxis übertragen vorstellen. In *Vergangenheit und Gegenwart* stellt Carlyle den Abt Samson aus dem zwölften Jahrhundert als Vorbild hin; wer das aber nicht gutgläubig hinnimmt, sondern die *Chronicle of Jocelin of Brakelonde* liest, wird entdecken, daß dieser Abt ein skrupelloser Raufbold mit allen Lastern eines despotischen Grundbesitzers und rabulistischen Winkeladvokaten war. Auch Carlyles übrige Helden sind durchweg mindestens ebensowenig einwandfrei. Die Blutbäder, die Cromwell in Irland anrichtete, veranlaßten Carlyle zu folgendem Kommentar: »Aber zu Olivers Zeit, behaupte ich, glaubte man noch an die Gottesurteile; zu Olivers Zeit gab es noch nicht dies verrückte Gerede vom ›Abschaffen der Todesstrafe‹, von Jean-Jaquesscher Philanthropie und allgemeinem Rosenwasser in dieser noch so sündhaften Welt ... Nur bei späten, dekadenten Generationen ... kann ein derart unterschiedsloses Vermengen von Gut und Böse zu einem patentierten Universalheilmittel ... auf unserer Erde wirksam werden.« Von den meisten seiner Heroen wie Friedrich dem Großen, Dr. Francia und Gouverneur Eyre ist nichts weiter zu sagen, als daß Blutdurst das ihnen gemeinsame Charakteristikum war.

Wer noch immer der Meinung ist, Carlyle sei in gewissem Sinne mehr oder minder liberal gewesen, sollte in *Vergangenheit und Gegenwart* das Kapitel über Demokratie lesen. Es ist größtenteils ein Loblied auf Wilhelm den Eroberer und beschreibt, was für ein angenehmes Leben die Leibeigenen zu seiner Zeit führten. Daran schließt sich eine Definition der Freiheit: »Die wahre Freiheit eines Menschen, würdet ihr sagen, besteht darin, daß er den rechten Pfad findet, oder gezwungen wird, ihn zu finden und darauf zu wandeln.« Er geht zu der Feststellung über, »Demokratie bedeutet die Hoffnungslosigkeit, Helden zu finden, die euch regieren könnten, und widerwilliges Abfinden mit ihrem Fehlen«. Das Kapitel endet in beredter, prophetischer Sprache mit den Worten, daß, wenn die Demokratie sich voll ausgewirkt habe, sich wieder das Problem erheben würde, »eine Regierung durch die euch echt Überlegenen zu finden«. Würde Hitler das alles nicht Wort für Wort unterschreiben?

Mazzini war milder als Carlyle, mit dem er in der Frage des Heldenkults nicht übereinstimmte. Nicht der einzelne große Mann, sondern die Nation war das Objekt seiner anbetenden Bewunderung; und da er Italien am höchsten schätzte, räumte er jeder Nation in Europa mit Ausnahme der irischen eine Rolle ein. Wie Carlyle glaubte er jedoch, daß die Pflicht über das Glück zu stellen sei, selbst über das kollektive Glück. Nach seiner Ansicht enthüllt Gott jedem menschlichen Gewissen, was recht sei; daher wäre nichts weiter erforderlich, als daß jeder Mensch dem moralischen Gesetz in der eigenen Brust gehorche. Er übersah völlig, daß verschiedene Menschen sich auch wesentlich in dem, was das moralische Gesetz ihnen anbefiehlt, unterscheiden können, oder daß er im Grunde forderte, alle anderen sollten entsprechend *seiner eigenen* Offenbarung handeln. Er stellt die Moral über die Demokratie und sagt: »Die bloße Stimme der Mehrheit schafft noch keine Souveränität, wenn sie offensichtlich im Gegensatz zu den erhabenen Geboten der Moral steht ... der Wille des Volkes ist heilig, wenn er das Moralgesetz vertritt und es anwendet, null und nichtig jedoch, wenn er sich von diesem Gesetz entfernt und nur einen Augenblickseinfall darstellt.« Dieser Ansicht ist auch Mussolini.

Nur ein wichtiges Element ist seither neu in die Lehren dieser Schule aufgenommen worden, nämlich der pseudo-darwinistische Glaube an die »Rasse«. (Fichte begründet die deutsche Überlegenheit mit der Sprache, nicht mit biologischer Erblehre.) Nietzsche, der, abweichend von seinen Nachfolgern, kein Nationalist oder Antisemit ist, wendet die Doktrin nur auf unterschiedliche Individuen an: nach seinem Wunsch sollen die Untauglichen daran gehindert werden, sich fortzupflanzen, und er hofft, mit Hundezüchtermethoden eine Rasse von Übermenschen hervorbringen zu können, die ausschließlich die Macht besitzen sollen und um derentwillen allein die übrige Menschheit zu existieren habe. Aber alle späteren Schriftsteller haben sich um den Beweis bemüht, daß alles Hervorragende stets im Zusammenhang mit ihrer eigenen Rasse stand. Irische Professoren schreiben ganze Bücher, um nachzuweisen, daß Homer Ire war; französische Anthropologen begründen archäologisch, daß die Kelten und nicht die Teutonen die Urheber der Zivilisation in Nordeuropa waren; Houston Chamberlain setzt lang und breit auseinander, daß Dante ein Deutscher und Christus kein Jude war. Das Rassenprinzip wurde allgemein von den Anglo-Indern vertreten, die das imperialistische England über Rudyard Kipling damit infizierten. Das antisemitische Element hingegen ist in England niemals stark hervorgetreten, wenn auch ein Engländer, Houston Chamberlain, hauptsächlich dafür verantwortlich ist, ihm eine vorgeblich historische Basis in Deutschland zuzuschreiben, wo es sich seit dem Mittelalter hartnäckig gehalten habe.

Wenn nicht die Politik mitspielte, wäre über die Rassenfrage nur zu sagen, daß auf diesem Gebiet nichts von politischer Bedeutung bekannt sei. Man könnte es für möglich halten, daß es genetisch begründete geistige Unterschiede zwischen Rassen gibt; es steht aber fest, daß wir bisher noch nicht wissen, worin diese Unterschiede bestehen. Bei einem erwachsenen Menschen verschwindet die Erbmasse hinter den Auswirkungen der Umgebung. Außerdem treten die Rassenunterschiede zwischen verschiedenen Europäern nicht so klar hervor wie zwischen weißen, gelben und schwarzen Menschen; es gibt keine ausgesprochenen physischen Merkmale, an denen sich die Mitglieder der verschiedenen modernen Nationen Europas untrüglich erkennen lassen, da sie alle aus der Vermischung verschiedener Stämme hervorgegangen sind. Wenn es sich um die geistige Überlegenheit handelt, kann jede zivilisierte Nation einen glaubwürdigen Anspruch ableiten, was die Haltlosigkeit jedes solchen Anspruches beweist. Es ist *möglich*, daß die Juden auf geringerer Stufe stehen als die Deutschen, ebensogut ist aber auch das Umgekehrte möglich. Das pseudodarwinistische Kauderwelsch in eine derartige Frage einzuschalten ist in höchstem Grade unwissenschaftlich. Was immer wir auch vielleicht später einmal darüber erfahren werden, gegenwärtig haben wir jedenfalls nicht die geringste Berechtigung, eine Rasse auf Kosten einer anderen unterstützen zu wollen.

Die ganze Bewegung dient, von Fichte angefangen, methodisch der verstärkten Selbstachtung und Machtgier und stützt sich dabei auf Überzeugungen, für die nur spricht, daß sie schmeichelhaft sind. Fichte brauchte eine Doktrin, die ihm das Gefühl verlieh, Napoleon überlegen zu sein; Carlyle und Nietzsche litten unter ihrer Schwäche, die sie in der Welt der Phantasie zu kompensieren suchten; der britische Imperialismus zur Zeit Rudyard Kiplings ist der Scham über den Verlust der industriellen Vorherrschaft zuzuschreiben; und der hitlerische Wahnsinn unserer Zeit ist ein aus Götter- und Heldensagen gewobener Mantel, in den sich das deutsche Ich hüllt, um nicht im eisigen Wind von Versailles zu erstarren. Wer in seiner Selbstachtung tödlich getroffen ist, denkt nicht mehr wie ein geistig gesunder, vernünftiger Mensch; und diejenigen, die eine Nation vorsätzlich demütigen, haben es sich selbst zuzuschreiben, wenn daraus eine Nation von Irren wird.

Damit komme ich zu der großen und bereitwilligen Aufnahme, die die soeben von uns betrachtete irrationale und sogar antirationale Doktrin gefunden hat. Zu fast allen Zeiten gibt es allerhand Lehren, die von allerlei Propheten gepredigt werden, aber populär werden jeweils nur diejenigen, die die aus den Zeitumständen entstandenen Stimmungen ansprechen. Die charakteristischen Doktrinen der modernen Irrationalisten sind aber, wie wir gesehen haben: Betonung des *Willens* im Gegensatz zum Denken und Fühlen; Glorifizierung der Macht; Glaube an das intuitive ›Setzen‹ von Theoremen im Gegensatz zum Prüfen durch Wahrnehmung und Induktion. Diese geistige Einstellung ist die natürliche Reaktion von Menschen, die gewohnt sind, moderne Maschinen, wie etwa Flugzeuge, zu beherrschen, und zugleich von Menschen, die weniger Macht als ehemals besitzen, aber keine vernünftige Begründung für die Wiederherstellung ihres früheren Übergewichts finden können. Der Industrialismus und der Krieg, die die Menschen an technische Macht gewöhnten, haben eine gewaltige Machtverschiebung auf wirtschaftlichem und politischem Gebiet und die gegenwärtige pragmatisch anmaßende Haltung großer Gruppen verursacht. Daraus erklärt sich die starke Ausbreitung des Faschismus.

Vergleichen wir die Welt von 1920 mit der von 1820, so finden wir einen Machtzuwachs auf seiten der Großindustriellen, Lohnempfänger, Frauen, Ketzer und Juden. (Mit ›Ketzern‹ meine ich Leute, die eine andere Religion hatten als die Regierung ihres Landes.) In Wechselbeziehung dazu erlitten eine Machteinbuße die Monarchen, die Aristokratien, die Geistlichkeit, die niedere Schicht des Mittelstandes und die Männer im Gegensatz zu den Frauen. Die Großindustriellen waren zwar in stärkerer Position als je zuvor, fühlten sich aber trotzdem unsicher auf Grund des drohenden Sozialismus und ganz besonders aus Furcht vor Moskau. Die am Krieg Interessierten – Generäle, Admiräle, Flieger und Rüstungsfirmen – befanden sich in der gleichen Lage: stark im Augenblick, aber bedroht durch den Haufen Bolschewisten und Pazifisten mit ihrer Ansteckungsgefahr. Die bereits besiegten Gruppen – die Könige und Adligen, die kleinen Ladenbesitzer, die Menschen, die temperamentsmäßige Gegner der religiösen Toleranz waren, und die Männer, die den Tagen der Herrschaft des Mannes über die Frau nachtrauerten – schienen endgültig abgewirtschaftet zu haben; infolge der wirtschaftlichen und kulturellen Entwicklungen gab es für sie, wie man annahm, keinen Raum mehr auf der Welt. Naturgemäß waren sie unzufrieden und insgesamt im Verein auch zahlreich. Nietzsches Philosophie entsprach psychologisch ihrem inneren Bedürfnis, und die Industriellen und Militaristen benützten diese Philosophie sehr gescheit dazu, die besiegten Gruppen zu einer Partei zusammenzuschweißen, die zum Träger einer mittelalterlichen Reaktion auf allen Gebieten, mit Ausnahme der Industrie und des Krieges, werden sollte. Im Hinblick auf die Industrie und den Krieg sollte alles Technische der modernen Entwicklung entsprechen, nicht aber die Aufteilung der Macht und der Aufbau nach Friedensschluß, wobei die Sozialisten den führenden Magnaten hätten gefährlich werden können.

Politisch gesehen sind daher die irrationalen Elemente in der nazistischen Philosophie darauf zurückzuführen, daß man genötigt ist, um die Unterstützung der Gruppen zu werben, die kein *Lebensrecht* mehr haben, während die vergleichsweise vernünftigen und gesunden Elemente den Industriellen und Militaristen zuzuschreiben sind. Die erstgenannten Elemente sind ›irrational‹, weil es beispielsweise kaum möglich sein wird, daß die kleinen Ladenbesitzer ihre Hoffnungen verwirklicht sehen, so daß sie sich vor der Verzweiflung nur in irreale Überzeugungen retten können; andererseits könnten die Wunschträume der Industriellen und Militaristen mit Hilfe des Faschismus Wirklichkeit werden, aber schwerlich auf andere Weise. Weil sie ihre Ziele nur über die Vernichtung der Zivilisation hinweg erreichen können, sind sie jedoch noch nicht irrational, sondern nur satanisch. Diese Menschen sind das intellektuell beste und moralisch schlechteste Element der Bewegung; der vom Trugbild des Ruhms, des Heroismus und der Selbstaufopferung verblendete Rest ist blind geworden für seine echten Interessen, und in einem großen Gefühlsüberschwang lassen sie sich für Absichten mißbrauchen, die nicht die ihren sind: das Psychopathische am Nazismus.

Ich sagte, die Industriellen und Militaristen unterstützen den Faschismus auf gesunde und vernünftige Weise, doch kann hier nur vergleichsweise von Vernunft und Gesundheit die Rede sein. Thyssen glaubt, mit Hilfe der Nazi-Bewegung sowohl den Sozialismus vernichten als auch seinen Umsatz gewaltig steigern zu können. Die Annahme, daß er recht hat, scheint jedoch ebenso unbegründet zu sein wie zu glauben, daß seine Vorgänger im Jahre 1914 recht hatten. Für ihn ist es unumgänglich, das deutsche Selbstvertrauen und nationalistische Empfinden bis zu einem gefährlichen Grad aufzupeitschen; das Ergebnis ist höchstwahrscheinlich ein Krieg mit unglücklichem Ausgang. Selbst große Anfangserfolge würden nicht zu einem endgültigen Sieg führen; heute wie vor zwanzig Jahren vergißt die deutsche Regierung, daß es Amerika gibt.

Es gibt noch ein sehr wichtiges Element, das letztlich den Nazis entgegensteht, obgleich man sich davon vielleicht eine Stärkung der Reaktion versprochen hat – ich meine die organisierte Religion. Die Philosophie der Bewegung, die in den Nazis ihre Kulmination erreicht, hat sich in gewissem Sinne logisch aus dem Protestantismus entwickelt. Fichtes und Carlyles Moral ist calvinistisch, und Mazzini, der sein Leben lang in Opposition zu Rom stand, war durchdrungen vom lutherischen Glauben an die Unfehlbarkeit des individuellen

Gewissens. Nietzsche glaubte leidenschaftlich an den Wert des einzelnen und vertrat die Auffassung, der Held brauche sich nicht der Obrigkeit zu unterwerfen; damit entwickelte er den protestantischen Revolutionsgeist weiter. Es wäre zu erwarten gewesen, daß die protestantischen Kirchen die Nazi-Bewegung begrüßten, und bis zu einem gewissen Grade taten sie es auch. Aber in all jenen Elementen, in denen der Protestantismus mit dem Katholizismus übereinstimmt, sah er sich von der neuen Philosophie angegriffen. Nietzsche ist betont antichristlich, und Houston Chamberlain vermittelt uns einen Eindruck vom Christentum als einem minderen Aberglauben, der sich unter den kosmopolitischen Mischlingen der Levante entwickelte; das Verwerfen der Demut, der Nächstenliebe und der Rechte der Sanftmütigen steht im Gegensatz zu den Lehren der Evangelien; und der Antisemitismus, wenn er sowohl theoretischen wie praktischen Ausdruck findet, ist schwer vereinbar mit einer Religion jüdischen Ursprungs. Aus diesen Gründen können sich Nazismus und Christentum schwer miteinander befreunden, und es ist nicht ausgeschlossen, daß ihre Gegensätzlichkeiten zum Sturz der Nazis führen.

Und noch aus einem weiteren Grund ist der moderne Kult der Unvernunft, ob nun in Deutschland oder anderwärts, unvereinbar mit jeder traditionellen Form des Christentums. Vom Judentum inspiriert, übernahm das Christentum den Begriff der Wahrheit mit der entsprechenden Tugend der Wahrhaftigkeit. Begriff und Tugend lebten fort im ›ehrlichen Zweifel‹, wie überhaupt alle christlichen Tugenden bei den viktorianischen Freidenkern erhalten blieben. Dank dem Einfluß des Skeptizismus und der Werbung schien es allmählich immer hoffnungsloser, die Wahrheit zu entdecken, dagegen sehr erfolgversprechend, das Unwahre zu vertreten. So wurde jede geistige Aufrichtigkeit vernichtet. In einer Darlegung des Nazi-Programms sagt Hitler: »Auch in der Wissenschaft hat der völkische Staat ein Hilfsmittel zu erblicken zur Förderung des Nationalstolzes. Nicht nur die

Weltgeschichte, sondern die gesamte Kulturgeschichte muß von diesem Gesichtspunkte aus gelehrt werden. Es darf ein Erfinder nicht nur groß erscheinen als Erfinder, sondern muß größer noch erscheinen als Volksgenosse. Die Bewunderung jeder großen Tat muß umgegossen werden in Stolz auf den glücklichen Vollbringer derselben als Angehörigen des eigenen Volkes. Aus der Unzahl all der großen Namen der deutschen Geschichte aber sind die größten herauszugreifen und der Jugend in so eindringlicher Form vorzuführen, daß sie zu Säulen eines unerschütterlichen Nationalgefühles werden.«

Die Vorstellung, daß die Wissenschaft nach Wahrheit strebt, ist Hitler so völlig abhanden gekommen, daß er nicht einmal Gegenargumente vorbringt. Wie wir wissen, ist die Relativitätstheorie in Mißkredit geraten, weil sie von einem Juden erfunden wurde. Die Inquisition verwarf Galileis Lehre, weil sie sie für unwahr hielt; Hitler verwirft oder anerkennt Doktrinen aus politischen Gründen, ohne den Begriff der Wahrheit oder Unwahrheit anzuwenden. Der arme William James, der diese Auffassung erdacht hat, wäre entsetzt, wenn er wüßte, welcher Gebrauch heute davon gemacht wird; wurde aber erst einmal der Begriff der objektiven Wahrheit preisgegeben, dann ist es klar, daß die Frage »Was soll ich glauben?« nur noch geregelt wird durch »den Appell an die Gewalt und die Entscheidung, die die großen Bataillone herbeiführen«, wie ich schon 1907 schrieb, und weder durch wissenschaftliche noch theologische Methoden beantwortet wird. Staaten, deren Politik auf der Revolte gegen die Vernunft aufbaut, müssen daher in Konflikt geraten, und zwar nicht nur mit der Wissenschaft, sondern auch mit den Kirchen, wo immer noch echtes Christentum fortlebt.

Zu den Ursachen einer Revolte gegen die Vernunft trägt als wesentliches Element bei, daß die Machtgier vieler fähiger und tatkräftiger Menschen kein Ventil findet und daß sie daher zu Umstürzlern werden. Die kleinen Staaten in früherer Zeit verliehen mehr Männern politische Macht, und ehe es den Großhandel gab, hatten auch mehr Menschen wirtschaftliche Macht. Man bedenke die ungeheure Bevölkerung, die in den Vorstädten schläft und in den großen Geschäftszentren arbeitet. Fährt man mit dem Zug nach London hinein, so kommt man durch weite Gegenden mit kleinen Häusern, in denen Familien wohnen, die sich mit der Arbeiterklasse nicht solidarisch fühlen; der Familienvater hat keinen Anteil an den örtlichen Angelegenheiten, da er den ganzen Tag abwesend ist, um den Anordnungen seines Arbeitgebers zu folgen. Eigene Initiative kann er nur am Wochenende entwikkeln, wenn er sein Gärtchen hinter dem Haus pflegt. Politisch neidet er der Arbeiterklasse alles, was für sie geschieht, ist aber, obwohl er sich seiner Armut bewußt ist, zu versnobt, um sich die sozialistischen oder die gewerkschaftlichen Methoden zu eigen zu machen. In seinem Vorort wohnen vielleicht ebenso viele Menschen wie in einer berühmten Stadt der Antike, aber es gibt kein lebendiges Gemeinschaftsleben und er hat auch keine Zeit, sich dafür zu interessieren. Wenn ein solcher Mann so selbständig denkt, daß er unzufrieden ist, dann kann ihm wohl die faschistische Bewegung wie eine Erlösung vorkommen.

Der Verfall der Vernunft in der Politik ist das Ergebnis zweier Faktoren: einmal gibt es Klassen und Einzeltypen, denen die Welt in ihrer heutigen Ordnung keine Aussichten bietet, die sich aber auch vom Sozialismus nichts versprechen, weil sie nicht Lohnempfänger sind; andererseits gibt es fähige und mächtige Menschen, deren Interessen denen der Gemeinschaft im ganzen zuwiderlaufen und die sich daher ihren Einfluß am besten dadurch erhalten können, daß sie Hysterie irgendwelcher Art erzeugen. Anti-Kommunismus, Furcht vor der Aufrüstung der anderen und Haß auf die ausländische Konkurrenz sind die bewährtesten Schreckgespenster. Ich will damit nicht sagen, ein vernünftiger Mensch wäre dieser Empfindungen nicht fähig; ich behaupte nur, man bedient sich ihrer auf eine Weise, die jedes gescheite Erwägen praktischer Auswege von vornherein ausschließt. Die beiden Dinge, die die Welt am nötigsten braucht, sind Sozialismus und Frieden, aber beide stehen im Gegensatz zu den Interessen der mächtigsten Männer unserer Zeit. Es ist nicht schwierig, die Stufen, die zu diesen beiden hinaufführen, so darzustellen, daß sie den Interessen großer Teile der Bevölkerung zu widersprechen *scheinen*; und am leichtesten erreicht man das, indem man eine Massenhysterie erzeugt. Je stärker die Bedrohung durch Sozialismus und Frieden, um so stärker werden auch die Regierungen das Geistesleben ihrer Untertanen vergewaltigen; und je mehr die wirtschaftlichen Härten der Gegenwart zunehmen, um so leichter werden sich diejenigen, die darunter leiden, von intellektueller Ehrbarkeit verführen lassen, einem Irrlicht nachzulaufen.

Der fieberhafte Nationalismus, der seit 1848 ständig zugenommen hat, ist eine Form des Kults der Unvernunft. Die Idee einer universellen Wahrheit ist preisgegeben worden: es gibt eine englische Wahrheit, eine französische Wahrheit, eine deutsche, eine montenegrinische Wahrheit und eine Wahrheit eigens für das Fürstentum Monaco. Desgleichen haben die Lohnempfänger und die Kapitalisten jeweils ihre eigene Wahrheit. Wenn man an der Hoffnung, durch Vernunft überzeugen zu können, verzweifeln mußte, kann es zur Entscheidung zwischen diesen verschiedenen ›Wahrheiten‹ nur durch Krieg und Konkurrenz in irrsinniger Propaganda kommen. Ehe nicht die schweren Nationalitäten- und Klassenkonflikte, die unsere Welt verseuchen, gelöst sind, ist schwerlich zu erwarten, daß die Menschheit zu einer vernünftigen Geistesverfassung zurückfindet. Solange die Unvernunft vorherrscht, liegt die Schwierigkeit darin, daß eine Lösung unserer Probleme nur durch einen glücklichen Zufall erfolgen kann; denn während die Vernunft ihrem unpersönlichen Charakter gemäß eine weltumspannende Zusammenarbeit möglich macht, ist bei Unvernunft, da sie private Leidenschaften vertritt, der Kampf unvermeidlich. Aus diesem Grunde ist Rationalität im Sinne eines Appells an eine universelle und überpersönliche Wahrheitsnorm von höchster Bedeutung für die Wohlfahrt der menschlichen Rasse, vor allem in jenen unglücklichen Perioden, in denen man es verabscheut und ablehnt, vernunftgemäß zu denken, weil man in der Rationalität die törichte Phantasie von Menschen sehen will, die nicht Manns genug sind, zu töten, wo sie nicht zustimmen können.

Was für den Sozialismus spricht

(1935)

Die Sozialisten sind heutzutage zum größten Teil Schüler und Anhänger von Karl Marx, dessen Auffassung sie übernommen haben, nur eine einzige politische Kraft sei praktisch imstande, den Sozialismus hervorzubringen, nämlich der Zorn des besitzlosen Proletariats auf die Eigentümer der Produktionsmittel. In unvermeidlicher Reaktion darauf haben diejenigen, die nicht Proletarier sind, mit vergleichsweise geringen Ausnahmen entschieden, daß der Sozialismus etwas sei, dem man sich widersetzen müsse; und wenn sie hören, daß ihre erklärten Feinde den Klassenkampf predigen, neigen sie naturgemäß dazu, diesen Kampf selbst anzufangen, solange sie noch an der Macht sind. Der Faschismus ist eine Entgegnung auf den Kommunismus, eine wahrhaft fürchterliche Entgegnung. Solange der Sozialismus in marxistischen Formulierungen gepredigt wird, erweckt er so mächtigen Widerstand, daß sein Erfolg in fortschrittlichen westlichen Ländern täglich unwahrscheinlicher wird. Er würde selbstverständlich in jedem Falle die Opposition der Reichen hervorgerufen haben, aber keine so heftige und ausgedehnte Opposition.

Ich für mein Teil bin zwar ein ebenso überzeugter Sozialist wie der glühendste Marxist, halte aber den Sozialismus nicht für ein Evangelium proletarischer Rachegefühle, nicht einmal *ursprünglich* für ein Mittel, den gerechten wirtschaftlichen Ausgleich zu gewährleisten. Ich sehe darin vornehmlich eine Methode der Anpassung an die maschinelle Produktion, wie sie der gesunde Menschenverstand fordert, und darauf berechnet, daß nicht nur die Proletarier, sondern alle Menschen mit Ausnahme einer winzigen Minderheit glücklicher werden. Wenn er heute nicht ohne gewaltsamen Aufstand durchführbar ist, so muß das weitgehend dem Ungestüm seiner Vorkämpfer zugeschrieben werden. Aber ich habe noch immer etwas Hoffnung, daß ein vernünftigeres Plädieren für den Sozialismus den Widerstand mildern und einen weniger katastrophalen Übergang ermöglichen wird.

Wir wollen zunächst mit einer Definition des Sozialismus beginnen. Diese Definition muß aus zwei Teilen bestehen, einem wirtschaftlichen und einem politischen. Zum wirtschaftlichen Teil gehört, daß der Staat die höchste wirtschaftliche Macht in Besitz hat, was zumindest Land und Erzvorkommen, Kapital, Bank- und Kreditwesen und Außenhandel einschließt. Der politische Teil fordert, daß die höchste politische Macht demokratisch sei. Marx selbst und praktisch auch alle Sozialisten vor 1918 hätten diesem Teil der Definition uneingeschränkt zugestimmt; aber seit die Bolschewiken die russische verfassunggebende Versammlung aufgelöst haben, ist eine abweichende Doktrin entstanden; danach soll die politische Macht, wenn eine sozialistische Regierung sich mit Hilfe einer Revolution erfolgreich durchgesetzt hat, nur auf ihre leidenschaftlichsten Vorkämpfer beschränkt sein. Natürlich muß man einräumen, daß es nicht immer möglich ist, nach einem Bürgerkrieg den Besiegten sofort volle Freiheit zu gewähren, aber insoweit das der Fall ist, läßt sich der Sozialismus unmöglich sofort einführen. Eine sozialistische Regierung, die den wirtschaftlichen Teil des Sozialismus durchgeführt hat, wird ihre Aufgabe erst dann ganz erfüllt haben, wenn sie sich so viel Unterstützung in der Öffentlichkeit gesichert hat, daß eine demokratische Regierungsform möglich wird. Daß Demokratie notwendig ist, wird an einem extremen Beispiel offenbar. Ein orientalischer Despot etwa kann alle Naturschätze seines Gebietes als sein Eigentum erklären, richtet damit aber noch kein sozialistisches Regime auf, sowenig wie Leopolds II. Herrschaft im Kongo als nachahmenswertes Vorbild gelten kann. Ohne öffentliche Kontrolle kann man vom Staat nichts anderes erwarten, als daß er seine wirtschaftlichen Unternehmungen auf die eigene Bereicherung abstellt, und daher wird die Ausbeutung nur eine andere Form annehmen. Demgemäß

muß die Demokratie als Bestandteil der Definition eines sozialistischen Regimes anerkannt werden.
Was den wirtschaftlichen Teil der Definition betrifft, so sind einige weitere Erklärungen erforderlich, weil es gewisse Formen des Privatunternehmertums gibt, die manche als mit dem Sozialismus vereinbar empfinden, während andere die entgegengesetzte Ansicht vertreten würden. Soll es einem Pionier gestattet sein, sich auf einem vom Staat gepachteten Stück Land eine Blockhütte zu bauen? Ja; daraus folgt aber nicht, daß es Privatleuten erlaubt sein müsse, in New York Wolkenkratzer zu bauen. Desgleichen mag ein Mann einem Freund einen Schilling leihen, nicht aber ein Finanzmann einer Gesellschaft oder einer ausländischen Regierung zehn Millionen. Es ist eine Sache des Grades und leicht auszugleichen, da bei großen Transaktionen verschiedene gesetzliche Formalitäten zu erfüllen sind, was bei kleinen Unternehmungen entfällt. Wo derartige Formalitäten unumgänglich sind, ermöglichen sie es dem Staat, eine Kontrolle auszuüben. Um ein anderes Beispiel anzuführen: Juwelen sind nicht Kapital im wirtschaftlichen Sinne, da es sich dabei nicht um Produktionsmittel handelt; aber wie die Dinge heute nun einmal liegen, kann ein Mann die Diamanten, die er besitzt, veräußern und dafür Aktien kaufen. Unter dem sozialistischen Regime wird er weiterhin Diamanten besitzen dürfen, er kann sie aber nicht veräußern, um Aktien dafür zu kaufen, da es keine käuflichen Aktien geben wird. Privater Reichtum braucht nicht gesetzlich verboten zu werden, vielmehr nur private Investierungen; daraus ergibt sich, daß der private Reichtum, da niemand mehr Zinsen empfangen wird, langsam dahinschwinden muß bis auf ein vernünftiges Maß an persönlichem Besitz. Wirtschaftliche Macht über andere Menschen darf nicht einzelnen überlassen bleiben, aber Privateigentum, das keine wirtschaftliche Macht verleiht, kann erhalten bleiben.
Die Vorteile, die von einer Einführung des Sozialismus zu erwarten sind – vorausgesetzt, daß dies ohne verheerenden

revolutionären Kampf möglich sei –, sind verschiedenartig und keineswegs auf die lohnempfangende Klasse beschränkt. Ich bin aber weit davon entfernt zu glauben, daß alle oder einige dieser Vorteile sich aus dem Sieg einer sozialistischen Partei in einem langen und schwierigen Klassenkonflikt ergeben würden; er würde die Gegensätze noch verschärfen, einen unbarmherzigen, militaristischen Menschentyp in den Vordergrund stellen, die Talente vieler wertvoller Fachleute durch Tod, Verbannung oder Kerkerhaft unnütz vergeuden und der siegreichen Regierung eine Kasernen-Mentalität verleihen. Und wenn ich für den Sozialismus Vorzüge in Anspruch nehmen werde, so ist dabei stets vorausgesetzt, daß die Menschen von ihm überzeugt worden sind und daß das geringstmögliche Maß an notwendiger Gewalt nur angewendet wurde, um den Widerstand kleiner Gruppen von Unzufriedenen zu brechen. Ich bin dessen sicher, daß eine mit weniger Haß und Bitterkeit geführte sozialistische Propaganda, die nicht an den Neid, sondern an die offensichtliche Notwendigkeit wirtschaftlicher Organisation appelliert, die Aufgabe, die Menschen zu überzeugen, ungeheuer erleichtern würde, so daß dementsprechend weniger Gewaltanwendung erforderlich wäre. Ich mißbillige den Appell an die Gewalt, es sei denn, es gälte das zu verteidigen, was mit Hilfe der Überzeugungskraft legal eingesetzt worden ist, und zwar (a) weil die Gewaltanwendung vermutlich ihren Zweck verfehlen wird, (b) weil der Kampf unheilvoll vernichtend sein wird und (c) weil die Sieger nach einem hartnäckigen Kampf wahrscheinlich ihre ursprünglichen Ziele vergessen haben und irgend etwas ganz anderes aufrichten werden, vermutlich eine Militär-Diktatur. Ich setze daher als Bedingung für einen erfolgreichen Sozialismus voraus, daß eine Mehrheit auf friedlichem Wege überzeugt wurde, seine Lehren zu akzeptieren.

Ich werde zugunsten des Sozialismus neun Argumente anführen, von denen keines neu ist und nicht alle gleich wichtig sind. Die Liste ließe sich unbegrenzt erweitern, aber meiner

Meinung nach sollten diese neun hinreichend zum Beweis dienen, daß der Sozialismus kein auf eine Klasse beschränktes Evangelium ist.

1. Das Versagen des Profitmotivs

Der Profit, als gesonderte Wirtschaftskategorie, tritt erst bei einem bestimmten Stand der industriellen Entwicklung klar zutage. Den Keim dieser Entwicklung könnte man jedoch in dem Verhältnis von Robinson Crusoe und seinem Diener Freitag sehen. Angenommen, Robinson Crusoe habe im Herbst mit Hilfe seines Gewehrs die gesamten Lebensmittelvorräte seiner Insel in die Hand bekommen. Dann ist er in der Lage, Freitag zu veranlassen, die Vorarbeit für die Ernte des nächsten Jahres zu leisten auf Grund der Vereinbarung, daß Freitag den Lebensunterhalt bekommt, indes der gesamte Überschuß an seinen Arbeitgeber fällt. Was Robinson Crusoe nach diesem Kontrakt erhält, könnte als Zinsen auf sein Kapital gelten, dieses Kapital, das aus seinen wenigen Werkzeugen und den Lebensmittelvorräten besteht, die er besitzt. Der Profit aber, wie er sich unter höherzivilisierten Bedingungen ergibt, schließt weiterhin den Tausch ein. Ein Baumwollfabrikant beispielsweise produziert Baumwolle nicht nur für sich und seine Familie; Baumwolle ist nicht das einzige, was er braucht, und so muß er den Hauptanteil seiner Produktion verkaufen, um seine übrigen Bedürfnisse befriedigen zu können. Bevor er aber Baumwolle fabrizieren kann, muß er noch einiges andere kaufen: Rohbaumwolle, Maschinen, Arbeitskraft und mechanische Kraft. Sein Profit besteht aus der Differenz zwischen dem, was er für diese Dinge bezahlt, und dem, was er für das Fertigprodukt erhält. Wenn er jedoch seine Fabrik selbst leitet, müssen wir davon noch abziehen, was sonst ein angestellter Geschäftsführer für die gleiche Arbeit bezahlt bekommen würde; das heißt, der Profit des Fabrikanten besteht aus seinem Gesamtverdienst abzüglich des Gehalts des hypothetischen Geschäftsführers. In großen Betrieben, in denen die Aktionäre keine geschäftsführende Tätigkeit ausüben, ist das, was sie bekommen, der Profit des Unternehmens. Diejenigen, die Geld zu investieren haben, werden durch die Aussicht auf Profit zu Investitionen angeregt; das ist daher das entscheidende Motiv, wenn es gilt, neue Unternehmen zu starten oder bestehende zu erweitern. Die Verfechter unseres gegenwärtigen Systems haben nun angenommen, alles in allem würde die Aussicht auf Profit dazu führen, daß die richtigen Waren in der richtigen Menge produziert werden. Bis zu einem gewissen Grade traf das in der Vergangenheit zu, heute jedoch nicht mehr.

Und zwar ergibt sich das aus dem komplizierten Charakter der modernen Produktionsweise. Bin ich ein altmodischer Dorfschuster, dem die Nachbarn ihre Schuhe zum Besohlen bringen, so weiß ich, daß das Produkt meiner Arbeit dem Bedarf entspricht; als Großfabrikant von Schuhen muß ich erraten, wie viele Paar Schuhe ich werde verkaufen können, und kann mich leicht verkalkulieren. Ein anderer hat vielleicht bessere Maschinen und kann daher die Schuhe billiger verkaufen; oder meine früheren Kunden sind verarmt und haben gelernt, ihre alten Schuhe länger zu tragen; oder die Mode hat sich geändert und die Leute verlangen nun eine bestimmte Art von Schuhen, die ich mit meinen Maschinen nicht produzieren kann. Wenn irgend etwas dieser Art geschieht, hört nicht nur mein Profit auf, es stehen vielmehr auch die Maschinen still und meine Arbeitnehmer sind beschäftigungslos. Die in die Konstruktion meiner Maschinen eingesetzte Arbeit hat nicht zur Produktion nützlicher Waren geführt und war genauso vergeudet, als hätte man stattdessen Sand ins Meer gestreut. Die arbeitslosen Menschen schaffen nichts mehr, was dem menschlichen Bedarf dient, und die Gemeinschaft verarmt um den Betrag, der aufgewendet werden muß, um sie vor dem Verhungern zu bewahren. Die Menschen, die auf Arbeitslosenunterstützung anstelle von Lohn angewiesen sind, geben viel weniger aus als zuvor und verursachen damit ihrerseits Arbeitslosigkeit unter denen, die die zuvor von ihnen gekauften Waren herstellen. Und so bewirkt die Tatsache, daß ich mich ursprünglich in der Anzahl von Schuhen, die ich mit Gewinn zu verkaufen hoffte, verkalkuliert habe, allmählich immer weitere Kreise von Arbeitslosigkeit, zugleich mit abnehmender Nachfrage. Ich aber bin angekettet an meinen kostspieligen Maschinenpark, der wahrscheinlich mein gesamtes Kapital und meinen Kredit erschöpft hat; damit ist es mir unmöglich gemacht, mich plötzlich von Schuhen auf eine aussichtsreichere Industrie umzustellen.

Oder nehmen wir ein Gewerbe, das noch mehr spekulative Elemente enthält: den Schiffbau. Während des Krieges und noch eine Zeitlang danach herrschte ein außerordentlich hoher Bedarf an Schiffen. Da niemand die Dauer des Krieges oder die Erfolge der U-Boote voraussehen konnte, wurde äußerst weitgehende Vorarbeit für den Bau einer beispiellos hohen Anzahl von Schiffen geleistet. Um 1920 aber waren die Kriegsverluste ausgeglichen und der Bedarf an Schiffen war auf Grund des eingeschränkten Überseehandels plötzlich stark gesunken. Damit waren fast alle Werften überflüssig geworden und die weitaus meisten Arbeitnehmer wurden arbeitslos. Man kann nicht behaupten, daß sie dieses Mißgeschick verdient hätten, da die Regierungen sie ungestüm gedrängt hatten, so schnell wie nur möglich Schiffe zu bauen. Aber bei unserem System des Privatunternehmertums fühlten sich die Regierungen nicht verantwortlich denjenigen gegenüber, die notleidend geworden waren. Und unaufhaltsam breitete sich die Not aus. Die Nachfrage nach Stahl ließ nach, und darunter hatte die Stahl- und Eisenindustrie zu leiden. Es war weniger Bedarf an australischem und argentinischem Fleisch, denn die Arbeitslosen mußten sich mit einfacherer Kost begnügen. Daraus ergab sich eine geringere Nachfrage nach den Waren, die Australien und Argentinien im Austausch für ihr Fleisch abgenommen hatten. Und so fort ad infinitum.

Es gibt aber noch einen weiteren, sehr wichtigen Grund für

das Versagen des Profitmotivs in heutiger Zeit, und das ist das Versagen des Moments der Knappheit. Häufig geschieht es, daß eine bestimmte Art von Waren sich in ungeheuren Mengen billiger produzieren läßt als in bescheidenerem Ausmaß. In diesem Falle wäre es vielleicht die wirtschaftlichste Produktionsweise, wenn es für jede dieser Warengattungen nur eine einzige Fabrik auf der Welt gäbe. Aber da sich dieser Stand der Dinge erst allmählich entwickelt hat, gibt es praktisch viele Fabriken. Jede weiß, daß sie als einzige auf der Welt jedermann versorgen und hohen Profit daraus ziehen könnte; stattdessen stehen alle im Konkurrenzkampf, keiner arbeitet mit voller Kapazität, und daher hat niemand einen sicheren Profit. Das führt zu wirtschaftlichem Imperialismus, da die einzige Möglichkeit, Profit zu erzielen, in der ausschließlichen Kontrolle einiger riesiger Märkte besteht. Unterdessen gehen die schwächeren Konkurrenten zugrunde, und je größer die jeweiligen Komplexe sind, um so größer auch die Umschichtung, wenn einer seine Fabriken schließt. Der Konkurrenzkampf führt zu so hoher Produktion, daß die Waren nicht mehr mit Profit verkäuflich sind. Und doch sinkt das Angebot nur unverhältnismäßig wenig, denn mit Rücksicht auf eine sehr kostspielige maschinelle Einrichtung wird es wohl immer noch erträglicher sein, eine Reihe von Jahren mit Verlust zu produzieren, als überhaupt nicht zu produzieren.

Diese ganze Verwirrung und Umschichtung ist darauf zurückzuführen, daß sich die moderne Großindustrie ungehindert vom Motiv des privaten Profits leiten läßt.

In einem kapitalistischen Regime gehen die Kosten, die entscheidend dafür sind, ob ein bestimmtes Produkt von einer bestimmten Firma hergestellt werden soll, zu Lasten dieser Firma, nicht zu Lasten der Gemeinschaft. Ein erfundenes Beispiel mag diesen Unterschied verdeutlichen. Angenommen, irgend jemand – sagen wir Mr. Henry Ford – findet einen Weg, Automobile so billig herzustellen, daß niemand mehr damit konkurrieren kann, woraus sich ergibt, daß alle anderen automobilbauenden Betriebe bankrott machen. Um herauszufinden, wie hoch die Kosten sind, die der Gemeinschaft aus einem der neuen billigen Wagen erwachsen, müssen wir zu dem Betrag, den Mr. Ford für die Produktion aufwenden würde, den entsprechenden Anteil all der nun überflüssigen Anlagen der anderen Firmen und die Kosten für die Ausbildung all der bisher bei anderen Firmen beschäftigten Arbeitnehmer rechnen, die nun arbeitslos sind. (Einige werden bei Mr. Ford beschäftigt werden, aber wahrscheinlich nicht alle, da der neue Produktionsprozeß billiger ist und daher weniger Arbeitskraft erfordert.) Der Gemeinschaft werden wohl auch noch andere Unkosten erwachsen – durch Lohnverhandlungen, Streiks, Aufruhr, stärkeren Polizeieinsatz, Gerichtsverfahren und Inhaftierungen. Wenn man all das in Rechnung stellt, wird man wohl erkennen, daß die Kosten der neuen Wagen sich für die Gemeinschaft anfangs beträchtlich höher stellen als die der alten Automobile. Die Kosten, die der Gemeinschaft erwachsen, sind aber entscheidend für das gesellschaftlich Vorteilhafte, während heutzutage und in unserem System die Kosten, die dem einzelnen Fabrikanten erwachsen, bestimmen, was geschieht.

Wie der Sozialismus dieses Problem lösen würde, werde ich später erklären.

2. *Möglichkeiten für Freizeit und Muße*[1]

Dank der hohen Leistung der Maschinen bedarf es heute weit geringerer Arbeit, als früher notwendig war, um der Menschheit einen leidlichen Durchschnittsstandard an Bequemlichkeit und Komfort zu sichern. Einige fürsorgliche und sparsame Schriftsteller behaupten, eine Stunde Arbeit pro Tag würde dafür ausreichen, aber vielleicht ist bei dieser

1. Ich werde dieses Thema nur kurz behandeln, da es im ersten Essay dieses Bandes [*Lob des Müßiggangs.* Hamburg u. Wien: Zsolnay 1957 – Anm. des Übers.] ausführlich erörtert wird.

Schätzung Asien nicht genügend berücksichtigt. Um ganz sicher zu gehen, möchte ich annehmen, daß eine vierstündige tägliche Arbeit aller Erwachsenen hinreichen würde, so viel an materiellem Komfort zu schaffen, wie vernünftige Leute beanspruchen sollten.

Unter der Einwirkung des Profitmotivs läßt sich aber heutzutage die Freizeit nicht gleichmäßig verteilen: manche sind überbeschäftigt, während andere völlig unbeschäftigt sind. Das entsteht folgendermaßen: für den Arbeitgeber hängt der Wert des Lohnempfängers vom Ausmaß seiner Arbeitsleistung ab, die nach Ansicht des Arbeitgebers proportional der Länge des Arbeitstages ist, sofern die Arbeitsstunden nicht sieben oder acht überschreiten. Der Lohnempfänger andererseits zieht einen ziemlich langen Arbeitstag zu gutem Lohn einem sehr kurzen zu sehr viel geringerem Lohn vor. Infolgedessen paßt ein langer Arbeitstag beiden Partnern, wobei die zwangsläufig Unbeschäftigten verhungern können oder von den Behörden auf Kosten der Öffentlichkeit versorgt werden müssen.

Da die Mehrheit aller Menschen gegenwärtig nicht auf ein vernünftiges Niveau von materiellem Komfort gelangt, würde eine klug gelenkte tägliche Arbeitszeit von weniger als vier Stunden ausreichen, um das zu produzieren, was heute für den lebensnotwendigen Bedarf und den einfachen Komfort produziert wird. Das bedeutet: bei einem achtstündigen Durchschnitts-Arbeitstag aller Beschäftigten wäre mehr als die Hälfte der Arbeitenden unbeschäftigt, wenn ein großer Teil der Produktion nicht uneffektiv und nutzlos wäre. Zunächst zur Uneffektivität: Wir haben bereits gesehen, wieviel durch den Wettbewerb verschwendet wird, müssen aber dem noch alles hinzufügen, was für die Werbung und die sehr qualifizierte Arbeit in Marktverkehr und Vorratswirtschaft aufgewendet wird. Der Nationalismus bedingt noch eine andere Art von Vergeudung: die amerikanischen Automobilfabrikanten halten es beispielsweise für notwendig, mit Rücksicht auf die Zölle auch Werke in den wichtigsten europäischen Ländern einzurichten, während es ganz offensichtlich arbeitsparend wäre, wenn sie die gesamten Automobile in dem einzigen Riesenwerk in den USA produzieren könnten. Nicht zu vergessen die Vergeudung, die sich durch die Rüstung ergibt, wie auch durch die militärische Ausbildung, die in allen Ländern mit Militärdienstpflicht die gesamte männliche Bevölkerung erfaßt. Dank dieser und ähnlicher Extravaganzen, im Verein mit dem Luxus der Reichen, hat mehr als die Hälfte der Bevölkerung noch Beschäftigung. Aber solange unser gegenwärtiges System besteht, kann jeder Schritt, der dem Kampf gegen diese Vergeudung dient, die Lage der Lohnempfänger im Vergleich zur gegenwärtigen nur noch verschlimmern.

3. *Wirtschaftliche Unsicherheit*

Nach der heutigen Situation in der Welt leiden nicht nur viele Menschen Not, auch die Mehrzahl derjenigen, die nicht notleidend sind, verfolgt die durchaus vernünftige Furcht, es eines Tages zu werden. Die Lohnempfänger leben in der ständigen Gefahr, arbeitslos zu werden; die Gehaltsempfänger wissen, daß ihre Firma bankrott machen kann oder es für notwendig halten könnte, ihren Angestelltenstab zu verkleinern; die Geschäftsleute, selbst jene, die als sehr reich gelten, sind sich darüber klar, daß der Verlust ihres gesamten Geldes durchaus nichts Unwahrscheinliches ist. Fachleute, Gelehrte und Künstler haben sehr schwer zu kämpfen. Sie haben große Opfer für die Ausbildung ihrer Söhne und Töchter gebracht und erkennen dann, daß sich für Menschen mit Fähigkeiten, wie sie ihre Kinder erworben haben, nicht mehr die ehemaligen Aussichten eröffnen. Als Juristen sehen sie, daß die Leute keine Prozesse mehr anstrengen können, obwohl dadurch viel schwerwiegendes Unrecht ungehindert bestehen bleibt; als Ärzte erkennen sie, daß ihre einstmals so einträglichen hypochondrischen Patienten es sich nicht mehr leisten können, krank zu sein, und viele wirklich Leidende auf die unerläßliche medizinische Behandlung verzichten müssen. Man sieht viele Männer und Frauen mit Universitätsbildung hinter Ladentischen bedienen, was ihnen die nackte Not ersparen mag, jedoch nur auf Kosten derjenigen, die früher an dieser Stelle beschäftigt worden wären. In allen Gesellschaftsklassen, von der geringsten bis zur höchsten, beherrscht die Furcht vor wirtschaftlicher Not die Gedanken der Menschen bei Tag und in nächtlichen Träumen, wodurch ihre Arbeit nervenaufreibend wird und ihre Freizeit ihnen keine Erholung bringt. Und ich glaube, dieses allgemeine Schreckgespenst ist die Hauptursache der Wahnsinnsstimmung, von der große Teile der zivilisierten Welt erfaßt sind.

Der Wunsch, reich zu sein, ist in den meisten Fällen auf das Verlangen nach Sicherheit zurückzuführen. Die Menschen sparen und investieren Geld in der Hoffnung, ihre Kinder vor einer Deklassierung bewahren zu können und etwas zum Leben zu haben, wenn sie alt und leistungsunfähig geworden sind. In früherer Zeit war das durchaus vernünftig, da es so etwas wie sichere Investierungen gab. Aber heute ist Sicherheit zu etwas Unerreichbarem geworden: die größten Geschäftshäuser fallieren, Staaten machen bankrott, und was auch immer noch steht, kann der nächste Krieg hinwegfegen. Daraus ergibt sich bei den Menschen, mit Ausnahme jener, die weiterhin mit Scheuklappen im Paradies der Toren leben, eine unglückselige, achtlos-rücksichtslose Einstellung, die ein Erwägen möglicher Heilmittel sehr erschwert.

Wirtschaftliche Sicherheit würde mehr dazu beitragen, das Glück der zivilisierten Gemeinschaften zu fördern, als jeder andere denkbare Wandel, es sei denn, der Krieg ließe sich grundsätzlich verhindern. Arbeit im sozial notwendigen Ausmaß sollte gesetzlich für alle gesunden Erwachsenen obligatorisch sein, doch müßte ihr Einkommen nur von ihrer Arbeitsbereitschaft abhängen und nicht ausfallen, wenn aus irgendwelchen Gründen ihre Dienste zeitweilig nicht benötigt werden. So sollte beispielsweise ein Arzt ein bestimmtes Gehalt beziehen, dessen Zahlung nur mit seinem Tode endet, obwohl man nicht von ihm erwartet, daß er über ein bestimmtes Alter hinaus arbeitet. Eine gute Ausbildung für seine Kinder müßte ihm gewährleistet sein. Würde sich die Gesundheit der Allgemeinheit so stark bessern, daß die unmittelbare medizinische Behandlung durch qualifizierte Ärzte sich erübrigt, dann sollten einige dieser Ärzte mit medizinischer Forschungsarbeit oder mit dem Überprüfen gesundheitsfördernder Maßnahmen oder dem Propagieren einer angemesseneren Ernährung beschäftigt werden. Ich glaube, niemand wird bezweifeln, daß die weitaus meisten Mediziner unter einem solchen System glücklicher wären als heute, selbst wenn das bedeuten würde, daß sich die wenigen, die hervorragende Erfolge erzielen, mit geringeren Einnahmen begnügen müßten.

Das Streben nach außergewöhnlichem Reichtum ist aber keineswegs ein notwendiger Antrieb zur Arbeit. Gegenwärtig arbeiten die meisten Menschen nicht, um reich zu werden, sondern um nicht zu verhungern. Kein Briefträger erwartet, jemals reicher zu werden als ein anderer Briefträger, sowenig wie ein Soldat oder Matrose hofft, sich im Dienst für das Vaterland ein Vermögen erwerben zu können. Es gibt allerdings einige wenige Menschen, und das sind in der Regel Menschen von ungewöhnlicher Energie und Bedeutung, die vom Streben nach großem finanziellem Erfolg beherrscht werden. Manche stiften damit Nutzen, manche Schaden; einige machen oder übernehmen eine nützliche Erfindung, andere beeinflussen die Börse oder bestechen Politiker. Aber was sie hauptsächlich suchen, ist der Erfolg, und das Geld ist sein Symbol. Wenn Erfolg nur in anderer Ausdrucksform zu haben wäre, etwa in Gestalt von Ehren oder wichtigen Verwaltungsposten, dann hätten sie auch hier noch einen entsprechenden Antrieb und würden es wahrscheinlich mehr als heute für notwendig erachten, in einer für die Gemeinschaft vorteilhaften Art und Weise zu arbeiten.

Das Streben nach Reichtum selbst ist im Gegensatz zum Verlangen nach Erfolg kein gesellschaftlich nützliches Motiv, sowenig wie der Wunsch nach unmäßigem Genuß von Essen und Trinken. Ein gesellschaftliches System, das diesem Verlangen kein Betätigungsfeld mehr einräumt, wird daher keineswegs schlechter dran sein. Andererseits würde ein System, das die Unsicherheit aufhebt, die Hysterie unseres modernen Lebens größtenteils aus der Welt schaffen.

4. *Die unbeschäftigten Reichen*

Welchen Schaden die Arbeitslosigkeit von Lohnempfängern anrichtet, wird allgemein erkannt. Die Leiden der Arbeitslosen selbst, der Ausfall ihrer Arbeit für die Gemeinschaft und die demoralisierende Wirkung langer, ergebnisloser Arbeitsuche sind so bekannte Themen, daß es unnötig ist, sich des langen und breiten darüber auszulassen.
Die beschäftigungslosen Reichen sind ein Unheil anderer Art. Es gibt in der Welt eine Fülle müßiger Menschen, meist Frauen, die über wenig Bildung, viel Geld und demzufolge großes Selbstvertrauen verfügen. Dank ihrem Reichtum können sie viel Arbeitsleistung veranlassen, die der Befriedigung ihrer Komfortbedürfnisse zu dienen hat. Obgleich sie selten echte Kultur haben, sind doch hauptsächlich sie es, die die Künste protegieren, wenn ihnen auch in der Regel Kunstwerke nur gefallen, sofern sie schlecht sind. Die Nutzlosigkeit ihres Daseins treibt sie in eine so wirklichkeitsferne Sentimentalität, daß sie alles Aufrichtige und Kraftvolle verabscheuen und einen beklagenswerten Einfluß auf die Kultur ausüben. Speziell in Amerika, wo die Männer, die viel Geld verdienen, meist zu beschäftigt sind, um es selbst ausgeben zu können, ist das Kulturleben weitgehend von Frauen beherrscht, deren Anspruch auf Achtung allein darauf beruht, daß ihre Ehemänner über die Kunst, reich zu werden, verfügen. Es gibt zwar Leute, die behaupten, der Kapitalismus sei für die Kunst vorteilhafter, als es der Sozialismus sein würde, aber ich glaube, sie denken dabei an

die Aristokraten der Vergangenheit und vergessen die Plutokratien der Gegenwart.
Die Existenz der müßigen Reichen hat aber noch andere unheilvolle Folgen. Obgleich in den bedeutenderen Industriezweigen die moderne Tendenz dahin geht, einige Großunternehmen vielen kleinen vorzuziehen, gibt es doch noch viele Ausnahmen von dieser Regel. Man beachte beispielsweise die unzähligen unnötigen Einzelhandelsgeschäfte in London. In allen Stadtteilen, in denen die reichen Frauen einkaufen, gibt es zahllose, meist von russischen Gräfinnen geführte Hutläden, deren jeder behauptet, ein wenig erlesener zu sein als alle anderen. Ihre Kundinnen schlendern von einem zum andern und verbringen Stunden mit einem Einkauf, der nur Angelegenheit von Minuten sein sollte. Die Arbeitskraft der Verkäuferinnen in diesen Läden ist ebenso vergeudet wie die Zeit derer, die dort einkaufen. Und ein weiterer Schaden ist, daß der Lebensunterhalt einer Reihe von Menschen somit auf absoluter Nutzlosigkeit beruht. Die Kaufkraft der sehr reichen Leute zieht zahllose Parasiten an, die zwar selbst weit davon entfernt sein mögen, reich zu sein, und trotzdem fürchten, es wäre ihr Ruin, wenn es keine müßigen Reichen als Käufer für ihre Waren gäbe. All diese Menschen nehmen moralisch, geistig und künstlerisch Schaden durch ihre Abhängigkeit von der unverantwortlichen wirtschaftlichen Macht törichter Leute.

5. *Erziehung und Bildung*

Höhere Bildung beschränkt sich heute hauptsächlich, wenn auch nicht ausschließlich, auf die Kinder der Wohlhabenden. Es geschieht allerdings zuweilen, daß Knaben oder Mädchen der Arbeiterklasse mit Hilfe von Stipendien auf die Universität kommen, aber in der Regel müssen sie dann so schwer arbeiten, daß sie sich überanstrengen und den ursprünglichen Erwartungen nicht entsprechen können. Das Ergebnis unseres Systems ist eine große Vergeudung von Talenten: ein

Junge oder Mädel aus einem Arbeiterhaus kann eine erstklassige mathematische oder musikalische oder naturwissenschaftliche Begabung haben, und doch sind die Chancen sehr gering, daß er oder sie dies Talent einmal praktisch einsetzen kann. Überdies ist Bildung, zumindest in England, noch untrennbar verbunden mit Snobismus: in allen Schulen wird den Schülern beständig Klassenbewußtsein eingeprägt. Und da das Bildungswesen hauptsächlich vom Staat kontrolliert wird, muß er den status quo verteidigen und infolgedessen so weit als möglich die kritische Urteilsfähigkeit der jungen Menschen unterdrücken und sie vor »gefährlichen Gedanken« bewahren. Zugegeben, daß all dies in jedem unsicheren Regime unvermeidlich ist und daß es in Rußland schlimmere Folgen annimmt als in England oder Amerika. Aber während ein sozialistisches Regime im Lauf der Zeit hinreichend gefestigt sein könnte, um keine Kritik mehr fürchten zu müssen, ist das mit Bezug auf ein kapitalistisches Regime heute schwerlich denkbar, es sei denn, ein Sklavenstaat werde aufgerichtet, in dem den Arbeitern überhaupt keine Bildung mehr zuteil wird. Es ist daher nicht zu erwarten, daß sich die gegenwärtigen Mängel des Bildungssystems beheben lassen, bevor nicht das Wirtschaftssystem umgewandelt ist.

6. Die Emanzipation der Frauen und die Wohlfahrt der Kleinkinder

Ungeachtet alles dessen, was in jüngster Zeit zur Verbesserung der Lage der Frauen geschehen ist, sind die weitaus meisten Frauen finanziell noch abhängig von ihren Ehemännern. Diese Abhängigkeit ist in verschiedener Hinsicht schlimmer als die des Lohnempfängers von seinem Arbeitgeber. Ein Arbeitnehmer kann seine Arbeit aufgeben, aber für eine Ehefrau ist das schwierig; außerdem kann sie, so schwer ihre Haushaltsarbeit auch sein mag, keinen Barlohn dafür verlangen. Solange dieser Zustand fortbesteht, kann man nicht behaupten, daß die Frauen auch nur annähernd eine wirtschaftliche Gleichberechtigung besitzen. Gleichwohl dürfte es kaum eine andere Möglichkeit geben, dem abzuhelfen, als den Sozialismus einzuführen. Notwendig wäre, daß die Ausgaben für die Kinder vom Staat statt vom Ehemann getragen werden, und daß die verheirateten Frauen ihren Lebensunterhalt durch Arbeit außer Haus verdienen, abgesehen von der Stillzeit und der vorgeschrittenen Schwangerschaft. Das würde gewisse architektonische Reformen bedingen (wie sie in einem der vorangehenden Essays[2] behandelt wurden), sowie die Einrichtung von Kinderhorten für Kleinstkinder. Für Kinder und Mütter würde das eine große Wohltat bedeuten, da Kinder Raum und Licht und bestimmte Ernährung brauchen, wie dies alles in einem Arbeiterheim nicht möglich ist, in einem Kinderhort jedoch billig erstellt werden kann.

Eine derartige Reform der Lage der Frauen und der Aufzucht der Kleinkinder wäre auch ohne totalen Sozialismus möglich und ist sogar schon hier und dort in kleinem Maßstab und unvollkommen durchgeführt worden. Angemessen und vollkommen läßt sie sich jedoch nur durchführen im Rahmen einer allgemeinen wirtschaftlichen Umstellung der Gesellschaft.

7. *Kunst*

Von der Besserung, die auf dem Gebiet der Architektur unter sozialistischem Regime zu erwarten ist, habe ich bereits gesprochen. In früheren Zeiten wurde die Architektur noch unterstützt durch die Malerei, und so könnte es wieder sein, wenn wir uns nicht mehr in eifersüchtiger Angst vor den Nachbarn in unsere unansehnlichen Häuser zurückziehen, sondern uns wieder die Schönheit unseres Heimatortes angelegen sein lassen wollten. Die moderne Filmkunst birgt ungeheure Möglichkeiten, die sich nicht entfalten können,

2. Siehe Anm. 1 [Anm. des Übers.].

solange die Produzenten nur nach kaufmännischen Gesichtspunkten arbeiten; und viele Leute sind ernstlich der Meinung, am ehesten hätte bisher noch die UdSSR diese Möglichkeiten verwirklicht. Wie sehr die Literatur unter dem kaufmännischen Motiv zu leiden hat, wissen alle Schriftsteller: fast jedes starke literarische Werk mißfällt irgendeiner Gruppe, wodurch sich der Absatz verringert. Für Schriftsteller ist es schwierig, ihre Verdienste nicht an ihrem Verdienst zu messen, und wenn schlechte Bücher großen finanziellen Gewinn eintragen, bedarf es schon ungewöhnlicher Charakterstärke, um gute Bücher zu schreiben und arm zu bleiben. Man muß einräumen, daß der Sozialismus die Sachlage noch verschlimmern *könnte.* Da das Verlegen Staatsmonopol wäre, würde es dem Staat ein leichtes sein, eine engherzige Zensur auszuüben. Und solange dem neuen Regime noch heftige Opposition entgegengesetzt würde, wäre das fast unvermeidlich. Aber nach der Periode des Übergangs steht zu hoffen, daß Bücher verlegt werden, selbst wenn der Staat nicht gewillt ist, sie in ihren Grundzügen anzuerkennen, sofern dem Autor die Veröffentlichung so viel wert ist, daß er die Kosten bereitwillig durch Überstunden abdeckt. Es wird sich nicht um allzu viele Überstunden, also nicht um ungebührliche Härte handeln, und doch wird die Maßnahme jene Autoren hinreichend abschrecken, die nicht aufrichtig von dem Wert ihrer Bücher überzeugt sind. Wichtig ist, daß es zwar *möglich* sein sollte, ein Buch verlegt zu sehen, aber daß es nicht unbedingt sehr leicht sein sollte. Heutzutage nimmt die Veröffentlichung von Büchern in gleichem Maße zu, wie ihre Qualität nachläßt.

8. Gemeinnützige öffentliche Dienste

Seit Anbeginn einer zivilisierten Regierungsform ist stets erkannt worden, daß es Dinge gibt, die getan werden müssen, ohne sie jedoch der unberechenbaren Zufallswirkung des Profitmotivs überlassen zu können. Dazu gehörte als Wichtigstes der Krieg: selbst wer zutiefst davon überzeugt ist, daß staatliche Unternehmungen nichts wert sind, würde nicht empfehlen, die nationale Verteidigung Privatunternehmern in Auftrag zu geben. Aber es gibt noch vieles andere, was die Behörden zu tun für notwendig erachtet haben, wie etwa Straßen- und Hafenbau, Leuchttürme, Parkanlagen in den Städten und so fort. Ein sehr großer sozialisierter Tätigkeitsbereich, der sich in den letzten hundert Jahren entwickelt hat, ist das öffentliche Gesundheitswesen. Anfangs erhoben die fanatischen Anhänger des *laisser-faire* Widerspruch, doch waren die praktischen Beweisgründe überwältigend. Hätte man hier an der Theorie des Privatunternehmertums festgehalten, dann hätten sich neue Wege aller Art, ein Vermögen zu machen, eröffnet. Ein Pestkranker hätte demnach zu einem Werbefachmann gehen können, der Rundschreiben an Eisenbahngesellschaften, Theater und so weiter ausgeschickt hätte mit dem Hinweis, daß der Mann erwäge, auf ihrem Grund und Boden zu sterben, sofern seiner Witwe nicht ein hoher Betrag gezahlt würde. Man entschloß sich aber, Quarantäne und Isolierung nicht dem freiwilligen Bemühen zu überlassen, da der Nutzen dieser Maßnahmen allgemein und ihr Schaden individuell war.

Die wachsende Zahl und Vielfalt der öffentlichen Dienste gehörte zu den charakteristischen Zügen des vergangenen Jahrhunderts. Darunter nimmt das Bildungswesen den größten Raum ein. Die Schulen und Universitäten, die bestanden, bevor der Staat den Schulbesuch obligatorisch machte, waren aus verschiedenen Motiven heraus entstanden. Da gab es noch aus dem Mittelalter datierende fromme Stiftungen und weltliche Stiftungen, wie etwa das Collège de France, das von aufgeklärten Renaissance-Monarchen gegründet wurde; und es gab Freischulen für die begünstigten Armen. Keine dieser Institutionen arbeitete im Hinblick auf Profit; es gab allerdings auch Schulen, die auf Profit hielten, als Musterbeispiele Dotheboys Hall und Salem House. Und es gibt auch heute noch Schulen, die auf Gewinn arbeiten, und obwohl

die Existenz von Schulbehörden sie daran hindert, das Vorbild von Dotheboys Hall zu kopieren, sind sie doch meist geneigt, sich stärker auf ihre Vornehmheit als auf ein hohes wissenschaftliches Niveau zu stützen. Alles in allem hat das Profitmotiv nur wenig Einfluß auf Erziehung und Unterricht gehabt, und dieses Wenige war schlecht.
Auch wo die Behörden die Aufgaben praktisch nicht selbst durchführen, halten sie es doch für nötig, sie zu kontrollieren. Die Straßenbeleuchtung kann eine private Gesellschaft übernehmen, doch muß sie durchgeführt werden, sei es nun gewinnbringend oder nicht. Häuser können von Privatunternehmern gebaut werden, aber die Bauweise ist durch Ortsstatut geregelt. In diesem Falle wird sogar allgemein anerkannt, daß eine weit straffere Regelung wünschenswert wäre. Eine einheitliche Stadtplanung, wie sie Sir Christopher Wren für London nach dem großen Band entwarf, könnte mit allem Abstoßenden und Schmutz der Elendsviertel und Vororte aufräumen und aus den modernen Städten etwas Schönes, Gesundes und Erfreuliches machen. Dieses Beispiel verdeutlicht wiederum ein Argument gegen das Privatunternehmertum in unserer so sehr beweglichen Welt. Die Gebiete, die als Einheiten gelten, sind zu umfangreich, als daß selbst die mächtigsten Plutokraten damit fertigwerden könnten. London beispielsweise muß als ein Ganzes gesehen werden, da seine Einwohner zu einem hohen Prozentsatz in einem Teil der Stadt schlafen und in einem anderen Teil arbeiten. Einige wichtige Fragen, wie etwa der St.-Lawrence-Strom, berühren starke Interessen, die sich über verschiedene Teile zweier Länder erstrecken; in solchen Fällen ist nicht einmal der Einflußbereich einer einzelnen Regierung hinreichend groß. Personen, Güter und mechanische Kraft, das alles läßt sich heute viel leichter verlagern als in früherer Zeit; daraus folgt, daß kleine Ortschaften nicht mehr so selbstgenügsam sind wie in jenen Tagen, da das Pferd das rascheste Beförderungsmittel war. Kraftwerke gewinnen so große Bedeutung, daß sich, beließe man sie in Privathand, eine neue Art

von Gewaltherrschaft entwickeln könnte, vergleichbar der des mittelalterlichen Barons in seiner Zwingburg. Es ist einleuchtend, daß eine von einem Kraftwerk abhängige Gemeinschaft nie über erträgliche wirtschaftliche Sicherheit verfügen kann, wenn es dem Kraftwerk freisteht, seine vorteilhafte Monopolstellung voll auszuwerten. Der Warenverkehr bringt noch die Abhängigkeit von der Eisenbahn mit sich; der Personenverkehr ist zum Teil wieder von der Straße abhängig geworden. Durch die Eisenbahnen und Automobile wurde die Abgrenzung der Stadtgemeinden illusorisch und das Flugzeug erzielt die gleiche Wirkung bezüglich der Landesgrenzen. Und auf diese Weise bedingen die fortschreitenden Erfindungen zwangsläufig in zunehmendem Maße immer größere und größere Räume, die mehr und mehr öffentliche Kontrolle erfordern.

9. *Krieg*

Ich komme nun zu dem letzten und stärksten Argument zugunsten des Sozialismus, nämlich zu der Notwendigkeit, den Krieg zu verhüten. Ich werde mich allerdings nicht mit der Wahrscheinlichkeit oder den Nachteilen des Krieges aufhalten, da diese Themen als bekannt vorausgesetzt werden dürfen. Ich werde mich auf zwei Fragen beschränken: (1) Wie weit steht die Kriegsgefahr heutzutage in ursächlichem Zusammenhang mit dem Kapitalismus? (2) Inwieweit würde die Einführung des Sozialismus diese Gefahr beseitigen?

Der Krieg ist eine alte Einrichtung, ursprünglich nicht durch den Kapitalismus hervorgerufen, obwohl die Kriegsursachen immer hauptsächlich wirtschaftlicher Natur waren. In vergangener Zeit hatte der Krieg zwei Hauptursachen: die persönlichen Ambitionen von Monarchen und die abenteuerlustigen Ausdehnungsbestrebungen lebensstarker Stämme oder Völker. Ein Konflikt wie der Siebenjährige Krieg trägt beide Kennzeichen: in Europa war er dynastisch, während er in Amerika und Indien ein Konflikt zwischen Nationen war.

Die römischen Eroberungen waren weitgehend den unmittelbaren persönlichen pekuniären Motiven der Heerführer und ihrer Legionäre zuzuschreiben. Bei Hirtenvölkern wie den Arabern, den Hunnen und Mongolen war die Unzulänglichkeit ihrer früheren Weideflächen wiederholt der Anlaß, zu einem Eroberungszug aufzubrechen.

Und allezeit, abgesehen von jenen Fällen, wo ein Monarch (wie im chinesischen und im spätrömischen Reich) seinen Willen durchzusetzen verstand, hat dem Kriegsausbruch Vorschub geleistet, daß starke, siegesgewisse Männer am Krieg Vergnügen fanden, indes ihre Frauen sie um ihres Heldenmutes willen bewunderten. Und wenn sich der Krieg auch weit entfernt hat von seinen primitiven Anfängen, leben doch diese alten Motive noch fort; dessen müssen die Leute eingedenk sein, die den Krieg abgeschafft wissen möchten. Nur der internationale Sozialismus wird einen *vollkommenen* Schutz gegen den Krieg ermöglichen, aber schon der nationale Sozialismus in allen wichtigsten zivilisierten Ländern würde die Wahrscheinlichkeit eines Krieges ungeheuer verringern, was aufzuzeigen ich versuchen werde.

Während die abenteuerliche Kriegsfreudigkeit noch in einem Teil der Bevölkerung der zivilisierten Länder lebendig ist, sind heute die Motive, die die Sehnsucht nach Frieden erwecken, weit stärker denn je innerhalb der letzten Jahrhunderte. Bittere Erfahrung hat die Menschen gelehrt, daß der vergangene Krieg nicht einmal den Siegern Glück und Wohlfahrt gebracht hat. Sie erkennen, daß der nächste Krieg wahrscheinlich unter der Zivilbevölkerung Verluste verursachen wird, wie sie nach Intensität und Umfang seit dem Dreißigjährigen Krieg niemals ihresgleichen gehabt haben, und daß sich diese Verluste vermutlich keineswegs auf eine der kriegführenden Seiten beschränken werden. Sie fürchten, daß die Hauptstädte zerstört und die Zivilisation eines ganzen Erdteils vernichtet werden könnte. Die Briten vor allem sind sich dessen bewußt, daß sie heute nicht mehr, wie seit unvordenklichen Zeiten, vor einer Invasion sicher sind. Diese

Erwägungen haben in Großbritannien ein ungestümes Verlangen nach Frieden hervorgerufen und in den meisten anderen Ländern ein gleichartiges, wenn auch vielleicht nicht ganz so intensives Gefühl.

Warum gibt es denn aber dessenungeachtet diese drohende Kriegsgefahr? Die unmittelbare Ursache ist selbstverständlich die Härte des Versailler Vertrags, der einen zunehmenden militanten Nationalismus in Deutschland zur Folge hat. Aber ein neuer Krieg würde mutmaßlich nur zu einem noch härteren Vertrag als dem von 1919 führen und damit auch zu einer noch bösartigeren Reaktion auf seiten der Besiegten. Ein dauernder Friede kann nicht aus dieser endlos schwankenden Unsicherheit hervorgehen, sondern nur aus der Beseitigung der Ursachen, die die Völker verfeinden. Heutzutage sind diese Ursachen hauptsächlich in den Wirtschaftsinteressen gewisser Gruppen zu sehen und daher nur zu beseitigen durch eine grundlegende Neuordnung der Wirtschaft.

Nehmen wir die Eisen- und Stahlindustrie als das bedeutendste Beispiel für die Art und Weise, in der Wirtschaftskräfte dem Krieg Vorschub leisten. Die wesentliche Tatsache ist, daß sich bei der modernen Technik die Produktionskosten pro Tonne bei hoher Produktion niedriger stellen als bei geringerer Produktion. Infolgedessen ergibt sich Profit nur, wenn der Binnenmarkt hinreichend groß ist, sonst nicht. Da die Stahlindustrie der USA einen alle anderen Märkte weit übertreffenden Binnenmarkt hat, brauchte sie sich insofern wenig mit Politik zu befassen, jedenfalls nicht über ein gelegentliches Einmischen hinaus, wenn es nötig schien, den Plan einer Abrüstung zur See zu blockieren. Aber die deutschen, französischen und britischen Stahlindustrien haben alle einen geringeren Binnenmarkt, als ihre Produktionskapazität erfordert. Sie könnten sich natürlich gewisse Gewinne durch einen Zusammenschluß sichern, aber auch dem stehen wieder wirtschaftliche Einwände entgegen. Ein großer Teil der Nachfrage nach Stahl hängt mit der Rüstung zusammen, und daher profitiert die Stahlindustrie als Ganzes durch den Nationalismus und die nationale Aufrüstung. Überdies hoffen sowohl das französische Comité des Forges wie auch der deutsche Stahltrust, durch einen Krieg ihre Konkurrenten vernichten zu können, statt sich in den Profit mit ihnen teilen zu müssen; und da die Kriegskosten in der Hauptsache von anderen zu tragen sind, rechnen sie mit einem für sie finanziell vorteilhaften Endergebnis. Vielleicht irren sie sich, aber dieser Irrtum ist bei kühnen, selbstsicheren und von Macht berauschten Männern etwas Naturgemäßes. Die Tatsache, daß das lebenswichtige lothringische Erz sich in ehemals deutschem, jetzt französischem Gebiet findet, verschärft die Feindschaft der beiden Gruppen und erinnert sie beständig daran, was durch einen Krieg zu gewinnen wäre. Und natürlich sind die Deutschen aggressiver, da die Franzosen sich ja schon im Genuß der Siegesbeute aus dem letzten Krieg befinden.

Es wäre selbstverständlich der Stahlindustrie und den anderen Industrien mit ähnlichen Interessen nicht möglich, große Nationen zu veranlassen, ihren eigenen Zwecken gemäß zu handeln, wenn sie dabei nicht an gewisse Impulse in der Bevölkerung appellieren könnten. In Frankreich und England können sie an die Furcht, in Deutschland an den rachsüchtigen Zorn über ungerechte Behandlung appellieren; und das sind auf beiden Seiten durchaus starke, gültige Motive. Könnte man die Angelegenheit aber in Ruhe erwägen, dann würde sich klar herausstellen, daß ein gerechter Vergleich für alle Beteiligten beglückender wäre. Nichts spricht dafür, die Deutschen weiterhin Unrecht erleiden zu lassen, sowenig wie sie, wenn die Ungerechtigkeit aufgehoben wäre, noch eine vernünftige Entschuldigung für ein Verhalten hätten, das ihren Nachbarn Furcht einflößt. Aber jedes Bemühen um Ruhe und Vernunft wird sofort von der Propaganda durchkreuzt, die an den Patriotismus und die nationale Ehre appelliert. Die Welt befindet sich in der gleichen Lage wie ein Trinker, der sich bessern möchte, aber von guten Freunden umgeben ist, die ihm Alkohol anbieten, und der daher ständig rückfällig wird. In diesem Falle sind die guten Freunde Leute, die an seinem unglückseligen Hang zum Alkohol verdienen, und der erste Schritt zu seiner Besserung wäre, sich dieser Freunde zu entledigen. Nur in diesem Sinne kann der moderne Kapitalismus als Kriegsursache gelten: er ist nicht die Gesamtursache, löst aber als treibende Kraft die anderen Ursachen aus. Wenn es keinen Kapitalismus mehr gäbe, würde der Fortfall der treibenden Kraft den Menschen rasch die Augen über die Sinnwidrigkeit des Krieges öffnen und sie veranlassen, einen so gerechten Vergleich zu schließen, daß in Zukunft ein Kriegsausbruch unwahrscheinlich würde.

Die vollkommene und endgültige Lösung des Problems, das die Stahlindustrie und andere Industrien mit ähnlichen Interessen darstellen, ist nur im internationalen Sozialismus zu sehen, das heißt, diese Industrien wären von einer Behörde zu leiten, in der alle beteiligten Regierungen vertreten sind. Aber schon die Nationalisierung in jedem der führenden Industrieländer würde wahrscheinlich ausreichen, die akute Kriegsgefahr zu beseitigen. Denn wenn die Leitung und Verwaltung der Stahlindustrie in den Händen der Regierung läge und diese Regierung demokratisch wäre, würden ihre Geschäfte nicht zu ihrem eigenen, sondern zum Nutzen der Nation geführt werden. In der Bilanz des öffentlichen Haushalts würden Profite, die die Stahlindustrie auf Kosten anderer Teile der Gemeinschaft gemacht hat, aufgerechnet werden gegen anderweitige Verluste, und da niemandes Einkommen mit den Gewinnen oder Verlusten einer speziellen Industrie steigen oder fallen würde, hätte auch niemand Anlaß, die Interessen der Stahlindustrie auf Kosten der Allgemeinheit zu fördern. Die dank der Aufrüstung gesteigerte Stahlproduktion würde als Verlust gelten, da der zur Verteilung an die Bevölkerung bestimmte Vorrat an Gebrauchsgütern sich dadurch verringern würde. Auf diese Weise würden öffentliche und private Interessen in Einklang gebracht und das Motiv für eine betrügerische Propaganda würde entfallen.

Es bleibt noch einiges zu sagen über die Art und Weise, in der der Sozialismus die übrigen von uns bereits betrachteten Mißstände bessern würde.

Anstelle der Profitsucht als des leitenden Motivs der Industrie wird Planung durch die Regierung treten. Wenn auch die Regierung sich verrechnen *könnte*, so ist das doch unwahrscheinlicher als bei einem Privatunternehmer, weil sie umfassendere Kenntnisse haben wird. Als der Gummipreis hoch stand, pflanzte jeder, der es nur ermöglichen konnte, Gummibäume, mit dem Erfolg, daß nach wenigen Jahren der Preis erschreckend fiel und man die Notwendigkeit erkannte, eine Vereinbarung über beschränkte Gummiproduktion zu treffen. Eine Zentralbehörde, die im Besitz aller Statistiken ist, kann derartige Fehlkalkulationen verhindern. Dennoch können unvorhergesehene Ursachen, wie etwa neue Erfindungen, auch die sorgfältigsten Schätzungen über den Haufen werfen. In solchen Fällen hat die Gemeinschaft als Ganzes Gewinn davon, wenn der Übergang zu neuen Verfahren allmählich vollzogen wird. Und zugunsten derjenigen, die irgendwann unbeschäftigt sind, wird man unter sozialistischem Regime Maßnahmen ergreifen können, die gegenwärtig auf Grund der Furcht vor Arbeitslosigkeit und des wechselseitigen Mißtrauens der Arbeitgeber und Arbeitnehmer nicht anwendbar sind. Wenn ein Industriezweig zu verfallen beginnt und ein anderer aufblüht, kann man die jüngeren Männer aus der verfallenden Industrie herausziehen und in dem aufblühenden Industriezweig ausbilden. Mit einer Kürzung der Arbeitsstunden läßt sich die Arbeitslosigkeit größtenteils verhüten. Und wenn sich für einen Menschen durchaus keine Arbeit findet, wird er dessenungeachtet seinen vollen Lohn bekommen, weil er für seine Arbeits*bereitschaft* bezahlt wird. Und sofern ein Zwang zur Arbeit erfolgen muß, wird er durch das Strafgesetz, nicht durch wirtschaftliche Sanktionen vollzogen werden.

Es wird denen, die die Planung aufstellen, also letztlich den Wählern, überlassen bleiben, einen Ausgleich zwischen Komfort und Freizeit herzustellen. Wenn jedermann nur vier Stunden täglich arbeitet, wird es weniger Komfort geben als bei fünfstündiger Arbeitszeit. Es steht aber wohl zu erwarten, daß fortschreitende technische Verbesserungen sich so auswerten lassen, daß sie teils mehr Komfort und teils mehr Freizeit ermöglichen.

Wirtschaftliche Unsicherheit wird es nicht mehr geben (vorausgesetzt, daß es auch keine Kriegsgefahr mehr gäbe), da jeder Mensch ein Gehalt beziehen wird, solange er nicht kriminell ist, und die Kosten für die Kinder vom Staat getragen werden. Die Frauen werden nicht mehr von den Ehegatten abhängig sein, auch wird man die Kinder nicht mehr so schwer unter den Fehlern ihrer Eltern leiden lassen. Wirtschaftliche Abhängigkeit des einzelnen vom anderen wird es nicht mehr geben, nur die aller einzelnen vom Staat.

Solange es den Sozialismus in einigen zivilisierten Ländern geben wird, in anderen jedoch nicht, wird es noch möglich sein, daß es zu einem Krieg kommt, und die Vorteile des Systems werden sich daher nicht voll auswirken können. Ich glaube aber, es ist mit Sicherheit anzunehmen, daß jedes Land, das den Sozialismus eingeführt hat, damit auch nicht mehr aggressiv militaristisch sein und sich im wesentlichen nur damit beschäftigen wird, Angriffe von anderer Seite zu verhindern. Und bei einem alle zivilisierten Länder umfassenden universellen Sozialismus werden die Motive für Kriege großen Stils wahrscheinlich nicht mehr hinreichend stark sein, um die sehr einleuchtenden Gründe, die für den Frieden sprechen, zu übertrumpfen.

Der Sozialismus, ich wiederhole, ist keine ausschließlich für das Proletariat bestimmte Doktrin. Indem er die wirtschaftliche Unsicherheit aus der Welt schafft, ist er darauf berechnet, alle Menschen, mit Ausnahme einer Handvoll der reichsten Leute, glücklicher zu machen; und wenn er, wie es meine feste Überzeugung ist, Weltkriege verhindern kann, wird er damit die Wohlfahrt der ganzen Welt unermeßlich steigern – denn was die Ansicht gewisser Industriemagnaten betrifft, daß sie durch einen neuen Weltkrieg profitieren könnten, so ist das ungeachtet der wirtschaftlichen Argumente, mit denen ihrer Auffassung der Anschein der Annehmbarkeit gegeben werden kann, eine Selbsttäuschung von verblendeten Irren. Stimmt es tatsächlich, wie die Kommunisten behaupten, daß der Sozialismus ein so universal segensreiches und so leichtverständliches System ist, ein System überdies, für das der Zusammenbruch des gegenwärtigen Wirtschaftsregimes und die dringende Gefahr eines mit einem Krieg verbundenen universellen Unheils eine Empfehlung ist, stimmt es tatsächlich, daß man dieses System überzeugend nur den Proletariern und einer Handvoll Intellektueller anbieten kann und daß es sich nur mit Hilfe eines blutigen, fragwürdigen und vernichtenden Klassenkampfes einführen läßt? Ich für mein Teil vermag das nicht zu glauben. Sicher ist der Sozialismus in mancher Beziehung unvereinbar mit gewissen alten Gewohnheiten und erweckt daher einen leidenschaftlichen Widerstand, der nur allmählich zu überwinden ist; zumal in den Gemütern seiner Gegner Atheismus und Schreckensherrschaft zu seinen untrennbaren Begleiterscheinungen geworden sind. Aber mit Religion hat der Sozialismus nichts zu tun. Er ist eine Wirtschaftslehre, und jeder Christ, jeder Mohammedaner, Buddhist oder Anhänger Brahmas kann ohne jegliche logische Inkonsequenz Sozialist sein. Und was die Schreckensherrschaft betrifft, so hat es sie in vergangenen Zeiten häufig gegeben, meist auf seiten der Reaktion; und wenn es zum Sozialismus als dem Ausdruck der Empörung gegen eine solche Schreckensherrschaft kommen sollte, dann allerdings ist zu befürchten, daß er etwas an ungestümer Härte vom Erbe des vorangegangenen Regimes übernehmen wird. Aber in Ländern, die noch ein gewisses Maß an Gedanken- und Redefreiheit zulassen, kann die sozialistische Sache, wie ich glaube, wenn sich Inbrunst mit Geduld paart, so dargeboten werden, daß sie weit mehr als die Hälfte der

Bevölkerung überzeugt. Wenn sich zu dieser Zeit die Minderheit zur Gewaltanwendung entschließt, wird die Mehrheit selbstverständlich ebenfalls Gewalt anwenden müssen, um die Rebellen zu unterdrücken. Wenn jedoch die Vorarbeit im Sinne des Überzeugens angemessen durchgeführt wurde, sollte Rebellion so offensichtlich hoffnungslos wirken, daß selbst die Reaktionärsten sich gar nicht erst darauf einlassen würden; falls sie es dennoch täten, würden sie so leicht und rasch zu besiegen sein, daß gar keine Gelegenheit für eine Schreckensherrschaft gegeben wäre. Solange die Möglichkeit zu überzeugen besteht und eine Mehrheit noch nicht überzeugt wurde, ist Gewaltanwendung unangebracht; wenn eine Mehrheit überzeugt worden ist, kann man die weitere Entwicklung dem regelrechten Funktionieren der demokratischen Regierung überlassen, sofern nicht asoziale Elemente eine günstige Gelegenheit für eine Revolte sehen. Eine derartige Revolte zu unterdrücken wäre eine Maßnahme, die jede Regierung anwenden würde; die Sozialisten haben nicht mehr Veranlassung zu Gewaltanwendung als andere konstitutionelle Parteien in demokratischen Ländern auch. Und wenn die Sozialisten je zur Macht kommen sollen, dann werden sie nur durch die vorangehende Kraft der Überzeugung dazu gelangen können.

Gewisse Kreise führen heute gewöhnlich an, daß der Sozialismus vielleicht einmal mit Hilfe der gebräuchlichen Methoden der politischen Propaganda hätte durchdringen können, daß es aber nun durch den erstarkenden Faschismus unmöglich geworden sei. Soweit es die Länder mit faschistischer Regierung betrifft, stimmt das selbstverständlich, da nach der Verfassung keine Opposition zugelassen ist. In Frankreich, Großbritannien und den Vereinigten Staaten liegen die Dinge jedoch anders. In Frankreich und Großbritannien gibt es mächtige sozialistische Parteien; in Großbritannien und Amerika sind die Kommunisten an Zahl unbeträchtlich, und nichts deutet darauf hin, daß sie Boden gewinnen. Sie konnten gerade noch den Reaktionären als Entschuldigungsgrund für milde Unterdrückungsmaßnahmen dienen; diese Maßnahmen waren aber nicht abschreckend genug, um die Wiedergeburt der Labour-Party oder den aufblühenden Radikalismus in den Vereinigten Staaten zu verhindern. Es ist durchaus nicht unwahrscheinlich, daß die Sozialisten in Großbritannien bald in der Mehrzahl sein werden. Sie werden dann zweifellos bei der Durchführung ihrer Politik Schwierigkeiten begegnen, und die Zaghafteren werden versuchen, einen Aufschub der Durchführung mit diesen Schwierigkeiten zu entschuldigen; womit sie im Irrtum wären, denn während naturgemäß der Weg der Überzeugung nur allmählich fortschreitet, muß der endgültige Übergang zum Sozialismus rasch und plötzlich erfolgen. Aber bisher liegt noch kein triftiger Grund vor anzunehmen, daß die verfassungsmäßigen Methoden versagen werden, und noch weit weniger Anlaß zu der Annahme, daß irgendwelche andere Methoden bessere Erfolgschancen hätten. Im Gegenteil, jeder gesetzwidrige Appell an die Gewalt fördert den Faschismus in seiner Entwicklung. Welche Schwächen auch immer die Demokratie haben mag, nur mit Hilfe des im Volke verwurzelten Glaubens an die Demokratie und mit demokratischen Mitteln kann der Sozialismus hoffen, in Großbritannien oder Amerika zum Erfolg zu kommen. Wer die Achtung vor der demokratischen Regierungsform untergräbt, unterstützt damit absichtlich oder unabsichtlich den künftigen Sieg nicht des Sozialismus oder Kommunismus, sondern allein des Faschismus.

Lob des Müßiggangs

(1935)

Wie die meisten meiner Generation bin ich nach dem Sprichwort »Müßiggang ist aller Laster Anfang« erzogen worden. Da ich ein sehr braves Kind war, glaubte ich alles, was man mir sagte; und so entwickelte sich mein Pflichtgefühl derart, daß ich zeit meines Lebens und bis zum heutigen Tage nicht umhin konnte, immer schwer zu arbeiten. Aber wenn mir auch mein *Handeln* vom Gewissen vorgeschrieben war, so hat sich doch in meinen *Ansichten* eine Revolution vollzogen. Ich glaube nämlich, daß in der Welt viel zuviel gearbeitet wird, daß die Überzeugung, Arbeiten sei an sich schon vortrefflich und eine Tugend, ungeheuren Schaden anrichtet und daß es nottäte, den modernen Industrieländern etwas ganz anderes zu predigen, als man ihnen bisher immer gepredigt hat. Allgemein bekannt ist ja die Geschichte von dem Reisenden, der in Neapel zwölf Bettler in der Sonne liegen sah (vor Mussolinis Zeit natürlich) und der dem Faulsten eine Lira schenken wollte. Elf sprangen auf und streckten die Hand nach dem Geld aus, weshalb er es dem zwölften gab. Dieser Reisende hatte das Wesentliche erfaßt. Aber in Ländern, denen nicht die Sonne des Südens lacht, ist es schwieriger, müßig sein zu können, und es wird umfassender allgemeiner Propaganda bedürfen, um damit einen Anfang zu machen. Ich hoffe aber, die führenden Persönlichkeiten der Y. M. C. A. (Christlicher Verein Junger Männer) werden nach der Lektüre der folgenden Seiten eine Kampagne starten, um die tugendhaften jungen Männer endlich zu lehren, nichts zu tun. In diesem Falle werde ich wenigstens nicht umsonst gelebt haben.

Bevor ich meine eigenen Argumente zugunsten der Faulheit vorbringe, muß ich erst eine andere Begründung widerlegen, die ich nicht anerkennen kann. Sooft jemand, der ohnedies genug zum Leben hat, beabsichtigt, irgendeine landläufige Berufstätigkeit aufzunehmen wie Schulunterricht zu geben

oder Schreibmaschine zu schreiben, erklärt man, er oder sie würde damit jemand anderem das Brot wegnehmen, was doch sehr häßlich sei. Aber wenn das ein gültiges Argument wäre, dann brauchten wir doch nur alle nichts zu tun, damit wir auch alle Brot die Hülle und Fülle hätten. Die Leute, die so etwas daherreden, vergessen nämlich, daß der Mensch in der Regel auch ausgibt, was er verdient, und durch dieses Ausgeben wieder anderen Beschäftigung gibt. Solange ein Mensch sein Einkommen ausgibt, schafft er damit ebensoviel Brot und Arbeit für andere Leute, wie er anderen Leuten wegnimmt, indem er verdient. So betrachtet ist nur der Mann, der spart, der echte Bösewicht. Wenn er, wie der sprichwörtliche französische Bauer, seine Ersparnisse bloß in den Strumpf steckt, ist es klar, daß er damit keine Arbeit schafft. Investiert er seine Spargroschen, dann ist die Sache nicht ganz so klar und andere Umstände treten ein.
Einer der gebräuchlichsten Verwendungszwecke für Ersparnisse ist, sie einer Regierung zu leihen. Angesichts der Tatsache, daß die öffentlichen Ausgaben der meisten zivilisierten Staaten in der Hauptsache aus Zahlungen für vergangene Kriege oder für die Vorbereitung künftiger Kriege bestehen, ist der Mann, der sein Geld einer Regierung leiht, vergleichbar dem Schurken in Shakespeares Dramen, der Mörder dingt. Aus dieser seiner wirtschaftlichen Gepflogenheit ergibt sich rein netto eine gesteigerte militärische Macht des Staates, dem er seine Ersparnisse leiht. Es wäre daher unverkennbar besser, wenn er sein Geld ausgeben wollte, selbst wenn er es vertrinken oder verspielen würde.
Aber, so wird man mir erklären, die Sache liegt doch ganz anders, wenn Ersparnisse in industriellen Unternehmen investiert werden. Wenn solche geschäftlichen Unternehmen glücken und etwas Nützliches produzieren, kann man das zugeben. Aber wer würde wohl leugnen wollen, daß heutzutage die meisten Unternehmen fehlschlagen. Das heißt, ein großer Aufwand an menschlicher Arbeitskraft, die sich für die Produktion erfreulicher Dinge hätte einsetzen lassen,

wurde verschwendet, um Maschinen zu bauen, die nach Fertigstellung stillagen und niemandem zugute kamen. Der Mann, der seine Ersparnisse in einen Konzern investiert, der bankrott macht, schädigt daher sowohl andere als sich selbst. Hätte er aber sein Geld für – sagen wir – gesellige Abende mit seinen Freunden ausgegeben, dann hätten sie (hoffentlich) ihre Freude daran gehabt, desgleichen aber auch alle anderen, die daran verdient hätten, wie der Schlächter, der Bäcker und der Alkoholschmuggler. Aber angenommen, er gibt sein Geld dafür aus, in irgendeiner Stadt Straßenbahnschienen legen zu lassen, und es stellt sich heraus, daß diese Stadt gar keine Straßenbahnen braucht, dann hat er eine Menge Arbeit in Kanäle geleitet, an denen niemand Freude hat. Nichtsdestoweniger wird man ihn für das beklagenswerte Opfer eines unverdienten Mißgeschicks halten, wenn er auf Grund dieser falschen Kapitalsanlage verarmt, während der heitere Verschwender, der sein Geld menschenfreundlich ausgegeben hat, verächtlich als Narr und Bruder Leichtfuß bezeichnet wird.

Aber das alles waren nur Vorbemerkungen. Ich möchte jedoch jetzt in vollem Ernst erklären, daß in der heutigen Welt sehr viel Unheil entsteht aus dem Glauben an den überragenden Wert der Arbeit an sich und daß der Weg zu Glück und Wohlfahrt in einer organisierten Arbeitseinschränkung zu sehen ist.

Zunächst: was ist eigentlich Arbeit? Es gibt zweierlei Arten: einmal, Verlagern der Materie auf oder nahe der Erdoberfläche in bezug auf andere derartige Materien; zweitens, andere Leute anweisen, es zu tun. Arbeit der ersten Art ist unangenehm und schlecht bezahlt, der zweiten angenehm und hoch bezahlt. Außerdem läßt sich die zweite Art unbegrenzt erweitern: es gibt nicht nur Leute, die befehlen, sondern auch welche, die Ratschläge geben, was zu befehlen sei. Gewöhnlich werden zwei gegensätzliche Arten von Ratschlägen von zwei organisierten Gruppen von Menschen gleichzeitig erteilt; das nennt man Politik. Die Befähigung für diese Art von Arbeit braucht nicht auf Kenntnis der Personen, denen der Rat erteilt wird, zu beruhen, vielmehr nur auf der Beherrschung der Kunst, durch Wort und Schrift zu überzeugen, das heißt, auf Beherrschung der Werbung und Propaganda.

In ganz Europa, wenn auch nicht in Amerika, gibt es noch eine dritte Gesellschaftsklasse, die höher geachtet wird als beide arbeitenden Klassen. Es sind Menschen, denen ihr Grundbesitz erlaubt, andere Leute für das Vorrecht, existieren und arbeiten zu dürfen, zahlen zu lassen. Diese Grundbesitzer tun nichts, und man könnte daher vielleicht annehmen, ich würde ihr Loblied singen. Unglücklicherweise wird ihnen dieses Nichtstun aber nur durch den Fleiß anderer ermöglicht; und tatsächlich ist ihr Streben nach angenehmem Müßiggang der historische Ursprung des ganzen Evangeliums der Arbeit. Und daß andere Menschen ihrem Beispiel folgen könnten, wäre das letzte, was sie sich jemals wünschen würden.

Von Beginn der Zivilisation an bis zur industriellen Revolution konnte ein Mann in der Regel mit schwerer Arbeit kaum mehr als seinen und seiner Familie Unterhalt verdienen, obwohl seine Frau mindestens ebenso schwer arbeitete und die Arbeit der Kinder auch noch hinzukam, sobald sie nur irgend arbeitsfähig waren. Das Wenige, was den Bedarf für die nackte Notdurft überstieg, verblieb aber nicht dem, der es erarbeitet hatte, sondern die Soldaten und Priester eigneten es sich an. In Zeiten der Hungersnot gab es keinen Überschuß; die Soldaten und Priester verschafften sich aber genausoviel wie sonst, mit dem Ergebnis, daß viele der Arbeitenden verhungerten. Dieses System bestand in Rußland bis 1917[1] und besteht noch im Osten; in England blieb es ungeachtet der industriellen Revolution in Kraft während der Napoleonischen Kriege und bis vor hundert Jahren, als die neue Fabrikantenklasse zur Macht kam. In Amerika

1. Seither haben die Mitglieder der kommunistischen Partei bezüglich dieses Vorrechts die Nachfolge der Soldaten und Priester angetreten.

setzte die Revolution diesem System ein Ziel, nur im Süden erhielt es sich bis zum Bürgerkrieg. Ein System, das so lange galt und erst vor so kurzer Zeit sein Ende fand, hat natürlich einen tiefen Eindruck im Denken und Meinen der Menschen hinterlassen. Vieles an unserer, vermeintlich selbstverständlichen Auffassung vom Wert der Arbeit an sich ist ein Erbe dieses Systems und der modernen Welt nicht gemäß, da es aus der vorindustriellen Zeit stammt. Dank der modernen Technik brauchte heute Freizeit und Muße, in gewissen Grenzen, nicht mehr das Vorrecht kleiner bevorzugter Gesellschaftsklassen zu sein, könnte vielmehr mit Recht gleichmäßig allen Mitgliedern der Gemeinschaft zugute kommen. Die Moral der Arbeit ist eine Sklavenmoral, und in der neuzeitlichen Welt bedarf es keiner Sklaverei mehr.

Es ist klar, daß die Bauern in primitiven Gemeinschaften, sich selbst überlassen, sich von dem spärlichen Überschuß, von dem die Soldaten und Priester lebten, nicht getrennt und trotzdem weder weniger produziert noch mehr verbraucht hätten. Anfangs wurden sie mit nackter Gewalt gezwungen, mehr zu produzieren und den Überschuß herzugeben. Allmählich aber fand man die Möglichkeit, viele dazu zu bewegen, sich eine Ethik anzueignen, die ihnen harte Arbeit zur Pflicht machte, obwohl ein Teil dieser Arbeit dazu diente, anderen Leuten ein müßiges Leben zu erhalten. Auf diese Weise war weniger äußerer Zwang erforderlich, und der Staat hatte geringere Ausgaben. Heute wären noch 99 Prozent der britischen Lohnempfänger ernstlich entsetzt, wollte man anregen, daß der König kein höheres Einkommen beziehen solle als jeder Arbeiter. Historisch gesehen war der Begriff der Pflicht ein Mittel, das die Machthaber dazu benützten, andere Menschen dazu zu veranlassen, zum Nutzen ihrer Herren statt zum eigenen Vorteil zu leben. Natürlich täuschen sich die Machthaber über diese Tatsache hinweg, indem sie sich einreden, ihre Interessen seien identisch mit den höheren Interessen der Menschheit. Zuweilen stimmt das sogar; die sklavenhaltenden Athener beispielsweise verwendeten ihre Muße zum Teil dazu, einen bleibenden Beitrag zur Zivilisation zu leisten, was unter einem gerechten Wirtschaftssystem nicht möglich gewesen wäre. Muße ist wesentlich für die zivilisatorische Entwicklung, und in früherer Zeit wurde die Muße weniger nur möglich durch die Arbeit vieler. Aber ihre Leistungen waren wertvoll, nicht weil Arbeit an sich, sondern weil Muße etwas Gutes ist. Und bei dem Stand der modernen Technik wäre es möglich, allen Menschen Freizeit und Muße gleichmäßig zuzuteilen, ohne Nachteil für die Zivilisation.

Dank der modernen Technik läßt sich der Arbeitsaufwand, der zum Erstellen des Lebensbedarfs für jedermann erforderlich ist, ungeheuer herabsetzen. Das zeigte sich besonders klar während des Krieges. Damals fielen alle zum Militär eingezogenen Männer, alle in Rüstungsbetrieben arbeitenden Männer und Frauen und alle mit Spionage, Kriegspropaganda oder in kriegsbedingten Behörden beschäftigten Personen für jede produktive Tätigkeit aus. Dessenungeachtet war der durchschnittliche Gesundheitszustand der ungelernten Arbeiter auf seiten der Alliierten besser als je zuvor oder seither. Die Bedeutung dieser Tatsache wurde von der Finanzwissenschaft verschleiert: Anleihen gaben der Sache den Anschein, als ernähre sich die Gegenwart von der Zukunft. Aber das war natürlich ein Ding der Unmöglichkeit; niemand kann von einem Brot satt werden, das es noch gar nicht gibt. Der Krieg hat zwingend bewiesen, daß sich moderne Völker durch wissenschaftlich organisierte Produktion auf der Basis eines geringen Teils der tatsächlichen Arbeitskapazität der neuzeitlichen Welt angemessen versorgen lassen. Hätte man nach Kriegsende die wissenschaftliche Organisation, die geschaffen worden war, um die Menschen für die Front und die Rüstungsarbeiten freizustellen, beibehalten und die Arbeitszeit auf vier Stunden herabgesetzt, dann wäre alles gut und schön gewesen. Stattdessen wurde das alte Chaos wiederhergestellt; diejenigen, deren Leistungen gefragt waren, mußten viele Stunden arbeiten, und der Rest durfte unbeschäftigt bleiben und verhungern. Warum? Weil Arbeit Ehrensache und Pflicht ist und der Mensch nicht gemäß dem Wert dessen, was er produziert hat, bezahlt werden soll, sondern entsprechend seiner tugendhaften Tüchtigkeit, die in rastlosem Fleiß ihren Ausdruck findet.

Das ist die Moral eines Sklavenstaates und sie wurde unter Verhältnissen angewandt, die denen, unter denen sie entstanden ist, in nichts mehr gleichen. Kein Wunder, daß das Ergebnis verheerend war. Wir wollen das an einem Beispiel verdeutlichen. Angenommen, zu einem bestimmten Zeitpunkt sei eine bestimmte Anzahl von Leuten damit beschäftigt, Nadeln herzustellen. Sie fertigen in – sagen wir – achtstündiger täglicher Arbeitszeit den ganzen Weltbedarf an Nadeln an. Nun erfindet jemand ein Verfahren, wonach die gleiche Anzahl von Menschen doppelt soviel Nadeln herstellen kann wie zuvor. Die Welt kann aber nicht doppelt soviel Nadeln gebrauchen. Die Nadeln sind schon so billig, daß sie auch zu noch geringerem Preis kaum mehr gekauft würden. Unter vernünftigen Menschen würde jeder, der sich mit Nadelfabrikation beschäftigt, anfangen, nur noch vier statt acht Stunden zu arbeiten, und alles ginge weiter wie bisher. Aber in der heutigen Welt würde man das für demoralisierend halten. Es wird weiter acht Stunden gearbeitet, es gibt viel zuviel Nadeln, einige Unternehmer machen bankrott und fünfzig Prozent der früher mit Nadelfabrikation beschäftigten Menschen werden arbeitslos. Zum Schluß ergibt sich daraus genausoviel Freizeit und Muße wie nach dem anderen Plan, nur daß jetzt die Hälfte der Leute völlig untätig ist, während die andere Hälfte überbeschäftigt bleibt. Auf diese Weise ist dafür gesorgt, daß die unumgängliche Muße nichts als Elend bewirkt, statt zur Quelle von Glück und Freude für alle zu werden. Kann man sich etwas Wahnsinnigeres vorstellen?

Der Gedanke, daß die Unbemittelten eigentlich auch Freizeit und Muße haben sollten, hat die Reichen stets empört. Zu Beginn des neunzehnten Jahrhunderts war ein fünfzehnstündiger Arbeitstag für den Mann das Normale; Kinder arbeiteten zuweilen ebensolange und sehr häufig zwölf Stunden täglich. Als vorwitzige Wichtigtuer darauf hinwiesen, daß das doch eigentlich eine recht lange Arbeitszeit sei, wurde ihnen erklärt, die Arbeit hindere die Erwachsenen daran, sich zu betrinken, und die Kinder, Unfug zu treiben. In meiner frühen Jugend wurden, kurz nachdem die Arbeiter in den Städten das Wahlrecht erlangt hatten, gewisse arbeitsfreie Tage allgemein gesetzlich festgelegt, zur großen Entrüstung der oberen Gesellschaftsschichten. Ich höre noch eine alte Herzogin sagen: »Was wollen denn die Habenichtse mit Freizeit anfangen? *Arbeiten* sollen sie!« So offen äußern sich die Leute heute nicht mehr, aber die Gesinnung ist noch die gleiche geblieben und hat weitgehend unsere chaotische Wirtschaftslage verschuldet.

Wir wollen einen Augenblick die Ethik der Arbeit offen und ohne Aberglauben betrachten. Jeder Mensch verbraucht im Laufe seines Lebens zwangsläufig einen bestimmten Anteil des Arbeitsprodukts aller Menschen. Wenn Arbeit, wie man wohl als gegeben voraussetzen darf, im großen und ganzen etwas Unangenehmes ist, muß man es als ungerecht bezeichnen, daß ein Mensch mehr verbrauchen darf, als er produziert. Selbstverständlich kann diese Arbeit, wie beispielsweise beim Arzt, in Dienstleistungen statt im Produzieren von Waren bestehen; doch sollte jeder Mensch etwas zum Ausgleich für Kost und Wohnung leisten. Insoweit muß man die Verpflichtung zu arbeiten anerkennen, aber auch nur insoweit.

Ich möchte nicht dabei verweilen, daß sich in allen modernen Gesellschaften außer der UdSSR viele Leute selbst diesem Mindestmaß an Arbeit noch entziehen, nämlich all jene, die Geld erben, und jene, die Geld erheiraten. Ich halte aber die Tatsache, daß es diesen Leuten möglich ist, nichts zu tun, für annähernd so nachteilig wie die Tatsache, daß man von den Lohnempfängern erwartet, sich zu überarbeiten oder zu verhungern.

Wenn der normale Lohnempfänger vier Stunden täglich arbeitete, hätte jedermann genug zum Leben und es gäbe keine Arbeitslosigkeit – unter der Voraussetzung einer gewissen, sehr maßvollen und vernünftigen Organisation. Dieser Gedanke stößt bei den Wohlhabenden auf entrüstete Ablehnung, weil sie davon überzeugt sind, die Armen wüßten nichts Rechtes mit soviel Freizeit anzufangen. In Amerika arbeiten selbst Leute, die schon vermögend sind, viele Stunden lang; solche Leute sind natürlich ungehalten, wenn von Muße für Arbeiter die Rede ist, es sei denn in Form der harten Strafe der Arbeitslosigkeit; tatsächlich mißbilligen sie sogar die Freizeit ihrer eigenen Söhne. Aber während sie ihre Söhne so schwer arbeiten sehen möchten, daß ihnen keine Zeit für ihre kulturelle Entwicklung bleibt, sind sie seltsamerweise durchaus damit einverstanden, daß ihre Frauen und Töchter überhaupt nichts zu tun haben. Die versnobte Bewunderung für alles Nutzlose, die sich in einer aristokratischen Gesellschaft auf beide Geschlechter verteilt, ist in der Plutokratie auf die Frauen beschränkt; aber auch so läßt sich diese Einstellung noch nicht leichter mit gesundem Menschenverstand vereinbaren.

Man muß wohl zugeben, daß kluges Nützen von Freizeit und Muße das Ergebnis von Zivilisation und Erziehung ist. Wer zeit seines Lebens täglich lange gearbeitet hat, wird sich langweilen, wenn er plötzlich untätig sein muß. Aber ohne beträchtlich viel Muße bleiben dem Menschen viele sehr schöne Dinge vorenthalten. Es liegt jedoch kein Grund mehr vor, die Masse des Volkes weiterhin diese Entbehrung erleiden zu lassen; nur törichte, meist verdrängte Askese veranlaßt uns, weiterhin auf einem Übermaß an Arbeit zu bestehen, nachdem es heute gar nicht mehr nötig ist.

In dem neuen Glauben, der die russische Staatsführung beherrscht, unterscheidet sich zwar vieles stark von der traditionellen Lehre des Westens, und doch ist manches völlig unverändert. Die Einstellung der herrschenden Klassen und speziell derer, die in der pädagogischen Propaganda führend sind, gleicht, was den Adel der Arbeit betrifft, haargenau allem, was die herrschenden Klassen der Welt stets den sogenannten ›armen aber ehrlichen Leuten‹ gepredigt haben. Fleiß, Mäßigkeit, Bereitschaft, viele Stunden für ungewissen, in der Ferne liegenden Nutzen zu arbeiten, selbst gehorsame Unterordnung unter die Obrigkeit, das alles erscheint hier wieder; überdies verkörpert die Obrigkeit noch den Willen des Höchsten, des Herrn der Welt, der jedoch jetzt den neuen Namen »Dialektischer Materialismus« trägt.

Der Sieg des Proletariats in Rußland hatte einiges gemeinsam mit dem Sieg der Frauenrechtlerinnen in manchen anderen Ländern. Lange Zeit hatten die Männer der Frau die überlegene Veranlagung zur Heiligen zugestanden und die Frauen über ihre sonstige untergeordnete Stellung mit der Behauptung hinweggetröstet, Heiligkeit sei erstrebenswerter als Macht. Schließlich beschlossen aber die Frauenrechtlerinnen, daß sie gern beides hätten, weil ihre Pioniere zwar alles glaubten, was ihnen die Männer vom Wert der Tugend erzählt, nicht aber, was sie ihnen vom Unwert der politischen Macht vorgeredet hatten. Etwas Ähnliches trug sich in Rußland mit Bezug auf die Werktätigkeit zu. Jahrhundertelang haben die Begüterten und ihre Schmarotzer das Lob der ›ehrlichen, harten Arbeit‹ gesungen, haben das einfache Leben gepriesen, haben sich zu der Religion bekannt, die da lehrt, daß der Arme weit mehr Aussicht hat, in den Himmel zu kommen, als der Reiche, und im allgemeinen versucht, den Handarbeitern einzureden, daß der Verlagerung der Materie im Raum ein besonderer Adel innewohne, genauso wie die Männer sich bemühten, die Frauen glauben zu machen, ihre sexuelle Versklavung adele sie ganz besonders. In Rußland nahm man die ganze Lehre vom Vorrang der Handarbeit ernst, und tatsächlich steht dort der Handarbeiter in höherem Ansehen als alle anderen. Womit im wesentlichen nur ein alter Appell wieder aufgegriffen wird, jedoch nicht zu dem einstigen Zweck: man appelliert an die Menschen, damit sie bereitwillig Akkordarbeit auf Spezialgebieten leisten.

Werktätigkeit wird von den jungen Menschen als Ideal hingestellt und ist der gesamten ethischen Lehre zugrunde gelegt.

Im Augenblick wirkt sich das alles möglicherweise noch gut aus. Ein riesiges Land voller Naturschätze wartet darauf, sich entfalten zu können, und soll sich entwickeln, ohne viel Kredit aufzunehmen. Unter diesen Umständen muß hart gearbeitet werden, was Aussicht auf großen Ertrag hat. Was aber wird geschehen, wenn der Punkt erreicht ist, wo jedermann bequem leben könnte, ohne den ganzen Tag lang arbeiten zu müssen?

Wir im Westen haben verschiedene Möglichkeiten, mit diesem Problem fertigzuwerden. Wir sind nicht versucht, wirtschaftliche Gerechtigkeit einzuführen, so daß ein großer Teil des Gesamtprodukts einer kleinen Minderheit der Bevölkerung zugute kommt, von der viele überhaupt nicht arbeiten. Da es keinerlei zentrale Produktionskontrolle gibt, produzieren wir haufenweise Dinge, die gar nicht gebraucht werden. Wir halten einen hohen Prozentsatz der arbeitsfähigen Bevölkerung unbeschäftigt, denn wir können auf ihre Arbeit verzichten, indem wir die anderen Überstunden machen lassen. Wenn all diese Methoden sich als unzulänglich erweisen, haben wir immer noch den Krieg: wir veranlassen eine Reihe von Leuten, Sprengstoffe herzustellen, und eine Reihe anderer, sie zur Explosion zu bringen, wie Kinder, die gerade das Feuerwerk erfunden haben. Mit Hilfe all dieser Kunstgriffe gemeinsam gelingt es uns, wenn auch mit Schwierigkeiten, die Vorstellung aufrechtzuerhalten, der Durchschnittsmensch sei dazu bestimmt, viel und schwer mit der Hand zu arbeiten.

Auf Grund größerer wirtschaftlicher Gerechtigkeit und zentraler Produktionslenkung wird das Problem in Rußland anders gelöst werden müssen. Die vernünftige Lösung wäre, die Arbeitsstunden allmählich herabzusetzen, sobald genug für den Bedarf und den elementaren Komfort aller produziert wird; dabei sollte das Volk auf jeder Entwicklungsstufe bestimmen, ob ihm mehr Freizeit oder mehr Verbrauchsgüter erwünscht wären. Da aber stets von oben her die Schwerarbeit als höchste Tugend hingestellt wurde, ist kaum vorstellbar, wie es die Behörden anstellen sollten, plötzlich ein Paradies anzustreben, in dem es viel Muße und wenig Arbeit geben würde. Es liegt näher, daß sie beständig neue Pläne erfinden werden, wonach die mögliche gegenwärtige Freizeit einer künftigen Produktivität zum Opfer gebracht werden muß. Ich las kürzlich von dem geistreichen Plan russischer Ingenieure, das Weiße Meer und die nordsibirischen Küsten durch einen Dammbau quer durch das Karische Meer zu erwärmen. Ein bewunderungswürdiges Projekt, nur würde mit seiner Durchführung wahrscheinlich dem Proletariat noch auf eine weitere Generation hinaus ein angenehmes Leben versagt bleiben, während der Adel der Schwerarbeit inmitten der Eiswüsten und Schneestürme der Arktis Triumphe feiern könnte. Wenn es dazu käme, wäre es das Ergebnis der Auffassung, die in der Tugend der Werktätigkeit einen Selbstzweck sieht und nicht ein Mittel, um einen Zustand zu erreichen, wo Schwerarbeit nicht mehr nötig ist.

Tatsache ist, daß das Bewegen von Materie zwar bis zu einem gewissen Grade zur Erhaltung unserer Existenz notwendig, aber ganz gewiß keines der Zwecke und Ziele ist, zu denen die Menschen bestimmt sind. Andernfalls müßten wir ja jeden Erdarbeiter über Shakespeare stellen. Zweierlei hat uns auf diesen Irrweg geführt. Einmal durften die Armen nicht unzufrieden werden, was die Reichen veranlaßte, jahrtausendelang Wert und Würde der Arbeit zu predigen, indes sie selbst darum bemüht waren, in dieser Beziehung auf jede Würde zu verzichten. Zum andern ist es die neue Freude an der Technik und unser Schwelgen in erstaunlichen Möglichkeiten, das Antlitz der Erde kunstvoll zu verändern. Keines dieser Motive spricht aber den richtigen Arbeiter groß an. Fragt man ihn, was er für die Krone seines Lebens hält, wird er wohl schwerlich antworten: »Ich liebe die Arbeit der Faust, weil sie mir das Gefühl gibt, die edelste Aufgabe des Menschen zu erfüllen, und weil mich der Gedanke freut, wie stark der Mensch seinen Planeten umzuwandeln vermag. Zwar verlangt mein Körper periodisch nach Ruhezeit, die ich nach bestem Wissen ausnützen muß, aber am glücklichsten bin ich doch, wenn der Morgen kommt und ich wieder an meine schwere Arbeit gehen kann, die meine ganze Befriedigung ist.« Ich habe nie gehört, daß Arbeiter so etwas sagen. Sie halten die Arbeit, wofür man sie halten soll, nämlich für ein unumgängliches Mittel, sich den Lebensunterhalt zu sichern, und alles, was es an Freude für sie gibt, beziehen sie aus ihrer Freizeit.

Man wird behaupten, daß wohl ein wenig Muße angenehm sei, daß die Leute aber nicht wüßten, womit ihre Tage ausfüllen, wenn sie nur vier von vierundzwanzig Stunden arbeiten würden. Soweit das in der modernen Welt zutrifft, ist damit unserer Zivilisation das Urteil gesprochen; für jedwede frühere Epoche hätte es nicht gegolten. Früher waren die Menschen noch fähig, sorglos und verspielt zu sein, was bis zu einem gewissen Grade durch den Kult mit der Tüchtigkeit verschüttet wurde. Der moderne Mensch glaubt, alles, was geleistet wird, müsse zugunsten von etwas anderem getan werden, aber niemals um seinetwillen. Manche Leute verurteilen beispielsweise besorgt und ständig die Gewohnheit, ins Kino zu gehen, und erklären uns, daß die Jugendlichen dadurch zu Verbrechern würden. Aber die für die Produktion eines Films aufgewandte viele Arbeit ist doch aller Ehren wert, weil es ja Arbeit ist und finanziellen Profit bringt. Die Vorstellung, nur jede gewinnbringende Tätigkeit sei wünschens- und erstrebenswert, hat alles auf den Kopf gestellt. Der Schlächter, der uns mit Fleisch versorgt, und der Bäcker, der uns das Brot liefert, sind zu loben, weil sie Geld verdienen; wer aber mit Genuß verspeist, was sie uns liefern, ist nichts weiter als leichtsinnig, es sei denn, er äße, um sich für seine Arbeit zu stärken. Kurzum, man vertritt die Auffassung, Geld einzunehmen sei gut und Geld auszugeben schlecht. Darin nur die beiden Seiten *einer* Transaktion sehen zu wollen, ist natürlich absurd; und doch könnte man wahrhaftig mit gleichem Recht behaupten, Schlüssel seien gut, aber Schlüssellöcher schlecht. Was immer der Warenproduktion an Wert innewohnen mag, muß ausschließlich von dem Nutzen abgeleitet werden, der sich aus ihrem Verbrauch ergeben kann. In unserer Gesellschaftsordnung arbeitet der einzelne für Profit; der soziale Zweck seiner Arbeit liegt aber im Verbrauch dessen, was er produziert. Diese Trennung von individuellem und sozialem Zweck der Produktion erschwert es den Menschen so sehr, in einer Welt, wo Profitgier der Ansporn zu Fleiß und Betriebsamkeit ist, klar zu denken. Wir halten zuviel von der Produktion und zuwenig vom Verbrauch. Daraus ergibt sich unter anderem, daß wir dem Vergnügen und den einfachen Freuden zu wenig Bedeutung beimessen und daß wir die Produktion nicht danach beurteilen, welchen Genuß sie dem Verbraucher bereitet.

Meinen Vorschlag, die tägliche Arbeitszeit auf vier Stunden herabzusetzen, möchte ich aber nicht dahin verstanden wissen, daß die übrige Zeit unbedingt leichtsinnig vertan werden sollte. Ich meine, mit vierstündiger täglicher Arbeitszeit sollte sich der Mensch das Anrecht auf seinen Unterhalt und den elementaren Lebenskomfort erwerben können, während er den Rest seiner Zeit verwenden sollte, wie es ihm paßt. Wesentlichen Anteil an jedem derartigen Gesellschaftssystem würde eine fortgeschrittenere Erziehung und Bildung als die heute übliche haben; sie sollte unter anderem anstreben, Neigungen und Interessen zu wecken, die dem Menschen eine gescheite Verwendung seiner Mußezeit ermöglichen. Ich denke dabei nicht in erster Linie an Dinge, die man als ›anspruchsvoll‹ bezeichnen könnte. Bauerntänze kennt man heute nur noch in entlegenen ländlichen Gebieten, aber die Impulse, die zur Entstehung und Pflege dieser Tänze führten, können in der menschlichen Natur noch nicht erstorben sein. Die Unterhaltung der Stadtbewohner ist überwiegend passiv geworden: man sieht sich Filme an, geht zu Fußballspielen, hört Radio und so fort. Das ergibt sich aus der Tatsache, daß ihre aktiven Kräfte völlig von der Arbeit absorbiert werden; bei mehr Muße würden sie auch wieder an Unterhaltungen Vergnügen finden, bei denen sie aktiv mitwirken.

In der Vergangenheit gab es eine kleine Klasse von Müßigen und eine größere arbeitende Klasse. Die Klasse der Müßigen genoß Vorteile, die auf sozialer Ungerechtigkeit beruhten; dadurch wurde sie zwangsläufig tyrannisch und gefühlsarm und mußte Theorien zur Rechtfertigung ihrer Vorrechte erfinden. Das alles schmälerte stark ihre Verdienste, aber trotz dieser Schattenseiten hat sie fast alles geschaffen, was wir Zivilisation nennen. Sie förderte die Künste und entdeckte die Wissenschaften; sie schrieb Bücher, entwickelte Philosophien und vervollkommnete die gesellschaftlichen Beziehungen. Selbst die Befreiung der Unterdrückten wurde gewöhnlich von oben her eingeleitet. Ohne die Klasse der Müßiggänger wären die Menschen heute noch Barbaren.

Es war jedoch eine außerordentlich verschwenderische Methode, daß sich in einer Klasse das Nichtstun, bar aller Pflichten, vererbte. Kein Mitglied dieser Klasse hatte je gelernt, fleißig zu sein, und im Ganzen gesehen war sie nicht ungewöhnlich intelligent. Jene Gesellschaftsklasse mochte wohl einmal einen Darwin hervorbringen, aber diesem einen standen ja Zehntausende von Landedelleuten gegenüber, die nie etwas Gescheiteres im Kopfe hatten als Fuchsjagden und Strafen für Wilddiebe. Gegenwärtig, nimmt man an, versorgen uns die Universitäten, auf systematischere Weise, mit allem, was die müßige Gesellschaftsklasse früher zufällig und nebenbei bewirkte. Das ist ein großer Fortschritt, hat aber auch gewisse Nachteile. Das Universitätsleben unterscheidet sich so sehr vom allgemeinen Leben draußen in der Welt, daß die Menschen, die in einem akademischen Milieu leben, meist keine Ahnung haben von den eigentlichen Vorurteilen und Problemen der normalen Männer und Frauen; außerdem haben sie gewöhnlich eine Ausdrucksweise, die ihre Ansichten jedes Einflusses auf das durchschnittliche Publikum beraubt. Ein anderer Nachteil ist, daß man an den Universitäten nur organisierte und vorgeschriebene Studienarbeit kennt, so daß jemand, der auf eigenen Wegen forschend vorgehen möchte, wahrscheinlich entmutigt werden wird. Akademische Einrichtungen können daher, so nützlich sie auch sind, nicht als angemessene Wahrer der zivilisatorischen Interessen gelten in dieser Welt, wo alle Menschen jenseits ihrer Mauern nur allzu eifrig dem reinen Nützlichkeitsprinzip huldigen.

Wenn auf Erden niemand mehr gezwungen wäre, mehr als vier Stunden täglich zu arbeiten, würde jeder Wißbegierige seinen wissenschaftlichen Neigungen nachgehen können und jeder Maler könnte malen, ohne dabei zu verhungern, und wenn seine Bilder noch so gut wären. Junge Schriftsteller brauchten nicht durch sensationelle Reißer auf sich aufmerksam zu machen, um wirtschaftlich so unabhängig zu werden, daß sie die monumentalen Werke schaffen können, für die sie heute, wenn sie endlich so weit gekommen sind, gar keinen Sinn und keine Kraft mehr haben. Menschen, die sich als Fachleute für eine besondere wirtschafts- oder staatspolitische Phase interessieren, werden ihre Ideen entwickeln können, ohne dabei im luftleeren akademischen Raum zu schweben, was der Arbeit der Volkswirtschaftler an den Universitäten so häufig einen wirklichkeitsfremden Anstrich gibt. Die Ärzte werden Zeit haben, sich mit den Fortschritten auf medizinischem Gebiet vertraut zu machen, die Lehrer werden sich nicht mehr erbittert bemühen müssen, mit routinemäßigen Methoden Dinge zu lehren, die sie in ihrer Jugend gelernt und die sich in der Zwischenzeit vielleicht als falsch erwiesen haben.

Vor allem aber wird es wieder Glück und Lebensfreude geben statt der nervösen Gereiztheit, Übermüdung und schlechten Verdauung. Man wird genug arbeiten, um die Muße genießen zu können und doch nicht bis zur Erschöpfung arbeiten müssen. Wenn die Menschen nicht mehr müde in ihre Freizeit hineingehen, dann wird es sie auch bald nicht mehr nach passiver und geistloser Unterhaltung verlangen. Mindestens ein Prozent wird sich wahrscheinlich in der Zeit, die nicht mit berufstätiger Arbeit ausgefüllt ist, Aufgaben von allgemeinem Interesse widmen, und da ihr Lebensunterhalt nicht von dieser Beschäftigung abhängt, werden sie dabei ungehindert eigene Wege beschreiten können und nicht gezwungen sein, sich nach den Maßstäben zu richten, die ältere Pseudowissenschaftler aufgestellt haben. Aber die Vorteile der Muße werden nicht nur an diesen Ausnahmefällen zu erkennen sein. Die normalen Männer und Frauen werden, da sie die Möglichkeit haben, ein glückliches Leben zu führen, gütiger und toleranter und anderen gegenüber weniger mißtrauisch sein. Die Lust am Kriegführen wird aussterben, teils aus diesem Grunde und teils, weil Krieg für alle langdauernde, harte Arbeit bedeuten würde. Guten Mutes zu sein ist die sittliche Eigenschaft, deren die Welt vor allem und am meisten bedarf, und Gutmütigkeit ist das Ergebnis von Wohlbehagen und Sicherheit, nicht von anstrengendem Lebenskampf. Mit den modernen Produktionsmethoden ist die Möglichkeit gegeben, daß alle Menschen behaglich und sicher leben können; wir haben es stattdessen vorgezogen, daß sich manche überanstrengen und die andern verhungern. Bisher sind wir noch immer so energiegeladen arbeitsam wie zur Zeit, da es noch keine Maschinen gab; das war sehr töricht von uns, aber sollten wir nicht auch irgendwann einmal gescheit werden?

Ethik

(1927)

Die Ethik bildet herkömmlicherweise eine Disziplin der Philosophie, und aus diesem Grunde behandele ich sie hier. Ich glaube selbst kaum, daß sie zum Bereich der Philosophie gerechnet werden sollte, aber um das zu beweisen, würde man ebensolange brauchen wie zur Erörterung der Ethik selbst, und eine solche Diskussion wäre weniger interessant.

Wenn wir von der Ethik eine vorläufige Definition geben sollen, so können wir sagen, daß sie aus allgemeinen Prinzipien besteht, die uns zur Bestimmung der Regeln unseres Handelns behilflich sind. Es ist nicht Aufgabe der Ethik, anzugeben, wie eine Person unter den und den bestimmten Umständen handeln soll; das ist das Gebiet der Kasuistik. Dieses Wort hat gewisse unangenehme Nebenbedeutungen bekommen, und zwar infolge der Angriffe, die die Protestanten und Jansenisten gegen die Jesuiten gerichtet haben. Versteht man es aber in seinem alten eigentlichen Sinne, so bezeichnet es eine völlig berechtigte Wissenschaft. Nehmen wir etwa die Frage: Unter welchen Umständen ist es erlaubt, zu lügen? Manche Leute werden ohne weiteres Nachdenken »Niemals!« antworten, aber diese Antwort läßt sich nicht ernstlich vertreten. Jedermann gibt zu, daß wir lügen sollen, wenn wir einem Menschen begegnen, der vom Mordwahn befallen ist und einen anderen in der Absicht, ihn zu töten, verfolgt, und der Wahnsinnige fragt uns, ob der andere unsern Weg gekreuzt hat. Es wird auch eingeräumt, daß Lügen ein legitimer Zweig der Kriegskunst ist; ebenso daß Priester lügen dürfen, um das Beichtgeheimnis zu wahren, und Ärzte, um die Geheimnisse zu wahren, die ihnen in Ausübung ihres Berufs von den Kranken anvertraut werden. Alle diese Fragen gehören in die Kasuistik im alten Sinne des Worts, und es leuchtet ein, daß diese Fragen wert sind, gestellt und beantwortet zu werden. Aber sie gehören nicht in

die Ethik, wenn man darunter die Disziplin versteht, die man zur Philosophie gerechnet hat.
Es ist nicht Aufgabe der Ethik, wirkliche Regeln des Verhaltens aufzustellen, wie zum Beispiel ›Du sollst nicht stehlen‹. Das gehört zur Sittenlehre. Von der Ethik wird erwartet, daß sie eine Grundlage liefert, aus der solche Regeln abgeleitet werden können. Die Regeln der Sittenlehre sind je nach dem Alter, der Rasse und nach dem Glaubensbekenntnis der betreffenden Gemeinschaft verschieden, und zwar in einem Grade, dessen sich derjenige schwerlich bewußt wird, der niemals fremde Länder bereist noch auch Anthropologie studiert hat. Sogar innerhalb einer homogenen Gemeinschaft treten Meinungsverschiedenheiten auf. Darf ein Mann den Liebhaber seiner Frau töten? Die Kirche sagt nein, das Gesetz sagt nein, und der gesunde Menschenverstand sagt gleichfalls nein; dennoch würden viele Leute diese Frage bejahen, und häufig weigern sich Geschworenen-Gerichte in solchem Falle zu verurteilen. Diese zweifelhaften Fälle treten auf, wenn eine Sittenregel im Begriff ist, sich zu ändern. Aber die Ethik hat es mit etwas Allgemeinerem und der Veränderung weniger Unterworfenem zu tun als mit Sittenregeln. Allerdings gilt in jeder Gemeinschaft eine Ethik als unsittlich, die nicht zu den von dieser Gemeinschaft anerkannten Sittenregeln führt. Daraus folgt natürlich nicht, daß eine solche Ethik tatsächlich falsch ist, denn die Sittenregeln der betreffenden Gemeinschaft müssen nicht wünschenswert sein. Gewisse Stämme von Kopfjägern sind der Ansicht, daß kein Mann heiraten dürfe, wenn er nicht zur Hochzeit den Kopf eines von ihm selbst erschlagenen Feindes mitbringen kann. Diejenigen, die diese Sittenregeln in Frage stellen, gelten als Förderer der Zügellosigkeit, und man wirft ihnen vor, daß sie die Mannhaftigkeit schwächen wollen. Nichtsdestoweniger werden wir von einer Ethik nicht verlangen, daß sie die Sittenregeln der Kopfjäger rechtfertige.
Der beste Weg, sich dem Gegenstand der Ethik zu nähern, besteht vielleicht in der Frage, was mit der Aussage gemeint

ist: ›Du *sollst* so und so handeln‹ oder ›Ich *sollte* so und so handeln‹. Ursprünglich ist der Inhalt eines solchen Satzes ein emotionaler; er bedeutet ›Dies ist die Handlung, bei der ich das Gefühl der Billigung empfinde‹. Wir wollen aber nicht hierbei stehen bleiben; wir möchten gerne etwas finden, was objektiver, systematischer und konstanter ist als eine persönliche Gemütsbewegung. Der Lehrer der Ethik sagt: ›Du sollst Handlungen von der und der Art billigen.‹ Im allgemeinen gibt er Gründe für diese Ansicht an, und wir haben zu prüfen, welcher Art diese Gründe sein können. Wir stehen hier auf sehr altem Boden. Sokrates befaßte sich hauptsächlich mit Ethik; sowohl Plato als Aristoteles erörterten die Frage ausführlich; noch vor ihrer Zeit hatten Kong-Fu-Tse und Buddha Religionen gegründet, die fast ausschließlich aus ethischen Lehren bestanden, wenn auch freilich der Buddhismus später von theologischen Lehren überwuchert wurde. Die Ansichten der Alten über die Ethik lohnen ein Studium mehr als ihre naturwissenschaftlichen Ansichten; bisher ist es noch nicht gelungen, zu beweisen, daß die Frage einer exakten Behandlung zugänglich ist, und wir können uns nicht rühmen, daß die Denker der Neuzeit ihre Vorgänger überholt hätten.

Historisch betrachtet bestand die Tugend zuerst im Gehorsam gegen die Autorität, sei es die der Götter, sei es die der Regierung oder des Herkommens. Wer die Autorität mißachtete, erlitt offenkundige Strafen. Das ist auch noch Hegels Ansicht, für den die Tugend im Gehorsam gegen den Staat besteht. Es gibt jedoch verschiedene Formen dieser Theorie, gegen die sich verschiedene Einwände erheben lassen. In ihrer primitiveren Form übersieht die Theorie den Umstand, daß verschiedene Autoritäten verschiedene Ansichten über das, was tugendhaft ist, vertreten; sie verallgemeinert deshalb die Praxis der Gemeinschaft, in der der Vertreter der Theorie lebt. Wenn man findet, daß andere Zeitalter und andere Völker andere Gebräuche haben, so werden diese als Greuel verdammt. Wir wollen diese Ansicht zuerst betrachten.

Die Ansicht, die wir jetzt zu prüfen haben, besagt, daß es gewisse Regeln des Verhaltens gibt – zum Beispiel die zehn Gebote –, welche die Tugend in allen Lagen bestimmen. Derjenige ist vollkommen tugendhaft, der alle Regeln einhält; wer gegen sie verstößt, ist um so sündhafter, je häufiger seine Verstöße sind. Gegen diese Ansicht als Grundlage der Ethik lassen sich mehrere Einwände erheben. Zunächst können die Regeln schwerlich das ganze Gebiet des menschlichen Verhaltens erschöpfen; in den zehn Geboten zum Beispiel steht nichts darüber, ob man eine Goldwährung haben soll oder nicht. Dementsprechend betrachten die Anhänger dieser Ansicht gewisse Fragen als ›moralische Fragen‹, während andere diesen Charakter nicht haben. In der Praxis bedeutet das, daß wir in ›moralischen Fragen‹ in bestimmter Weise handeln sollen, ohne Rücksicht auf die Folgen, während wir bei andern Fragen berücksichtigen sollen, welches Verhalten am meisten Gutes mit sich bringt. Das läuft also darauf hinaus, daß wir zwei verschiedene ethische Systeme annehmen müssen: eines, wo das Gesetz gesprochen hat und eines, wo es schweigt. Diese Ansicht ist für einen Philosophen unbefriedigend.

Der zweite Einwand gegen eine solche Ansicht wird durch den ersten nahegelegt. Wir alle haben das Gefühl, daß gewisse Ergebnisse wünschenswert sind und andere nicht; aber ein Kodex des Verhaltens, der auf die besonderen Umstände keine Rücksicht nimmt, wird zuweilen zu Konsequenzen führen, die wir für wünschenswert halten, und in anderen Fällen zu solchen, die wir verwerfen. Nehmen wir zum Beispiel die Vorschrift: ›Du sollst nicht töten.‹ Alle achtbaren Leute sind der Ansicht, daß sie nicht gilt, wenn der Staat zu töten befiehlt; u. a. aus diesem Grunde hat die New Yorker Schulbehörde es kürzlich abgelehnt, das Lehren der zehn Gebote in den Schulen zu gestatten.

Ein dritter Einwand besteht in der Frage, woher wir die Sittenregeln kennen. Die übliche Antwort ist, daß sie uns durch Offenbarung und Überlieferung mitgeteilt werden. Aber dies sind außerphilosophische Erkenntnisquellen. Der Philosoph muß dazu bemerken, daß es viele Offenbarungen gegeben hat und daß es nicht klar ist, weswegen wir die eine eher als die andere anerkennen sollten. Hierauf könnte geantwortet werden, daß das Gewissen eine persönliche Offenbarung für jeden einzelnen darstellt und daß es ihm in unveränderlicher Weise sagt, was Recht und was Unrecht ist. Die Schwierigkeit liegt bei dieser Ansicht in dem Umstand, daß das Gewissen sich im Laufe der Zeiten ändert. Die meisten Leute halten es heute für Unrecht, einen Menschen bei lebendigem Leibe zu verbrennen, weil er in metaphysischen Fragen anderer Meinung ist als sie; aber früher galt dies als eine höchst verdienstliche Tat, sofern sie im Dienste der richtigen Metaphysik geschah. Niemand, der die Geschichte der moralischen Ideen studiert hat, kann das Gewissen als unabänderlich richtig ansehen. Wir werden also genötigt, den Versuch aufzugeben, die Tugend mit Hilfe einer Anzahl von Sittenregeln zu definieren.

Die Ansicht, daß die Tugend im Gehorsam gegen die Autorität besteht, tritt jedoch noch in einer anderen Form auf. Man kann sie ›Administratoren-Ethik‹ nennen. Ein römischer oder anglo-indischer Prokonsul würde die Tugend als Gehorsam gegenüber dem Sittenkodex definieren, der in der Gemeinschaft gilt, zu der der Mensch zufällig gehört. Wie auch immer die Sittenregeln voneinander abweichen mögen, immer soll ein Mensch dem Kodex folgen, der zu seiner Zeit an seinem Ort und für sein Bekenntnis gilt. Ein Mohammedaner zum Beispiel würde nicht als sündhaft gelten, wenn er Vielweiberei treibt, dagegen würde ein Engländer so angesehen werden, auch wenn er in einem mohammedanischen Lande lebt. Diese Ansicht macht die gesellschaftliche Gleichförmigkeit zum Wesen der Tugend; oder sie betrachtet mit Hegel die Tugend als Gehorsam gegen die Regierung. Die Schwierigkeit besteht bei solchen Theorien darin, daß sie es unmöglich machen, ethische Bewertungen auf die Autorität anzuwenden; wir können keine Bedeutung für die Aussage ausfindig machen, daß ein Gebrauch gut ist oder daß die

Regierung schlecht ist. Die Ansicht eignet sich für Despoten und ihre willenlosen Sklaven; in einer fortgeschrittenen Demokratie kann sie nicht bestehen bleiben.

Wir kommen einer richtigen Ansicht ein wenig näher, wenn wir das richtige Verhalten durch den Beweggrund oder den Geisteszustand des Handelnden definieren. Nach dieser Theorie sind diejenigen Handlungen gut, die von gewissen Emotionen eingegeben werden, während diejenigen, die von gewissen anderen Emotionen veranlaßt werden, schlecht sind. Die Mystiker vertreten diese Ansicht und haben infolgedessen für den Buchstaben des Gesetzes eine gewisse Geringschätzung. Grob ausgedrückt, könnte man sagen, daß nach dieser Ansicht die Handlungen gut sind, die von der Liebe eingegeben sind, während die vom Haß eingegebenen schlecht sind. In der Praxis halte ich diese Ansicht für richtig; aber ich betrachte sie vom philosophischen Standpunkt aus als ableitbar aus einer anderen, noch fundamentaleren.

Im Gegensatz zu allen bisher betrachteten Theorien stehen diejenigen, die die Richtigkeit oder Falschheit eines Verhaltens nach seinen Folgen beurteilen. Die berühmteste von diesen ist die utilitaristische Ethik, die behauptete, daß das Glück das Gute sei und daß wir so handeln sollen, daß der Überschuß des Glücks über das Unglück in der Welt so groß wie möglich wird. Ich selbst halte das Glück nicht für eine richtige Definition des Guten, aber ich möchte der Ansicht zustimmen, daß das Verhalten nach seinen Folgen zu beurteilen ist. Natürlich meine ich damit nicht, daß bei jeder praktischen Frage des täglichen Lebens wir die Ergebnisse des einen und des andern Verhaltens auszudenken versuchen sollten; denn wenn wir das täten, so würde die Gelegenheit zum Handeln häufig verpaßt sein, bevor wir mit unserer Kalkulation zu Ende sind. Aber ich meine, daß der Sittenkodex, der von einer Gesellschaft angenommen wird, soweit er bei der Erziehung gelehrt wird und sich in der öffentlichen Meinung oder im Strafgesetz verkörpert, in jeder Generation sorgfältig daraufhin geprüft werden sollte, ob er noch zur

Erreichung erwünschter Zwecke dienlich ist, und wenn nicht, in welchen Hinsichten er abzuändern ist. Kurz, der Sittenkodex sollte sich ebenso wie der Rechtskodex veränderten Umständen anpassen, wobei das öffentliche Wohl stets das Ziel bilden soll. Wenn dem so ist, so müssen wir untersuchen, worin das öffentliche Wohl besteht.

Nach dieser Ansicht ist ›richtiges Handeln‹ kein autonomer Begriff, sondern bedeutet ›Handeln, das so eingerichtet ist, daß es erwünschte Ergebnisse herbeiführt‹. Es wird, sagen wir, richtig sein, so zu handeln, daß die Leute glücklich und intelligent werden, falsch dagegen, so zu handeln, daß sie unglücklich und dumm werden. Wir müssen uns fragen, wie wir feststellen können, welches die Ziele des richtigen Verhaltens sind.

Es gibt eine Ansicht, die zum Beispiel von Dr. G. E. Moore vertreten wird, wonach ›gut‹ ein undefinierbarer Begriff ist, und wir *a priori* gewisse Erkenntnisse über das an sich Gute besitzen. Von Dingen wie: Glückseligkeit, Wissen, Schönheitsliebe weiß man, nach Dr. Moore, daß sie gut sind; es ist auch bekannt, daß wir so handeln sollen, daß wir das Gute fördern und das Schlechte hindern. Früher habe ich diese Ansicht selbst vertreten, aber zum Teil durch Herrn Santayanas Buch *Winds of Doctrine* bin ich veranlaßt worden, sie aufzugeben. Ich glaube jetzt, daß die Begriffe ›gut‹ und ›schlecht‹ vom Begehren abzuleiten sind. Ich meine nicht, daß das Gute einfach das Begehrte sei; denn die Begierden der Menschen widerstreiten einander, und ›gut‹ ist meiner Ansicht nach ein in der Hauptsache gesellschaftlicher Begriff, dessen Zweck es ist, einen solchen Widerstreit zu schlichten. Indessen findet der Widerstreit nicht nur zwischen den Begierden verschiedener Menschen statt, sondern auch zwischen unvereinbaren Begierden eines einzigen Menschen zu verschiedenen Zeiten, oder sogar zur selben Zeit und selbst dann, wenn er wie Robinson Crusoe als Einsiedler lebt. Wir wollen nun sehen, wie sich der Begriff ›gut‹ aus der Reflexion über Konflikte zwischen Begierden ergibt.

Beginnen wir mit Robinson Crusoe! Bei ihm werden Konflikte zum Beispiel zwischen Müdigkeit und Hunger auftreten, insbesondere zwischen Müdigkeit zu der einen Zeit und vorhergesehenem Hunger zu einer andern Zeit. Die Anstrengung, die er machen muß, um, wenn er müde ist, sich dennoch durch Arbeit Nahrung für späteren Bedarf zu beschaffen, hat alle Merkmale dessen, was man eine moralische Anstrengung nennt; wir denken besser von einem Menschen, der die Anstrengung macht, als von einem, der das nicht tut, und diese Anstrengung erfordert Selbstbeherrschung. Aus gewissen Gründen nennt man so etwas nicht Sittlichkeit, sondern Mut; ich halte jedoch diesen Unterschied für illusorisch. Robinson Crusoe muß sich darüber klar werden, daß er mehrere Begierden hat, deren jede zu einer Zeit stärker ist als zu einer andern, und daß, wenn er immer derjenigen nachgibt, die im Augenblick die stärkste ist, er andere schädigt, die auf die Dauer stärker sein werden. Bis hierher wird nur Verstand vorausgesetzt; aber man kann annehmen, daß mit dem Fortschritt des Verstandes auch ein wachsendes Bedürfnis nach einem harmonischen Leben auftritt, d. h. nach einem Leben, in dem das Handeln von miteinander verträglichen quasi-permanenten Begierden beherrscht wird. Es kommt hinzu, daß einige Begierden besser geeignet sind, zur Harmonie zu führen, als andere. Intellektuelle Neugier zum Beispiel führt zu einer sanften ausgebreiteten Befriedigung, während Rauschgifte zu einer Ekstase führen, auf die Verzweiflung folgt. Wenn wir unerwarteterweise auf Robinsons Insel kommen und ihn mit dem Studium der Pflanzenkunde beschäftigt finden, so werden wir besser von ihm denken, als wenn wir entdecken, daß er sich an seiner letzten Flasche Schnaps zu Tode getrunken hat. All das gehört zur Sittlichkeit, obwohl es nur den Handelnden selbst angeht.

Wenn wir nun zur Betrachtung der Menschen in der Gesellschaft übergehen, so werden die Fragen der Sittlichkeit gleichzeitig wichtiger und schwieriger, weil Konflikte zwischen den

Begierden verschiedener Personen schwerer zu schlichten sind als innere Konflikte zwischen den Begierden einer und derselben Person. Hier müssen einige Unterscheidungen vorgenommen werden. Erstens ist da der Unterschied zwischen dem Standpunkt einer neutralen Autorität, die einen Streit betrachtet, an dem sie nicht beteiligt ist, und dem Standpunkt der Streitenden selbst. Ferner ist da der Unterschied zwischen dem, was die Menschen nach unserer Meinung *tun* sollen und dem, was sie in ihren Emotionen und Begierden *fühlen* sollen.

Die Ansicht der Autorität geht überall dahin, daß ein Streit, an dem sie nicht beteiligt ist, unerwünscht sei, daß aber in den Streitfällen, in denen sie selbst Partei ist, die Tugend darin besteht, den Sieg der Autorität zu befördern. In dieser Hinsicht handelt sie nicht als eine Autorität, sondern bloß als eine Verbindung streitsüchtiger Einzelwesen, die es für vorteilhafter halten, sich mit Außenstehenden zu zanken als untereinander; wir wollen daher diese Seite der Autorität unberücksichtigt lassen und ihre Handlung nur in Betracht ziehen, wenn sie neutral ist. In diesem Falle hat sie das Bestreben, Streitfälle dadurch zu verhindern, daß sie diejenigen bestraft, die sie beginnen, zuweilen auch, indem sie beide Teile bestraft. Herr Huc, der jesuitische Missionar, der vor etwa achtzig Jahren einen hochinteressanten Bericht über seine Reisen in China, der Tatarei und Tibet geschrieben hat, berichtet eine amüsante Unterhaltung, die er mit einem Mandarin gehabt hat. Huc hatte bemerkt, daß die chinesische Justiz langsam, kostspielig und bestechlich war. Der Mandarin setzte auseinander, daß sie infolge eines kaiserlichen Edikts so gemacht worden sei; dieses Edikt besagte, daß die Untertanen des Himmelssohnes zu prozeßsüchtig geworden seien und daß sie dazu gebracht werden müßten, von dieser Gewohnheit zu lassen. Das Edikt besagte dann, daß die oben erwähnten Mängel geeignet seien, die Zahl der Prozesse zu vermindern, und legte den Behörden und Richtern nahe, sich danach zu richten. Anscheinend ist dieser Befehl des Kaisers treu befolgt worden – mehr als manche andern.

Eine andere Methode, die von öffentlichen Autoritäten angewandt wird, um den Trieb zu inneren Streitigkeiten zu bekämpfen, besteht in der Schaffung eines Korpsgeistes, eines öffentlichen Geistes, eines Patriotismus usw., d. h. in einer Konzentration der streitsüchtigen Triebe auf Personen außerhalb der Gruppe, über welche die Autorität herrscht. Es liegt auf der Hand, daß eine solche Methode äußerlich und nur für beschränkte Gebiete anwendbar ist; eine weltweite demokratische Autorität könnte sie nicht gebrauchen, wenn sie jemals ins Dasein tritt. Eine solche Autorität müßte sich besserer Methoden bedienen, um Harmonie herzustellen; sie würde allerdings auch einen größeren Anspruch auf den Gehorsam der Bürger machen können, als irgendeine Autorität ihn heute hat.

Was können wir nun vom Standpunkt der Streitenden selbst sagen? Es ist natürlich klar, daß die *totale* Zufriedenheit größer ist, wenn die Begierden zweier Menschen miteinander harmonieren, als wenn sie einander widerstreiten; aber dieses Argument ist gegenüber Menschen, die sich faktisch gegenseitig hassen, unanwendbar. Man könnte sagen, daß derjenige, der besiegt werden wird, gut tue, nachzugeben; aber jeder wird glauben, daß er selbst Sieger sein wird. Man kann auch anführen, daß aus Liebe mehr Glückseligkeit entspringt als aus dem Haß; aber die Menschen können nicht auf Befehl lieben, und eine unaufrichtige Liebe gewährt keine Befriedigung. Im übrigen ist es keineswegs in jedem Einzelfalle richtig, daß Liebe mehr Glückseligkeit gewährt als Haß. Während und unmittelbar nach dem Kriege waren diejenigen glücklicher, die die Deutschen haßten, als die, welche sie noch immer als menschliche Wesen betrachteten; denn jene konnten das Gefühl haben, daß das, was geschah, einem guten Zwecke diente. Ich glaube deshalb, daß gewisse Gebiete der Sittlichkeit, und darunter gerade die wichtigsten, nicht von einem persönlichen Standpunkt aus beurteilt werden können, sondern nur vom Standpunkt einer neutralen Autorität. Deswegen sagte ich oben, daß die Ethik in der Hauptsache sozialer Natur ist.

Die Haltung einer neutralen Autorität würde meiner Ansicht nach die folgende sein: die Menschen begehren allerhand Dinge, und an sich genommen sind alle Begierden gleichberechtigt, d. h. es besteht kein Grund, die Befriedigung der einen derjenigen der andern vorzuziehen. Betrachten wir aber nicht eine einzelne Begierde, sondern eine Gruppe von solchen, so besteht der Unterschied, daß zuweilen alle Begierden einer Gruppe befriedigt werden können, während in andern Fällen die Befriedigung von einigen aus der Gruppe mit derjenigen von andern unvereinbar ist. Wenn A und B sich gegenseitig heiraten möchten, so können beide haben, was sie wünschen; aber wenn sie einander zu töten begehren, so kann höchstens einer an sein Ziel gelangen, es sei denn, sie wären Katzen aus Kilkenny. Daher ist das erste Paar von Begierden in sozialer Beziehung dem zweiten vorzuziehen. Nun sind unsere Begierden Produkte aus drei Faktoren: angeborene Anlage, Erziehung und gegenwärtige Umstände. Der erste Faktor ist heutzutage aus Mangel an Wissen schwer zu ändern. Der dritte wird mit Hilfe des Strafgesetzes mit wirtschaftlichen Maßnahmen und mit gesellschaftlicher Billigung und Mißbilligung behandelt. Dadurch wird erreicht, daß im allgemeinen jedes Individuum in einer Gemeinschaft ein Interesse daran hat, die Interessen der in dieser Gemeinschaft herrschenden Gruppe zu fördern. Aber das geschieht in äußerlicher Weise, nicht durch Schaffung guter Begierden, sondern durch Erzeugung eines Konflikts zwischen Begierde und Furcht, wobei man hofft, daß die Furcht die Oberhand gewinnen werde. Die wirklich wesentliche Methode besteht in der Erziehung in dem weiten Sinne des Worts, in dem sie die Pflege des Körpers und die Ausbildung von Gewohnheiten in den ersten Lebensjahren umfaßt. Mit Hilfe der Erziehung können die Begierden der Menschen derart verändert werden, daß die Menschen von selbst in sozialer Weise handeln. Einen Menschen zu zwingen, seine Begierden zu überwinden, wie das durch das Strafgesetz geschieht, ist lange nicht so befriedigend, wie zu bewirken, daß er solche echten Bedürfnisse fühlt, wie sie zur Beförderung eines sozial-harmonischen Verhaltens nötig sind.

Und das bringt mich auf den letzten Punkt, den wir zu behandeln haben, nämlich die Unterscheidung zwischen Fühlen und Tun. Vom sozialen Gesichtspunkt aus kommt es ohne Zweifel darauf an, was ein Mensch tut, aber es ist unmöglich, ihn dazu zu bringen, daß er in allen Lagen das Richtige tut, wenn er nicht die richtigen Begierden hat. Und die richtigen Begierden können nicht durch bloßes Predigen oder durch den Wunsch, sie zu haben, erzeugt werden; die Technik der sittlichen Erziehung besteht nicht in Ermahnungen oder *ausdrücklicher* sittlicher Belehrung.

Wir können nunmehr die Ethik in abstrakten Ausdrücken darstellen, zu der wir durch die vorstehenden Überlegungen gelangt sind. Ursprünglich nennen wir etwas ›gut‹, wenn wir es begehren, und ›schlecht‹, wenn wir eine Abneigung dagegen haben. Aber unser Sprachgebrauch ist konstanter als unsere Begierden, und deswegen fahren wir fort, ein Ding gut zu nennen, auch wenn wir es im Augenblick nicht wirklich begehren, gerade so, wie wir das Gras immer grün nennen, obwohl es zuweilen gelb aussieht. Nun ist das Wort ›gut‹ mit solchen Assoziationen verbunden, daß es ein Begehren erzeugen kann, das sonst nicht vorhanden wäre; wir können den Wunsch haben, Kaviar zu essen, bloß aus dem Grunde, weil man uns gesagt hat, daß er gut schmeckt. Es kommt hinzu, daß der Sprachgebrauch eine gesellschaftliche Erscheinung ist und daß wir daher ein Ding mit seltenen Ausnahmen nur dann gut zu nennen lernen, wenn die meisten Leute in unserer Umgebung gleichfalls gewillt sind, es so zu nennen. Daraus ergibt sich, daß das Wort ›gut‹ auf Dinge angewendet wird, die von einer ganzen sozialen Gruppe begehrt werden. Es leuchtet daher ein, daß mehr Gutes in einer Welt vorhanden sein kann, in der die Begierden der verschiedenen Individuen miteinander harmonieren, als in einer, wo sie einander widerstreiten. Die höchste Sittenregel wäre demnach: *Handle so, daß du eher harmonische als widerstreitende Begierden erzeugst.* Diese Regel gilt für das ganze Gebiet, auf das sich der Einfluß eines Menschen erstreckt: sein eigenes Innere, seine Familie, seine Stadt, sein Land und sogar die Welt als Ganzes, wenn er imstande ist, sie zu beeinflussen.

Es wird zwei Hauptmethoden zur Erreichung dieses Zieles geben: erstens solche sozialen Einrichtungen herzustellen, daß die Interessen der verschiedenen Individuen unter ihrer Herrschaft so wenig wie möglich miteinander kollidieren; zweitens die Individuen derart zu erziehen, daß ihre Begierden unter sich und mit den Begierden ihrer Nachbarn harmonieren. Über die erste Methode will ich nichts weiter sagen; denn die Fragen, die sich dabei ergeben, gehören in die Politik und Wirtschaftslehre. Was die zweite betrifft, so ist die dafür wichtige Zeit die Zeit der Kindheit, in der sich die Begierden bilden; während dieser Zeit sollte man für Gesundheit, Freude, Freiheit und für ein allmähliches Wachstum der Selbstbeherrschung sorgen, indem man Gelegenheiten zur Bewältigung schwieriger Aufgaben schafft, die zugleich nützlich sind und den Trieb nach Beherrschung der Umgebung befriedigen. Der Machttrieb, der in den meisten Menschen vorhanden ist, und am stärksten in den kräftigsten, sollte auf Macht über die Dinge statt auf Macht über Menschen gelenkt werden.

Es ist klar, daß, wenn wir harmonische Begierden erstreben sollen, Liebe besser ist als Haß; denn wenn zwei Menschen einander lieben, können sie beide befriedigt werden, wenn sie dagegen einander hassen, so kann höchstens einer von ihnen an das Ziel seiner Wünsche gelangen. Es liegt auch auf der Hand, daß man die Wißbegierde bestärken muß, denn wenn jemand Wissen erwirbt, so tut er das nicht, indem er es einem andern wegnimmt. Dagegen kann der Wunsch (sagen wir) nach großem Grundbesitz nur bei einer kleinen Minderheit befriedigt werden. Der Trieb nach Macht über andere

Menschen ist eine mächtige Quelle von Konflikten und ist deswegen zu bekämpfen; die Achtung vor der Freiheit anderer ist eines von den Dingen, die durch die richtige Art der Erziehung zu entwickeln sind. Der Trieb zur persönlichen Vervollkommnung sollte sich auf solche Dinge richten wie künstlerisches Schaffen oder wissenschaftliche Entdeckungen oder die Förderung nützlicher Einrichtungen, kurz auf Betätigungen, die mehr schöpferisch als auf Besitz gerichtet sind. Das Wissen kann positiven Schaden anrichten, wenn die Begierden der Menschen miteinander kollidieren (zum Beispiel indem es die Mittel angibt, um den Krieg tödlicher zu gestalten); aber es wird in einer Welt, in der die Begierden der Menschen miteinander harmonieren, nur gute Ergebnisse haben, denn es zeigt ihnen, wie sie ihre gemeinsamen Bedürfnisse befriedigen können.

Wir können die Schlußfolgerung aus dem allen in einem einzigen Satz zusammenfassen: *Ein gutes Leben ist eines, das von Liebe beseelt und von Erkenntnis geleitet wird.*[1]

1. Vgl. *What I Believe* vom Verfasser dieses Buches.

Über die Verbindlichkeit ethischer Urteile[1]
Aus: Antwort auf Kritik

(1944)

Sowohl der Aufsatz von Brightman[2] über meine Religionsphilosophie als auch der von Buchler[2] über meine Ethik werfen gewisse Fragen auf, für die ich zuerst klarzumachen versuchen muß, welche Auffassungen ich über sie habe.

Ich werde, vielleicht zu Recht, der Inkonsistenz beschuldigt, weil ich mir trotz meiner Ansicht, daß letzte ethische Bewertungen subjektiv sind, prononcierte Meinungen über ethische Fragen erlaube. Wenn hier eine Inkonsistenz vorliegt, ist es eine, der ich mich nicht ohne Unehrlichkeit entledigen kann; darüber hinaus kann ein inkonsistentes System sehr wohl weniger Falschheit enthalten als ein konsistentes. Zu meinem eigenen wie für den Nutzen des Lesers möchte ich diese Frage etwas ausführlicher untersuchen.

Zunächst einmal: Ich bin nicht bereit, auf mein Recht zu verzichten, ethische Leidenschaften zu empfinden und auszudrücken; noch so viel Logik, sei es auch meine eigene, kann mich nicht davon überzeugen, daß ich es tun sollte. Es gibt einige Menschen, die ich bewundere, und andere, die ich verabscheue; einige politische Systeme scheinen mir erträglich, andere ein Greuel. Genuß am Anblick von Grausamkeit entsetzt mich, und ich schäme mich nicht der Tatsache, daß es mich entsetzt. Ich bin nicht eher bereit, das alles aufzugeben, als ich bereit bin, das Einmaleins aufzugeben.

Die Schwierigkeiten entstehen aus der Subjektivität ethischer Bewertungen. Sehen wir, worauf das hinausläuft.

In der Praxis können Meinungsverschiedenheiten zwischen zwei Personen darüber, ob eine gewisse Verhaltensweise richtig ist, gewöhnlich, wenn auch nicht immer, auf Meinungs-

1. Überschrift vom Übers.
2. In: *The Philosophy of Bertrand Russell*, ed. Schilpp, New York 1944, dem dieser Aufsatz entnommen ist.

verschiedenheiten über die anzuwendenden Mittel reduziert werden. Das sind Fragen innerhalb des Bereichs der Wissenschaft. Angenommen etwa, eine Person befürwortet die Todesstrafe und die andre verurteilt sie: sie werden wahrscheinlich über ihre Wirksamkeit als Abschreckung streiten, was wenigstens theoretisch durch Statistik entschieden werden kann. Solche Fälle machen keine theoretischen Schwierigkeiten. Aber es gibt schwierigere Fälle. Das Christentum, Kant und Bentham behaupten, daß alle Menschen als gleich gelten sollen; Nietzsche sagt, die meisten Menschen sollten bloß Mittel für eine Aristokratie sein. Er würde nicht der modernen Entwicklung dieser Lehre zustimmen, wonach das Gute im Genuß für einen Deutschen oder im Schmerz für einen Juden und das Schlechte im Genuß für einen Juden oder im Schmerz für einen Deutschen besteht, aber vom Gesichtspunkt einer ethischen Theorie wirft seine Lehre dieselben Probleme auf wie die Lehre der Nazis.

Untersuchen wir zwei Theorien über das Gute. Die eine sagt, wie das Christentum, Kant und die Demokratie: was immer das Gute ist, der Genuß eines jeden Menschen daran hat denselben Wert wie der eines jeden andern. Die andre sagt: es gibt eine gewisse Unterklasse der Menschheit – Weiße, Deutsche, Adlige oder was immer –, deren Wohl oder Übel in einer Beurteilung der Zwecke allein zählt; andre Menschen sind nur als Mittel zu betrachten. Ich werde annehmen, daß A die erste Auffassung einnimmt und B die zweite. Was kann jeder von ihnen sagen, um den andern eines Irrtums zu überführen? Ich kann mir nur Argumente denken, die strenggenommen irrelevant wären. A könnte sagen: Wenn du die Interessen eines großen Teils der Menschheit nicht beachtest, wird er rebellieren und dich ermorden. B könnte sagen: Der Teil der Menschheit, den ich begünstige, ist dem Rest in Geschicklichkeit und Mut so sehr überlegen, daß er sowieso der Herrschaft sicher ist, warum also den wahren Sachverhalt nicht offen anerkennen? Beides ist ein Argument über die Mittel, nicht die Zwecke. Werden solche Argumente beiseitegeschoben, bleibt, soviel ich sehe, nichts mehr zu sagen, außer daß jede Partei ihre moralische Mißbilligung der andern ausdrückt. Diejenigen, die diesen Schluß zurückweisen, bringen gegen ihn kein Argument vor, außer daß er unangenehm sei.

Die Frage erhebt sich: Was soll ich darunter verstehen, wenn ich sage, dies oder das sei als Zweck gut? Um die Frage zu bestimmen, wollen wir den Genuß untersuchen. Wenn jemand behauptet und ein andrer leugnet, Genuß sei gut an sich, worin unterscheiden sie sich? Ich behaupte, die beiden unterscheiden sich in dem, was sie begehren, aber nicht in dem, was sie behaupten, da sie nichts behaupten. Ich behaupte, daß keiner etwas behauptet außer in dem abgeleiteten Sinn, in dem alles, was wir sagen können, als Behauptung von etwas über uns selbst betrachtet werden kann. Wenn ich sage ›Morgen wird es regnen‹, will ich eine meteorologische Behauptung aufstellen, aber einem skeptischen Zuhörer teile ich nur mit, daß ich etwas über das Wetter von morgen glaube. Es gibt einen ähnlichen Unterschied zwischen dem Ausdruck eines Begehrens und der Feststellung, daß ich das Begehren empfinde. Ein ethisches Urteil drückt nach meiner Meinung ein Begehren aus, aber besagt nur durch Implikation, daß ich dies Begehren empfinde, ebenso wie eine indikativische Aussage einen Glauben ausdrückt, aber nur durch Implikation besagt, daß ich diesen Glauben habe.

Ich glaube nicht, daß ein ethisches Urteil *nur* ein Begehren ausdrückt; ich stimme Kant darin zu, daß es ein Element der Allgemeinheit haben muß. Ich würde ›A ist gut‹ interpretieren als ›Ich möchte, daß alle Menschen A begehren‹. Das *drückt* einen Wunsch *aus*, behauptet aber keinen außer durch Implikation.

Buchler fragt, was ich meine, wenn ich sage, das Gute sei *primär* das Begehrte; was ich meine, ist, daß es in Begriffen des Begehrens zu definieren ist und daß seine Definition als das Begehrte ein erster Schritt zu einer richtigen Definition ist.

Buchler behauptet, wenn ich sage, das gute Leben sei von

Liebe beseelt und von Erkenntnis geleitet, könne ich nicht meinen, daß ich wünsche, jedermann begehrte, daß die Menschen ein solches Leben führten. Aber nehmen wir die Frage psychologisch. Was erfährt der Leser vom Lesen dieses Satzes? Er erfährt gewiß, daß ich wünsche, man lebte so, und er folgert vielleicht, daß ich etwas über diesen Wunsch Hinausgehendes ausdrücken will. Aber was ist dies Weitere? Ich kann nicht sehen, daß es mehr ist als der Wunsch, daß andre meinen Wunsch teilen sollten.

Ich habe beträchtliche Schwierigkeiten zu verstehen, warum jemand darüber überrascht sein sollte, daß ich leidenschaftliche ethische Urteile ausdrücke. Nach meiner eigenen Theorie drücke ich damit leidenschaftliche Begierden hinsichtlich der Begierden der Menschheit aus; ich empfinde solche Begierden; warum also sie nicht ausdrücken?

Was, denke ich, in meiner ethischen Theorie hauptsächlich vermißt wird, ist das Element des Befehls, ja der ›kategorische Imperativ‹. Die Ethik ist eine gesellschaftliche Macht, die eine Gesellschaft zusammenhalten hilft, und jeder, der ein ethisches Urteil fällt, fühlt sich in gewissem Sinn als Gesetzgeber oder Richter, je nach dem Allgemeinheitsgrad des betreffenden Urteils. Man könnte leicht eine politische Theorie der Ethik entwickeln, die von der Definition ausgeht: ›Das Gute ist die Befriedigung der Begierden der Machthaber‹. In einer echten Demokratie, wenn so etwas möglich wäre, würden die Konsequenzen dieser Definition Demokraten nicht erschrecken. Durch Induktion würde sie auf die historischen Tatsachen in bewundernswerter Weise angewandt werden können; sie würde etwa erklären, warum Rauchen bei Frauen böse war, bis sie das Wahlrecht erhielten, und danach nicht mehr. Das ist die Theorie, die von Thrasymachos im *Staat* vorgetragen und vom platonischen Sokrates mit einem Maß an unehrlicher Sophistik ›widerlegt‹ wird, das selbst für ihn viel ist. Das ist die Theorie, die, obgleich nicht eingestandenermaßen, die meisten Schulmeister und fast alle Erziehungsbehörden vertreten. Sie kann aus dem

Moralkodex jeder Gemeinschaft außer in Revolutionszeiten erschlossen werden. Ich übernehme diese Ethik jedoch nicht, weil ich die Bürde des weißen Mannes, die Ungleichheiten der wirtschaftlichen Macht, und andere Erscheinungen der Ethiken regierender Cliquen nicht liebe.

Um all das scheint es jedoch nicht zu gehen. Worum es geht, ist, daß ein ethisches Urteil – so wird es empfunden – dieselbe Art von Objektivität haben sollte wie ein Tatsachenurteil. Ein Tatsachenurteil kann, wie ich annehme, eine ›Wahrheit‹ genannte Eigenschaft haben, die es hat oder nicht hat, ganz unabhängig von dem, was irgend jemand von ihm denkt. Sehr viele amerikanische Philosophen, vielleicht die meisten, sind hierin anderer Meinung und nehmen an, es gebe keine solche Eigenschaft wie ›Wahrheit‹. Für sie existiert das Problem nicht, das ich untersuche. Für mich aber ist es notwendig anzuerkennen, daß ich keine der ›Wahrheit‹ analoge Eigenschaft sehe, die zu einem ethischen Urteil gehört oder nicht gehört. Man muß zugeben, daß das die Ethik in eine andre Kategorie stellt als die Wissenschaft.

Ich kann jedoch nicht sehen, daß dieser Unterschied so wichtig ist, wie man manchmal meint. Nehmen wir zum Beispiel die Frage der Überredung. In der Wissenschaft gibt es eine Technik des Überzeugens, die so wirksam ist, daß Kontroversen selten sehr lange dauern. Diese Technik besteht aus einem Appell an Beweise. Sobald aber eine Frage irgendwie mit Politik verbunden ist, werden theoretische Methoden unzulänglich. Sind Farbige von Geburt weniger intelligent als Weiße? Gibt es Nationaleigenschaften, die die Individuen der verschiedenen Völker unterscheiden? Gibt es anatomische Anhaltspunkte dafür, daß Frauengehirne denen von Männern unterlegen sind? Solche Fragen werden gewöhnlich durch Rhetorik, Blechmusik und eingeschlagene Schädel entschieden. Dennoch kann der unparteiische Wissenschaftler, wenn es ihn gibt, in der Anwendung wissenschaftlicher Methoden selbst auf Fragen, die die Gemüter erhitzen, unbeachtet und allein ausharren.

Was das Überzeugen angeht, wird oft übersehen, daß der Befürworter wissenschaftlicher Methoden sich – da Überzeugen eine praktische Tätigkeit ist – auf das praktische Prinzip stützen muß, es sei besser, die Wahrheit als die Falschheit zu glauben. Nach meiner Interpretation bedeutet das, daß der Befürworter wissenschaftlicher Methoden wünscht, daß man wahrheitsgemäß glaubt, und wünscht, daß andere diesen Wunsch teilen. Es ist klar, daß er tatsächlich wissenschaftliche Methoden nicht befürworten wird, wenn er nicht diesen Wunsch hat. Werbeagenturen sind anders: sie wünschen, daß man bestimmte Meinungen hat, die sie vielleicht selbst haben, die sie aber selten einer wissenschaftlichen Prüfung unterworfen sehen wollen.

Das Überzeugen in ethischen Fragen unterscheidet sich notwendig vom Überzeugen in wissenschaftlichen Angelegenheiten. Nach meiner Ansicht wünscht, wer urteilt, A sei gut, daß andere gewisse Begierden empfinden. Er wird deshalb, wenn er nicht durch andere Tätigkeit behindert ist, diese Begierden bei andern zu erregen versuchen, wenn er zu wissen glaubt, wie das anzustellen ist. Das ist die Absicht von Predigten, und es war meine Absicht in verschiedenen Büchern, in denen ich ethische Meinungen ausgedrückt habe. Die Kunst, seine Begierden überzeugend darzustellen, ist von der der logischen Beweisführung völlig verschieden, aber gleicherweise legitim.

Das mag alles wahr sein, wird man mir sagen, *vorausgesetzt deine Begierden sind gut*; sind sie schlecht, ist Rhetorik zu ihrer Verteidigung eine Kunst des Teufels. Aber was sind ›gute‹ Begierden? Sind sie irgend mehr als die Begierden, die man selbst hat? Gewiß *scheint* es etwas darüber Hinausgehendes zu geben. Angenommen, jemand wollte zum Beispiel die Einführung des Stierkampfs in diesem Land befürworten. Beim Bekämpfen dieses Vorschlags würde ich *fühlen*, nicht nur daß ich meine Begierden ausdrücke, sondern auch daß meine Begierden in dieser Sache *richtig* sind, was immer das heißen mag. Was das Argumentieren angeht, kann ich wohl zeigen, daß ich keiner logischen Inkonsistenz schuldig bin, wenn ich die obige Interpretation der Ethik aufrechterhalte und gleichzeitig starke ethische Vorlieben ausdrücke. Aber im Gefühl bin ich nicht befriedigt. Ich kann nur sagen, zwar befriedigen mich meine eigenen Meinungen über Ethik nicht, aber die anderer Leute noch weniger.

Auf einige Einzelheiten in Buchlers Aufsatz ist noch einzugehen. Er scheint anzunehmen, mit dem Hinweis etwas gegen mich zu sagen, daß man oft nicht weiß, was man begehrt. Aus meiner Darstellung des Begehrens in der *Analyse des Geistes* wird er ersehen, daß ich es als Ausnahme betrachte, wenn man weiß, was man begehrt. Aber die Begierden beeinflussen das Verhalten (oder, besser, werden im Verhalten exemplifiziert), wenn sie unbewußt sind genauso, wie wenn sie bewußt sind.

Er sagt, ich kümmere mich nicht darum, die Begierden aller Menschen miteinander verträglich zu machen. Ich kann nicht verstehen, woher er den Eindruck hat. Das letzte Kapitel der *Social Reconstruction* beschäftigt sich ausschließlich, oder fast ausschließlich, mit der Integration von Begierden, zuerst im Individuum, dann in der Welt. Der Wunsch, Begierden in Einklang miteinander zu bringen, ist das Hauptmotiv meiner politischen und sozialen Auffassungen, von der über die Kindererziehung bis zu der über den internationalen Staat.

Schließlich sagt er, ich sei zwar mutig, aber nicht einsichtig, und ich lasse es an *sophrosyne* fehlen. Das, glaube ich, ist richtig. Ich will nur hinzufügen, daß *sophrosyne* keine Eigenschaft ist, die ich besitzen möchte; ich verbinde damit reservierte Sympathien und ein sicheres Einkommen. Ich lebte einmal in Malaga; einige Monate, nachdem ich von dort fortgezogen war, wurde ein großer Teil der Zivilbevölkerung beim Versuch, über eine enge Küstenstraße zu fliehen, von der Luft aus vernichtet. Genau solche Sachen geschehen dauernd. Während des letzten Krieges ließ mich das Kriegsministerium kommen und ermahnte mich, Sinn für Humor zu bewahren. Ich hatte große Mühe, die Bemerkung zu unterdrücken, die Verlustlisten brächten mich dazu, mich totzulachen. Nein, ich will nicht heiter sein und über der Schlacht stehen; was schrecklich ist, will ich als schrecklich sehen und nicht als Teil eines mildtätigen Ganzen.

Quellennachweis

Die Aufsätze *Über das Kennzeichnen (On Denoting), Der logische Atomismus (Logical Atomism), Der Pragmatismus (Pragmatism)* und *Über die Natur von Wahrheit und Falschheit (On the Nature of Truth and Falsehood)* erscheinen mit freundlicher Genehmigung des Verlages Allen & Unwin, London, und wurden von Ulrich Steinvorth übersetzt.
Die beiden Kapitel aus *Antwort auf Kritik (Reply to Criticism)* sind dem Band *The Philosophy of Bertrand Russell* (ed. Paul Arthur Schilpp, New York: Tudor 1944, S. 700 bis 706 und S. 720–725) entnommen und erscheinen mit freundlicher Genehmigung von Professor Schilpp. Übersetzungen von Ulrich Steinvorth.
Die Aufsätze *Die geistigen Väter des Faschismus, Was für den Sozialismus spricht* und *Lob des Müßiggangs*, übersetzt von E. Fischer-Wernecke, erscheinen mit freundlicher Genehmigung des Verlages Paul Zsolnay GmbH, Hamburg und Wien (© 1957).
Der Aufsatz *Ethik*, übersetzt von Kurt Grelling, erscheint mit freundlicher Genehmigung des Drei Masken Verlages, München.

Literaturhinweise

Eine vollständige Bibliographie der Arbeiten Bertrand Russells bis 1951 enthält der von Paul Arthur Schilpp herausgegebene Band *The Philosophy of Bertrand Russell.* New York: Tudor 1944, ^{3}1951.

Bekanntere Arbeiten

German Social Democracy. London 1896.

A Critical Exposition of the Philosophy of Leibniz ... Cambridge 1900.

The Principles of Mathematics. Cambridge 1903.

Principia Mathematica (mit A. N. Whitehead). 3 Bde., Cambridge 1910–1913.

Philosophical Essays. London 1910. Mit neuen Aufsätzen unter Fortlassung alter neu aufgelegt als *Mysticism and Logic ...* New York 1918. Dt. Übers. *Mystik und Logik. Philosophische Essays.* Wien und Stuttgart 1952.

The Problems of Philosophy. London 1912. Dt. Übers. *Probleme der Philosophie.* Wien und Stuttgart 1950, Frankfurt a. M. 1967.

Our Knowledge of the External World as a Field for Scientific Method in Philosophy. London 1914. Dt. Übers. *Unser Wissen von der Außenwelt.* Leipzig 1926.

Principles of Social Reconstruction. London 1916. Dt. Übers. *Grundlagen für eine soziale Umgestaltung.* München 1921.

Roads to Freedom: Socialism, Anarchism and Syndicalism. London 1918. Dt. Übers. in Auszügen *Politische Ideale.* Berlin 1922.

Introduction to Mathematical Philosophy. London 1919. Dt. Übers. *Einführung in die mathematische Philosophie.* München 1923.

The Analysis of Mind. London 1921. Dt. Übers. *Analyse des Geistes.* Leipzig 1927.

The Problem of China. London 1922. Dt. Übers. *China und das Problem des fernen Ostens.* München 1925.
The ABC of Atoms. New York 1923, London 1923. Dt. Übers. *ABC der Atome.* Stuttgart 1925.
The ABC of Relativity. New York und London 1925. Dt. Übers. *Das ABC der Relativität.* Hamburg 1927 und *Das ABC der Relativitätstheorie.* München 1928 und 1970.
On Education Especially in Early Childhood. London 1926. Dt. Übers. *Ewige Ziele der Erziehung unter besonderer Berücksichtigung der ersten Kinderjahre.* Heidelberg 1928.
The Analysis of Matter. New York 1927, London 1927. Dt. Übers. *Philosophie der Materie.* Leipzig und Berlin 1929.
An Outline of Philosophy. London 1927. Dt. Übers. *Mensch und Welt.* München 1930.
Marriage and Morals. London 1929. Dt. Übers. *Ehe und Moral.* Stuttgart 1951.
The Conquest of Happiness. New York 1930, London 1930. Dt. Übers. *Schlüssel zum Glück.* München 1932.
Freedom and Organization 1814–1914. London 1934. Dt. Übers. *Freiheit und Organisation 1814–1914.* Berlin 1948.
An Inquiry into Meaning and Truth. London 1940.
A History of Western Philosophy. Its Connections with Political and Social Circumstances from the Earliest Times to the Present Day. London 1945. Dt. Übers. *Philosophie des Abendlandes. Ihr Zusammenhang mit der politischen und sozialen Entwicklung.* Frankfurt a. M. 1950.
Human Knowledge: Its Scope and its Limits. London 1948. Dt. Übers. *Das menschliche Wissen.* Darmstadt 1952.
Logic and Knowledge. Essays 1901–1950 (ed. R. C. Marsh). London 1956.
My Philosophical Development. London 1959.
The Autobiography of Bertrand Russell. Bd. 1 *(1872–1914)*, London 1967. Bd. 2 *(1914–1944)*, London 1968. Dt. Übers. *Bertrand Russell: Mein Leben.* Bd. 1, Zürich 1967. Bd. 2, Frankfurt a. M. 1970.

Letters 1950–1968. London 1969. Dt. Übers. *Briefe aus den Jahren 1950–1968*. Frankfurt a. M. 1970.

Biographie

Alan Wood: *Bertrand Russell. The Passionate Sceptic*. London 1956. Dt. Übers. *Bertrand Russell. Skeptiker aus Leidenschaft*. Thun und München 1959.

Nachwort

Bertrand Arthur William Russell, 1872 als zweiter Sohn unorthodoxer Eltern geboren, Nachfahr einer Familie, die sich von Heinrich VIII. herzuleiten liebte, und Patenkind J. St. Mills, wurde nach dem frühen Tod seiner Eltern entgegen deren Testament im streng puritanischen Haus seines Großvaters Lord John Russell erzogen, der Führer der Whigs im 19. Jahrhundert und zeitweiliger Premierminister war.

Nach dem Eintritt in die Universität Cambridge 1890 kam er in Kontakt mit den meisten damaligen und späteren intellektuellen Größen Englands, studierte Mathematik und Philosophie und zeigte Interesse für Politik (Mitglied der Fabian Society; sein erstes Buch: *German Social Democracy*, 1896 nach Reisen in Deutschland veröffentlicht). Wegen seiner Englands Teilnahme am Ersten Weltkrieg verurteilenden Tätigkeiten 1916 als Lecturer in Cambridge entlassen und 1918 zu einem halben Jahr Gefängnis verurteilt (in dem er seine *Introduction into Mathematical Philosophy* beendete und *The Analysis of Mind* begann), besuchte er als mittlerweile prominenter ›Linker‹ 1920 die Sowjetunion, deren Sozialismus er als bürokratisch, puritanisch und nationalistisch kritisierte. 1927 gründete er mit seiner zweiten Frau Dora zur Verwirklichung ihrer (anti-autoritären) pädagogischen Ideen die Beacon Hill School und leitete sie mit ihr bis zu seiner Scheidung 1934. 1938 bis 1944 lebte er mangels Verdienstmöglichkeiten in England mit seinen Kindern und seiner dritten und vorletzten Frau in den USA, als Verderber der Sitten angefeindet und von einem New Yorker Richter verurteilt. Nach seiner Rückkehr nach England und Cambridge geehrt (1949 zum Honorary Fellow der Britischen Akademie ernannt und mit dem Order of Merit ausgezeichnet, 1950 mit dem Nobel-Preis für Literatur), blieb er politisch tätig (Verurteilung des amerikanischen Indochina-

Kriegs und Unterstützung der Palästinenser gegen Israel) bis zu seinem Tod im Jahre 1970.
Bertrand Russell ist auf zwei Gebieten berühmt geworden: auf dem Gebiet der Logik, Mathematik und Wissenschaftstheorie als Philosoph und auf dem der Politik und Gesellschaftstheorie als Moralist. Russell selbst sah diese beiden Gebiete dadurch voneinander getrennt, daß theoretische Tätigkeit im zweiten Gebiet anders als im ersten Werturteile notwendig macht. Die Aufstellung von Werturteilen aber hätte Russell am liebsten als bloß subjektiv aus der Tätigkeit des Philosophen ausgeschlossen, wenn das nicht ein zu gewaltsamer Bruch mit der Tradition gewesen wäre. Hierin liegt der Grund dafür, daß Russell wiederholt behauptete, es bestehe kein Zusammenhang zwischen seinen philosophischen und seinen politischen oder moralischen Anschauungen – wobei er unter seine ›philosophischen‹ Anschauungen eben nicht seine politischen zählte.
Die vorliegende Sammlung ist in der Absicht zusammengestellt worden, sowohl Russells im engern Sinn philosophische als auch seine politischen Anschauungen durch Aufsätze über solche Themen vorzustellen, die einerseits innerhalb seiner philosophischen und politischen Theorien zentral sind, andrerseits aber die Gegensätzlichkeit der Anschauungen dieser beiden Gebiete erkennen lassen.

Einer der ersten Aufsätze, die Russell nach seiner Abwendung vom Bradleyschen Idealismus schrieb, und zugleich sein wohl berühmtester, ist der *Über das Kennzeichnen (On Denoting)*. Dieser Aufsatz ist aus drei Gründen bemerkenswert: Zunächst ist er die erste Formulierung von Russells ›Theorie der Beschreibung‹ (hier noch ›Theorie des Kennzeichnens‹), die nach Wittgenstein, G. E. Moore und andern Philosophen Russells beste philosophische Arbeit ist. Zweitens wurde er zum Vorbild der analytischen Philosophie, und drittens enthält er die Ansätze zur weiteren Entwicklung der Russellschen Philosophie samt ihren Problemen.

Den Anstoß zur Entwicklung seiner Theorie der Beschreibung gibt Russell ein sprachliches Phänomen, das Meinong (und andere Philosophen) zu erstaunlichen Behauptungen geführt hatte. Man kann etwas von Dingen aussagen, die nicht existieren. Meinong argumentierte, die Tatsache, daß ein Ausdruck wie ›das runde Quadrat‹ verständlich ist, er also eine Bedeutung hat, beweise, daß es etwas geben müsse, worauf sich der Ausdruck bezieht, und dies Etwas müsse eben das runde Quadrat sein, für das im Unterschied zu gewöhnlichen Gegenständen allerdings eine besondere Seinsweise, die Subsistenz, anzunehmen sei.

Russell vermied diese Folgerung durch eine besondere Interpretation der Ausdrücke, die nicht-existente Gegenstände vertreten. Solche Ausdrücke haben nach Russell für sich genommen überhaupt keine Bedeutung, vertreten also selbst keine Gegenstände welcher Art auch immer, wir können sie aber in einem Satzzusammenhang verstehen, weil sich dann hinter dem Satz, in dem solche Ausdrücke vorkommen, Zeichen verbergen, die sich auf (existente) Gegenstände beziehen oder behaupten, daß einem existenten Gegenstand eine bestimmte existente Qualität zukommt oder nicht zukommt.

Um zu erklären, wie man einen Satz über das runde Quadrat oder den gegenwärtigen König von Frankreich oder allgemein einen Satz, der Kennzeichnungen enthält, überhaupt verstehen kann, muß man deshalb die gewöhnliche grammatische Form des Satzes in eine neue, die logische Form, bringen, in der der Satz zwar noch dasselbe sagt wie in seiner grammatischen Form, aber nur noch Zeichen enthält, die sich auf tatsächlich existierende Gegenstände beziehen oder behaupten, daß einem existenten Gegenstand eine existente Qualität zukommt oder nicht zukommt.

In seiner logischen Form würde sich ein Satz also unmittelbar auf das und nur auf das beziehen, was tatsächlich existiert (wenn auch manchmal in verkehrter Weise, nämlich wenn er falsch ist), so daß man mit der Umformung aller Sätze aus ihrer grammatischen in ihre logische Form oder mit der ›logischen Analyse‹ der Sätze und der sich daraus ergebenden Konstruktion einer Idealsprache einen Spiegel der Wirklichkeit zu finden und zur Erkenntnis der eigentlichen Wirklichkeit zu kommen hoffen könnte. Die Anhänger der analytischen Philosophie betrachteten deshalb Russells Aufsatz *Über das Kennzeichnen* als den ersten bahnbrechenden Schritt in diese traditionelle Richtung.

Bei aller Neuartigkeit der Methode der logischen Analyse darf man jedoch nicht übersehen, daß sie auf einer traditionellen und auch von Meinong gemachten Annahme beruht. Es ist die Annahme, daß ein Zeichen überhaupt nur dann eine Bedeutung haben oder verständlich sein kann, wenn es einen Gegenstand gibt, der deshalb seine Bedeutung ist, weil er ihm durch eine Benennung zugeordnet worden ist. Meinong nimmt an, daß auch ein Ausdruck wie ›das runde Quadrat‹ seine Bedeutung durch Zuordnung zu einem (wenn auch nur subsistenten) Gegenstand erlangt; Russell dagegen möchte diesen Ausdruck in Zeichen zerlegen, die Gegenstände bedeuten, deren Annahme nicht so mysteriös ist wie die subsistenter Gegenstände. Beide aber sind darin einig, daß ein Zeichen nur deshalb eine Bedeutung haben kann, weil es in einer Benennung mit einem Gegenstand verbunden worden ist, der nach dieser Benennung die Bedeutung des Zeichens ist.

Russell selbst legte sich in seiner für seine theoretische Philosophie charakteristischen Vorsicht nicht auf das Programm einer logischen Analyse der Sprache zur Erkenntnis der eigentlichen Wirklichkeit fest, aber die Entwicklung seiner Philosophie ist kaum ohne die Idee der Idealsprache verständlich, die dem Aufsatz *Über das Kennzeichnen* zugrunde liegt.

Die philosophisch wichtigste Frage bei der Konstruktion einer logischen Idealsprache ist die: Was sind überhaupt die Gegenstände und Qualitäten, auf die und auf die allein sich die Zeichen der Idealsprache zu beziehen hätten? Zur Zeit der Abfassung des Aufsatzes *Über das Kennzeichnen* gibt

Russell auf diese Frage mit seiner Unterscheidung zwischen Kenntnis durch Bekanntschaft und Kenntnis durch Kennzeichnen (oder Beschreibung) keine ausdrückliche Antwort. Er deutet an und formuliert etwas später ausdrücklich, daß man einen Satz nur dann verstehen kann, wenn alle Zeichen, aus denen er seiner logischen Form nach besteht, Bedeutungen haben, mit denen man Kenntnis durch Bekanntschaft hat. In den *Problemen der Philosophie* (1912) bestimmt er als den Bereich dessen, womit wir Bekanntschaft haben, nicht nur Sinnesdaten, sondern auch das Subjekt des Erkennens. Einige Jahre später sind nur Sinnesdaten (oder sensibilia – die Sinnesdaten, die andern Wesen als mir gegeben sind – oder Perzepte) übriggeblieben. Alles andere, was man gewöhnlich als Gegenstände im einen oder andern Sinn bezeichnet, ist nach Russell aus dem unmittelbar in der Bekanntschaft Gegebenen zu ›konstruieren‹. Eine Skizze dieser Vorstellungen ist im Aufsatz *Der logische Atomismus* enthalten. Russell hat sich damit der Ontologie und Erkenntnistheorie des ›neutralen Monismus‹ von William James angeschlossen, der ebenso wie Ernst Mach (dem die logischen Positivisten des Wiener Kreises folgten) versuchte, die Welt als einen Bau aus ›Elementen‹ zu verstehen, die weder etwas Psychisches noch etwas Physisches seien, aus denen sich vielmehr je nach der Art ihrer Kombination oder den Gesetzen ihrer Verbindung Psychisches und Physisches erst zusammensetze. Bei Russell treten diese ›Elemente‹ als ›Ereignisse‹ (events) oder ›Vorgänge‹ (occurrences) auf, deren raumzeitliche ›Ansammlungen‹ (collections) oder ›Bündel‹ (bundles) alle Gegenstände ergeben sollen, von denen die Physik, die Psychologie und der gesunde Menschenverstand sprechen.

Von Machs ›Elementen‹ zeigte Lenin schon 1908 (ebenso wie eine Reihe westeuropäischer Philosophen vor ihm), daß sie nichts ›Neutrales‹ zwischen Psychischem und Physischem sind, sondern Bewußtseinsinhalte oder Empfindungen (wie sie bei Mach auch zuerst hießen), und daß man mit der Annahme von Elementen als ›Bausteinen des Universums‹ keine Lösung für das grundlegende philosophische Problem finden kann, in welchem Verhältnis Physisches und Psychisches zueinander stehen, sondern statt dessen in Solipsismus geraten müßte, wenn man nur konsequent wäre. Von Russells ›Ereignissen‹ kann dasselbe gezeigt werden. Wie auch Quine[1] und Ayer[2] meinen, sind sie nur als psychische Ereignisse verständlich; tatsächlich erläutert Russell seine Ereignisse am Beispiel des ›Inhalts des Bewußtseins eines bestimmten Menschen zu einer bestimmten Zeit‹ (S. 48). Er behauptet zwar, es gebe Ereignisse ›nicht nur, wo es Gehirne gibt, sondern überall‹ (S. 48), aber wenn man nicht schon einen Weltgeist annehmen will, in dem diese Ereignisse stattfänden, muß diese Behauptung leer bleiben. Daß Russells Ereignisse nichts anderes sind als psychische Ereignisse, ergibt sich auch aus der These, daß ›ein Geist und ein Gehirn [...] nicht wirklich unterschieden‹ sind (S. 50). Der Grund für diese These ist, daß sich Gehirne, als Materie, aus Ereignissen zusammensetzen müssen, die aber dieselben sein sollen wie die, die den Inhalt und die Geschichte des Bewußtseins bilden, dessen Träger das Gehirn ist. Daß das Gehirn sich aus Ereignissen zusammensetzt, die ihrerseits das Bewußtsein ausmachen, das vom Gehirn getragen wird (oder, nach Russell, mit ihm im Grunde identisch sind), ist nur möglich, wenn die Ereignisse psychisch sind.

Die Gleichsetzung von Geist und Gehirn erweckt vielleicht den Anschein einer der Naturwissenschaft folgenden Philosophie, wenn man aber bedenkt, daß das Gehirn sich aus Ereignissen zusammensetzen soll, die Inhalt und Geschichte des von diesem Gehirn getragenen Bewußtseins bilden, so wird deutlich, daß keine Naturwissenschaft mit dieser Gleichsetzung arbeiten könnte.

Russell versuchte, das Absurde seiner These durch die Ver-

1. Ralph Schoenman (ed.): *Bertrand Russell, Philosopher of the Century.* London 1967, S. 313 f.
2. Ebenda, S. 174 f.

sicherung zu mildern, daß ein Ereignis nicht Teil des Gehirns sei, sondern ›Element eines Elements des Gehirns‹ (member of a member; S. 59). Man muß sich wundern, daß ein Philosoph, der die Philosophie so eifrig vor den Fallgruben des sprachlichen Ausdrucks zu sichern versuchte, sich mit diesem Wortwechsel zufriedengab.

Eine andere, mit der eben genannten zusammenhängende These Russells zeigt ebenfalls die Unverträglichkeit des Russellschen Monismus mit der Naturwissenschaft trotz seiner Forderung, die Behauptungen einer Philosophie dürften denen der Wissenschaft nicht widersprechen. Die These ist die, daß das, was man gewöhnlich für Wahrnehmungen von irgendwelchen Gegenständen, wie von Tischen oder Katzen, hält, Wahrnehmungen von etwas sind, was im eigenen Gehirn ist. Der Grund hierfür tritt am klarsten aus Russells Verteidigung gegen den amerikanischen Neo-Pragmatisten Ernest Nagel hervor. Russell sagt:

> »Der gesunde Menschenverstand sagt: ›Ich sehe einen braunen Tisch‹. Er wird sowohl der Aussage zustimmen: ›Ich sehe einen Tisch‹ als auch der ›Ich sehe etwas Braunes‹. Da Tische nach der Physik keine Farbe haben, müssen wir entweder (a) die Physik leugnen, oder (b) leugnen, daß ich einen Tisch sehe, oder (c) leugnen, daß ich etwas Braunes sehe. Es ist eine qualvolle Wahl; ich habe (b) gewählt ...«

Am auffälligsten hieran ist wohl Russells Behauptung, daß Tische nach der Physik keine Farbe haben. Russell stützt sich auf die philosophische Theorie von den sekundären Qualitäten und scheint dabei zu übersehen, daß die Physik nicht behauptet, daß Tische keine Farbe haben, sondern behauptet, daß ihr Farbehaben oder ihre Farbigkeit im Ausstrahlen elektromagnetischer Wellen von einer bestimmten Frequenz bestehe. Die Physik leugnet nicht die Farbigkeit der physischen Gegenstände, sondern untersucht sie. Man braucht also nicht die Physik zu leugnen, um zu behaupten, daß ich so-

wohl einen Tisch als auch etwas Braunes sehe, wenn ich einen braunen Tisch sehe.
Russell dagegen sieht eine Unverträglichkeit der drei Wahlmöglichkeiten, weil er als Erkenntnistheoretiker die braune Farbe, die man bei der Wahrnehmung eines braunen Tisches vor Augen hat, nicht als die Wirkung der elektromagnetischen Wellen im menschlichen Bewußtsein verstehen, sondern umgekehrt die elektromagnetischen Wellen als die Konstruktion aus Sinnesdaten oder andern Bewußtseinsinhalten verstehen will, die von derselben Art oder dasselbe sind wie die braune Farbe, die man beim Sehen des braunen Tisches vor Augen hat. Wenn man also nach dem gesunden Menschenverstand einen braunen Tisch sieht, kann man nach Russell nur etwas Braunes sehen, und dieses Braune ist keine Eigenschaft des Tisches, sondern ein Ereignis im Gehirn des Wahrnehmenden. Den Tisch dagegen sehen wir nicht, sondern wir konstruieren ihn aus unsern Sinnesdaten. Die Sinnesdaten aber sind privat, nur dem zugänglich, der sie hat. Also müßten auch der Tisch und alle Konstruktionen aus Sinnesdaten überhaupt privat sein; ebenso die Sprache, da sich nach Russell die Bedeutungen ihrer Zeichen letzten Endes auf die Sinnesdaten beziehen müssen, die einer Person gegeben sind. Die Physik würde also keine Aussagen über die physikalische Wirklichkeit machen, von der ich ein Teil bin, sondern über mein Bewußtsein, von der die physikalische Wirklichkeit ein Teil ist.
Diese Konsequenz zieht Russell allerdings nicht. Entsprechend seiner Versicherung, daß Ereignisse nichts Psychisches sind, nennt er (wie es scheint) alles im Bewußtsein Gegebene ›physikalische Welt‹ und sagt (nach der Behauptung ›Außer gewissen abstrakten mathematischen Eigenschaften kann uns die Physik nichts über den Charakter der physikalischen Welt angeben‹): »Aber es gibt einen Teil der physikalischen Welt, den wir auf andere Weise als durch die Physik kennen, nämlich den Teil, in dem unsre Gedanken und Gefühle liegen« (S. 60).

Es fällt schwer, Russell hier nicht Obskurantismus vorzuwerfen. Aber man muß auch sehen, daß das Programm einer logischen Analyse kaum zu einem andern Ergebnis kommen konnte. Dieses Programm setzt voraus, daß wir einen Satz nur verstehen können, wenn uns die Bedeutung jedes Zeichens, aus dem er (in seiner logischen Analyse) besteht, als ein Gegenstand gegeben ist, den wir durch unmittelbare Bekanntschaft kennen. Ein solcher Gegenstand kann nur ein psychischer und privater Gegenstand sein, und deshalb muß alles, was aus diesen Gegenständen konstruiert werden soll, ebenso psychisch und privat sein. Russell wollte den Absurditäten der Meinongschen Bedeutungstheorie entgehen, indem er als Bedeutungen nur Gegenstände einer sinnlichen Anschauung zuließ. Aber man kann dem Idealismus und Solipsismus nicht entgehen, wenn man als Bedeutung eines Zeichens doch einen Gegenstand der Anschauung annimmt. Entgehen kann man ihm offenbar nur, wenn man den Gebrauch von Zeichen als Teil einer gesellschaftlichen Praxis und als Bedeutung die Art und Weise versteht, das Zeichen innerhalb bestimmter Tätigkeiten zu benutzen, in denen die Menschen aufeinander und auf ihre Umgebung einwirken. Dabei beziehen sie sich zwar auch auf Gegenstände der Anschauung, derart, daß über die Wahrheit und Falschheit einer Aussage nicht ohne Vergleich mit diesen entschieden werden kann, aber sie sind nicht die Bedeutungen der Zeichen, sondern das, worauf man sich mit Zeichen beziehen kann, die eine Bedeutung haben.

Bei William James war der neutrale Monismus mit einer pragmatistischen Wahrheitstheorie verbunden, nach der die Wahrheit eines Satzes in seiner Nützlichkeit besteht. Russell kritisierte diese Theorie in seinem Aufsatz *Der Pragmatismus*, bevor er den neutralen Monismus von William James übernahm, und entwickelte im Aufsatz *Über die Natur von Wahrheit und Falschheit* eine Korrespondenztheorie der Wahrheit, die er im Prinzip auch noch vertrat, als er James' neutralen Monismus übernommen hatte. Russell erkannte sofort die gefährlichen Möglichkeiten, die der Pragmatismus für die Ideologie einer Gesellschaft bietet. Keine zwanzig Jahre später muß Russell in seinem Aufsatz *Die geistigen Väter des Faschismus* feststellen, daß Hitler in der Praxis die Wahrheitstheorie vertritt, die James gelehrt hatte, und kann seine Feststellung aus dem Pragmatismusaufsatz zitieren, daß nach dem Pragmatismus über die Wahrheit von Aussagen nur noch durch den Appell an die Gewalt und die Entscheidung der größeren Bataillone geurteilt werden kann.

Russells Aufsätze über den Pragmatismus, den Faschismus und den Sozialismus könnten beweisen, daß auch Vertreter der analytischen Philosophie sich in ihrer philosophischen Tätigkeit nicht nur auf Analysen der Sprache und logische Konstruktionen aus Sinnesdaten beschränken, wenn sie tatsächlich Beispiele für analytische Philosophie wären. Als solche aber hat Russell sie nicht betrachtet, weil er glaubte, daß für ihre politischen oder moralischen Aussagen Werturteile wesentlich seien, die er im Unterschied zu faktischen und analytischen Urteilen für subjektiv hielt. Zweifellos sind Russells politische Aufsätze keine Beispiele für die Art von analytischer Philosophie, die in der logischen Analyse die einzig mögliche philosophische Analyse sieht. Andererseits kann Russell auch nicht damit zufrieden sein, sie als bloß subjektive und deshalb zufällige Meinungen zu betrachten, die unter Millionen Menschen gerade Bertrand Russell hat, ein Mensch, der zudem noch unter Bedingungen lebte, die von denen der meisten andern Menschen sehr verschieden waren. Wenn deshalb Russell der Inkonsistenz beschuldigt wird, auf der einen Seite auf Grund seiner analytischen Erkenntnistheorie Urteile über politische und gesellschaftliche Fragen für subjektive Werturteile zu halten, auf der andern aber mit größter Entschiedenheit und unter Einsatz seiner Lebensbedingungen doch Meinungen über politische und gesellschaftliche Fragen zu äußern, so muß Russell selbst zugeben, daß dieser Vorwurf vielleicht richtig ist. Russell verteidigt sich damit, daß die Äußerungen seiner politischen Anschauungen Beispiele von Predigten sind und daß es für Predigten eine ebenso legitime, wenn auch völlig andersartige Technik des Überzeugens gibt wie für Entscheidungen in der Wissenschaft. Aber dieses Argument kann höchstens, statt Russells politische Aufsätze zu legitimieren, die wissenschaftlichen Techniken und Entscheidungsverfahren auf das Niveau von Predigten oder das von Spielen von Gruppen von Nicht-Laien herabsetzen, die sich zur Begründung ihrer Verfahren nur auf Konvention oder Willkür berufen können. Russell ist auch offen genug, unmittelbar nach der Behauptung, die Kunst, seine Begierden überzeugend darzustellen, sei ebenso legitim wie die der logischen Demonstration, zuzugeben, daß ihn seine Ethik nicht befriedigt.

Trotzdem scheint es, als sei Russell einer befriedigenderen Lösung des Problems der Rechtfertigung seiner moralischen Ansichten und deren öffentlicher Äußerung nahe gewesen. Er weist darauf hin, daß in der Praxis Meinungsverschiedenheiten über die Richtigkeit von Verhaltensweisen nicht deren Ziele oder Zwecke, sondern die Mittel dazu betreffen und deshalb über sie wissenschaftlich entschieden werden kann. Aber er behauptet auch, daß es Fälle gibt, die die Ziele betreffen, und führt als Beispiel den Gegensatz zwischen Christentum, Kant und Bentham einerseits und Nietzsche und Nationalsozialismus andererseits an; später auch noch die Frage der Einführung des Stierkampfs in die USA. Diese Behauptung sollte geprüft werden.

Wenn auch gerade Menschen, die wie Nietzsche oder Russell entschiedene moralische Ansichten vertreten, es oft lieben, aus ihrem Gegensatz zur Moral der Andersdenkenden einen Gegensatz nicht nur der Mittel, sondern auch des Ziels zu machen, ist es doch fraglich, ob es kein Ziel gibt, das tatsächlich alle Menschen, bewußt oder nicht, anstreben und dessen gemeinsame Verfolgung sie auch durch die Tat gutheißen würden, wenn sie nur genug Klarheit über ihre Lage hätten. Wenn Nietzsche etwa daran festhalten wollte, das Ziel aller Handlungen solle die Herrschaft oder ein anderer Zustand des oder der Übermenschen sein, in welchem Zustand auch immer sich der Rest der Menschen befinde, dann würde jeder vernünftige Mensch nach den Gründen für diese Einseitigkeit fragen in der Hoffnung, eine Antwort zu erhalten, die diese Einseitigkeit mit irgendeiner Notwendigkeit psychischer, sozialer oder historischer Art rechtfertigt und deren Richtigkeit wissenschaftlich geprüft werden kann. Dagegen wäre das größte Glück der größten Menge ein Ziel, mit dessen Angabe zur Rechtfertigung eines Verhaltens jemand nur dann nicht zufrieden sein kann, wenn er sich oder andern eine Ausnahmestellung zubilligt, die wissenschaftlich zu begründen wäre. Wenn allein dieses utilitaristische Prinzip, dagegen keine absoluten Werte, zur Begründung oder Rechtfertigung von Verhaltensweisen dienen kann, dann können auch Urteile über die Richtigkeit von Verhaltensweisen nicht mehr als subjektive (Wert-)Urteile gelten. Daran ändert auch die Tatsache nichts, daß man mit dem Prinzip des größten Glücks der größten Menge nur eine Formel angibt, die noch nichts darüber sagt, was für jemand das größte Glück und wie es für ihn und für die größte Menge zu erreichen ist, denn diese Fragen können durch wissenschaftliche Methoden beantwortet werden und sind zum Teil sogar schon von Marx und Engels beantwortet worden. Russell selbst macht in seinem Aufsatz *Was für den Sozialismus spricht* den Ansatz zur Beantwortung solcher Fragen.

Nun ist natürlich nicht zu leugnen, daß nicht nur Philosophen, sondern auch Politiker zur Rechtfertigung ihrer Theorien oder Maßnahmen sich oft nicht auf das utilitaristische Prinzip berufen, sondern auf irgendwelche absoluten Werte, und daß, wenn wirklich jeder vernünftige Mensch nach Gründen für eine Handlung fragen soll, die nicht das größte Glück der größten Menge verfolgt, dann viele Menschen tatsächlich nicht so vernünftig sind.

Akzeptiert man aber, wie Russell das in seiner Praxis als Moralist tatsächlich tut, daß man nicht nur subjektive, sondern grundsätzlich auch objektive Urteile über die Richtigkeit von Handlungen fällen kann, dann bleibt nur übrig, die Tatsache der Berufung auf absolute Werte als das Produkt bestimmter historischer und sozialer Faktoren zu erklären, die bei vielen Menschen die Erkenntnis des Prinzips ihrer Handlungen und ihrer Beurteilung von Handlungen verhindert haben. In seinem Faschismusaufsatz liefert Russell das Beispiel einer Untersuchung der historischen und sozialen Faktoren (oder wenigstens eines Versuchs dazu), die eine Gesellschaft erzeugten, deren Prinzipien Russell nach seiner Theorie als ebensogut wie seine eigenen moralischen Prinzipien hätte anerkennen müssen. Tatsächlich aber macht Russell vor allem mit seiner Beschreibung der wirtschaftlichen Entwicklung des Kleinbürgertums zwischen Bourgeoisie und Proletariat deutlich, wie Menschen Prinzipien vertreten konnten, die ihr eigenes Glück verhindern mußten, da sie zur Annahme dieser Prinzipien nur deshalb gebracht werden konnten, weil sie bewußt oder unbewußt ihr Glück verfolgten.

Ebenso zeigt Russell im *Lob des Müßiggangs* die Abhängigkeit einer Moral von bestimmten ökonomischen Bedingungen: die schwach entwickelten Produktivkräfte zwingen zu einer Arbeitsmoral, die eine Sklavenmoral ist; das gesellschaftliche Sein bestimmt das Bewußtsein. Daß Russell in diesem Aufsatz das Prinzip der Keynesschen Ökonomie noch vor der Veröffentlichung von Keynes' Hauptwerk (1936) vertritt, ist dagegen unwichtig, zumal der die Klassengegensätze ignorierende Dilettantismus, mit dem Russell die politischen Konsequenzen aus der Erkenntnis des Stands der heutigen und heute möglichen Produktivkräfte zu ziehen versucht, offensichtlich ist.

Vergleicht man Russells Untersuchungen der historischen und sozialen Faktoren, die einmal den Nationalsozialismus, zum andern eine Sklavenmoral der Arbeit erzeugten, mit seinen erkenntnistheoretischen Untersuchungen, etwa dem Aufsatz über den logischen Atomismus mit seinem Prinzip der Konstruktion der Welt aus dem unmittelbar Gegebenen (dem Bewußtsein), dann ist es nicht verwunderlich, daß Russell sowohl mit seiner Erkenntnistheorie als auch mit seiner ethischen Theorie unzufrieden war. Die erkenntnistheoretische Beschränkung auf Sinnesdaten als das einzig Gewisse schließt zwar eine historische Untersuchung nicht logisch aus, nimmt ihr aber die Wichtigkeit, die sie tatsächlich hat, da ihr Gegenstand, Geschichte und Gesellschaft, in der Hierarchie der logischen Konstruktionen aus den die ›eigentliche‹ Wirklichkeit bildenden einfachen Elementen an unterster Stelle steht.

Russell hat wie kein anderer Philosoph der analytischen Richtung sowohl in der Erkenntnistheorie am Primat und der alleinigen Gewißheit der Sinnesdaten festgehalten als auch in seiner Praxis als Moralist das utilitaristische Prinzip verfochten (wenn auch meist ohne die nötige Wissenschaftlichkeit). Deshalb ist bei ihm wie bei keinem anderen Philosophen seiner Richtung die Unverträglichkeit seiner Theorie mit seiner Praxis deutlich geworden, wofür diese Aufsatzsammlung Belege zusammenstellen wollte.

Ulrich Steinvorth

Inhalt

Über das Kennzeichnen (1905) 3
Der logische Atomismus (1924) 23
Über den Gegenstand der Physik. Aus: Antwort auf Kritik (1944) 52
Der Pragmatismus (1909) 61
Über die Natur von Wahrheit und Falschheit (1910) .. 99
Die geistigen Väter des Faschismus (1935) 114
Was für den Sozialismus spricht (1935) 136
Lob des Müßiggangs (1935) 166
Ethik (1927) 183
Über die Verbindlichkeit ethischer Urteile. Aus: Antwort auf Kritik (1944) 197

Quellennachweis 205
Literaturhinweise 206
Nachwort 209

Englische Philosophie

IN RECLAMS UNIVERSAL-BIBLIOTHEK

John Langshaw Austin, Sinn und Sinneserfahrung. Aus dem Englischen übersetzt von E. Cassirer. 9803 [3]
Zur Theorie der Sprechakte. Deutsche Bearbeitung E. v. Savigny. 9396 [3]

Alfred Jules Ayer, Sprache, Wahrheit und Logik. Übersetzt und herausgegeben von H. Herring. 7919 [4]

Thomas Hobbes, Leviathan. Erster und zweiter Teil. Übersetzung von J. P. Mayer. Nachwort von M. Dießelhorst. 8348 [4]

David Hume, Eine Untersuchung über den menschlichen Verstand. Übersetzt und herausgegeben von H. Herring. 5489 [3]

John Locke, Über die Regierung. Übersetzung von D. Tidow. Mit einem Nachwort herausgegeben von P. C. Mayer-Tasch. 9691 [3]

John Stuart Mill, Über die Freiheit. Aus dem Englischen übersetzt von B. Lemke. Mit Anhang und Nachwort herausgegeben von M. Schlenke. 3491 [3]

George Edward Moore, Principia Ethica. Übersetzt und herausgegeben von B. Wisser. 8375 [4]

Willard Van Orman Quine, Ontologische Relativität und andere Schriften. Aus dem Englischen übersetzt von W. Spohn. 9804 [3]

Bertrand Russell, Philosophische und politische Aufsätze. Herausgegeben von U. Steinvorth. 7970 [3]

Gilbert Ryle, Der Begriff des Geistes. Übersetzt von K. Baier. Überarbeitet von G. Patzig und U. Steinvorth. 8331 [6]

Peter Frederick Strawson, Einzelding und logisches Subjekt. Ein Beitrag zur deskriptiven Metaphysik. Aus dem Englischen übersetzt von F. Scholz. 9410 [5] (auch geb.)

Geoffrey James Warnock, Englische Philosophie im 20. Jahrhundert. Aus dem Englischen übersetzt von E. Bubser. 9309 [3]

Alfred North Whitehead, Die Funktion der Vernunft. Aus dem Englischen übersetzt von E. Bubser. 9758

Bernard Williams, Der Begriff der Moral. Eine Einführung in die Ethik. Aus dem Englischen übersetzt von E. Bubser. 9882 [2]
Probleme des Selbst. Philosophische Aufsätze 1956–1972. Aus dem Englischen übersetzt von Joachim Schulte. 9891 [5]

PHILIPP RECLAM JUN. STUTTGART